新时期的媒体融合与数字传播

Media Convergence and Digital Communication in the New Era

◎ 毕书清 著

江苏凤凰科学技术出版社

序一

中国是一个有5000多年文明史的国家，2000多年前就有关于传播的概念、关于传播活动的评价以及关于传播技巧与传播思想的论述。

20世纪前50年，中国的传播业是在殖民文化、封建文化和资本主义文化的重压下缓慢发展的。1949年新中国成立以后，中国新闻与传播事业才稳步发展，新闻与传播学研究有了很大的发展和进步。特别是改革开放以来，中国新闻与传播事业飞速发展，新闻与传播学研究逐渐步入法制的轨道。

中国的新闻与传播学专门研究是从新闻传播史开始的，有近200年的历史。早在19世纪中叶，就已经出现了记述和探索中国新闻传播事业史的论文。20世纪初，已有关于新闻传播史研究的著作，1917年姚公鹤的《上海报纸小史》至今已有80多年的历史，1927年戈公振的《中国报学史》是1949年前影响最大的新闻传播史论著。1949年以后，中国新闻史研究进入新时代，尤其是改革开放以后，新闻传播史研究成为中国新闻与传播学研究最活跃、研究队伍最强大、成果最丰富及发展最迅速的研究领域。据不完全统计，仅最近的20多年，中国就出版了100余部新闻传播史研究专著与教材，发表了5000多篇相关论文。

本书充分借鉴了当前新闻传播学的主要研究成果，基于媒体发展的主要规律，揭示了媒介融合发展的必然性，并借助“联合通讯”新媒体应用的实践，阐述如何通过新媒体的数字化传播来帮助传统纸媒迎接互联网时代所遇到的种种挑战。

本书内容至少在以下三个方面有所创新：

一是框架。本书的编写建立在大量的传播学理论研究和历史文献资料的基础上。毕书清凭借对新闻传播领域的透彻理解和深厚积累，从第一章开始，从传播学基本理论和发展历程着手，介绍了传播的起源、学派和基本思想，而后着重介绍了传播媒介的分类、特点以及媒介相关理论等内容。接着在后半部分中，重点阐述了传统报纸媒体的发展背景、发展模式以及主要特点，并通过与手机等新媒体形式的对比，自然而然地道出传统媒体发展的形势以及移动新媒体发展的现实意义，并且分析了新旧媒体的融合背景和融合策略。全书在框架上具有层层递进的逻辑关系，内容过渡自然，这种框架对于初学者和跨专业、跨学科背景的读者而言，具有较强的易读性。

二是内容。毕书清长期关注传播领域的最新研究成果，对其他相关领域和学科也多有涉猎。因此，本书内容添加了大量的学科前沿理论和最新研究成果，其中对于国内外媒介现实的分析和思考对业界同人也具有较强的参考价值。可以说，在完善本书内容方面，毕书清一定是下了苦功的。

三是形式。正如读者所看到的，本书的形式有别于国内其他同类著作。明晰的图表、周到的注释、不可或缺的相关内容链接（字体与正文有别）、完整详备的参考书目，都是完全从初学者需求的角度出发来完成的。就本书的框架合理性、内容丰富性和形式灵活性而言，其“报偿保证”之大自不待言；而得益于本书图片图表之精美、书目注释之完备、文字之平和流畅，初学者和本科生读起来自然较不费力。从这个层面来讲，本书会成为不少初学者的选择。作为一名在传播学研究领域崭露头角的青年学者，能够取得这样的成绩，殊属非易。

我衷心地祝贺他！

（中华全国新闻工作者协会党组书记、常委副主席）

序二

在《辞海》中，媒介被定义为“使双方发生关系的人或事情”。媒体则是媒介载体的简称，几乎与媒介的概念等同，只是媒介的内涵要比媒体宽泛。而媒体的“新”与“旧”总是相对而言的，因而“新兴媒体”实际上是个较为模糊的概念，因为每一个时代都有每一个时代的新兴媒体，广播之于报纸是新兴媒体，电视之于广播是新兴媒体，正是有了新旧交替，才使媒介生态有了勃勃生机。我们所说的新兴媒体主要特指网络媒体之后出现的大众传播媒体，它既包括一些本身就利用了数字技术的媒介，也包括借助数字平台进行传播的非数字媒介。换句话说，新兴媒体就是指基于当代数字技术，通过各种信息网络，借助电视、电脑、手机等终端，向用户提供文字、图形、音频及视频等丰富内容的信息格式，集各种信息服务于一身的新媒体。

新兴媒体依托新的传播技术，使人们的生活方式发生变化，让人们获取和发布信息的渠道越来越多样和便捷。宽带时代的到来，网络和移动通信的爆炸式发展，新的即时传播方式层出不穷，都不断改变着媒介生态环境和格局，传统纸媒固有的传播方式在新的时代背景之下，已难以适应。因此可以说，寻求新旧媒体的融合发展之路，是当今媒体传播界的一大课题。本书正是在这一背景下所著，符合新闻传播发展的趋势。

本书对媒体融合的历史背景、现状以及前因后果做了十分详尽的论述，从世界主要发达国家的传播媒介发展情况来看，媒体融合代表着传统媒体和新兴媒体互相吸收、互相借鉴，从而获得共同发展的必然趋势。从世界几大传媒集团的发展史和欧美传媒的发展现状不难看出，国外的媒体融合大多经历了一个从单一媒介合并，到资本横向并购，再到跨媒体集团组建的过程。当报刊、广播、电视、互联网、手机、播客、IPTV 等所依赖的技术越来越趋同时，以数字技术为基础，各种信息在数字化平台上充分整合的媒介形态融合正在到来，它宣告的也是媒体融合新阶段的到来，而媒体融合也将成为世界范围内传媒集团的共同命题和方向。

传统媒体作为资深传媒毕竟拥有深厚的根基，虽然在新媒体的冲击下不得不进行变革，但凭借多年积淀的内容生产优势和丰厚的人脉资源，可以重拾自信，从容应对。技术融合易，文化融合、观念融合、体制机制融合难；跨媒体、跨区域、跨行业的新媒体发展除了充分发挥想象力，还要制订切实可行的媒体融合方案并付诸实施。

对于媒体融合的发展思路，本书从不同的角度提出了独到的见解。本书认为：媒体融合应从管理入手，在人才培养层面，一方面要加大投入对社会从业人员的培训，另一方面要重视发展高校媒体融合教育；在政策层面，要提倡政府将市场逐渐向商业媒体开放，积极开展媒介融合管制的改革，媒介融合的政府管理问题不在于政府是否放松管制，而在于该在何时放松管制及放松的尺度该如何，这是因为资本的自由流通需要宽松的政策环境予以保障，媒介规制的变革乃媒介融合的必要前提；在市场层面，要善于运用市场的力量，引导和培育媒体消费者，媒介集团将读者、观众、听众、网民以及手机用户等全部吸过来，作为集团的核心受众群体，形成集团竞争力的终端优势要素。

在本书的最后，作者结合自身在媒体融合方面所取得的成果，介绍了新一代移动新媒体技术——“联合通讯”的媒介融合与数字化传播实践经验。“联合通讯”的出现，是中国新兴媒体技术发展初期的一次成功尝试。“联合通讯”将传统媒介与新媒体数字技术进行融合，借助新媒体传播速度快、影响范围广的特性，既保证了新闻传播的时效性，又保护了传统媒体在信息网络时代不被边缘化，为传统媒体的数字化发展开创了新局面。

（中国工程院院士、中国科学院计算技术研究所研究员）

自序

2008年，在一次科技会议上，我得知美国的《纽约时报》在PC端已实现数字化传播，这一消息对我触动很大。我想到，中国是世界人口最多、报刊数量最多的国家，每年全国报刊印刷消耗相当巨大。报刊带来的产业链是砍树、造纸、印刷、发行，而这些都是非环保的。虽然国内已有不少报刊建立了自己的网站，但移动终端的传播却无人问津，如能实现报刊的数字化出版将产生很大的经济与社会价值。我意识到，未来新媒体的传播将会以手机及移动终端为首。

本着这一信念，我于2008年开始组建团队，着手研发，向着确定的目标前进。当时的手机主要是Java、Symbian系统。经过将近一年的产品研发，我们成功地在诺基亚、摩托罗拉等2G全系列手机上实现了报刊的原版展示。2009年7月5日，中国科技新闻学会手机媒体专业委员会组织召开鉴定会，由中国工程院院士、中国科学院计算所研究员倪光南出任专家组负责人，邀请中国科学院、中国工程院、中国科学技术协会、科技部、国家新闻出版总署、中国记协、人民日报、新华社、光明日报、科技日报等相关领导、专家组成专家组进行鉴定，鉴定结果认为该项技术为“国际领先、国内唯一”。当天，新华社刊发通稿《我国研发出手机原版阅读技术》，中央电视台等多家媒体相继报道，在国内引起强烈反响，开启了中国媒体数字化传播的先河，并有力推动了新旧媒体的融合发展。随着技术的研发及移动网络的快速发展，2010年中国迎来了3G时代。在3G网速的助推下，数字化报刊急速发展。至2010年5月27日，我们迎来了产品2.0上线。与此同时，我们成功实现了近200家报刊的数字化融合。2011年8月6日，中国第五媒体合作战略发展峰会暨3.0上线发布会顺利召开，当天人民日报刊登《联讯读报打造第五媒体引领未来传播方向》，新华社刊发通稿，全国几百家媒体相继报道。在随后的发展过程中，我们于2012年7月15日实现了4.0上线并召开了中国媒体数字化转型发展峰会。九届全国人大常委会副委员长成思危、国家新闻出版总署副署长孙寿山、中国记协党组书记翟惠生等领导与会，在讲话中给予了充分的肯定及支持。2014 年 12 月 7 日，“联合通讯”5.0 在钓鱼台国宾馆上线发布。从最初的原版报刊数字解决方案延伸到今天的即时新闻传播平台，历经了近7年时间，“联合通讯”数字传播集团顺势而出。面对时代的发展，科技的进步，我们迎来了新时期媒体融合发展的大好时机。

推动传统媒体和新兴媒体融合发展，是党中央作出的重大战略部署。习近平总书记强调，推动传统媒体和新兴媒体融合发展，要遵循新闻传播规律和新兴媒体发展规律，强化互联网思维，坚持传统媒体和新兴媒体优势互补、一体发展，坚持以先进技术为支撑、内容建设为根本，推动传统媒体和新兴媒体在内容、渠道、平台、经营、管理等方面的深度融合，着力打造一批形态多样、手段先进、具有竞争力的新型主流媒体，建立成几家拥有强大实力和传播力、公信力、影响力的新型媒体集团，形成立体多样、融合发展的现代传播体系。“联合通讯”正是遵循上述精神，为实现媒体融合发展这一发生在中国传媒领域重大而深刻的变革而奋斗不息。

本书从“媒体融合”和“数字化传播”的视角切入，阐述当今媒体融合的机制、特点、历程等。自传播学开始进入人们的研究领域发展至今，其传播思想、传播形式、传播媒介等方面发生了深刻的变革，并且对社会政治形态、经济形态和文化形态产生了不同程度的影响，同时新闻传播的生产流程、传播结构、管理体系、知识框架等也随之发生改变。本人在纸媒行业工作多年，对传统报业的发展现状和传播模式有较为深入的研究，因此，本书着重探讨了传统报业的媒体融合与数字化传播。当前，网络和数字技术裂变式发展，带来了媒体格局的深刻调整和舆论生态的重大变化，新兴媒体发展之快，覆盖之广，超乎想象，对传统媒体产生了巨大冲击。从媒体发展的角度来看，传统纸质媒体的受众规模不断缩小，市场份额逐渐下降，越来越多的人通过新兴媒体获取信息，青年一代更将互联网作为获取信息的主要途径。从舆论生态变化的角度来看，新兴媒体影响舆论的能力日渐增强，大量社会热点在网上迅速生成、发酵、扩散，传统媒体的舆论引导能力面临挑战。从意识形态的角度来看，互联网已经成为舆论斗争的主战场，直接关系到我国意识形态安全和政权稳定。可以说，传统媒体已经到了一个革新图存的重要关口。面临这种严峻的形势，推动传统媒体和新兴媒体融合发展刻不容缓。跟上时代发展步伐，加快融合发展进程，这是“联合通讯”应该肩负的历史责任。

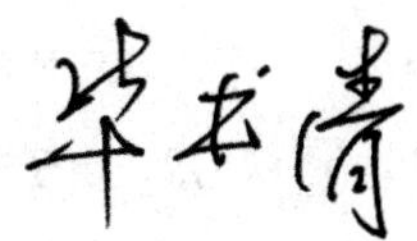

2015 年 8 月于北京

目录

Part 1 传播学发展概述

第一节 传播学的起源

一、传播学的产生与发展

任何一门学科的兴起与形成，必然要有其社会和学科基础及需求。传播学的兴起与形成也是如此。首先，20 世纪初是资本主义从自由竞争走向垄断竞争的年代。工业化大生产使资本主义的生产活动和范围大大延伸，国内市场开始走向国际市场，开始跨国经营，因而对信息的渴求愈发强烈。其次，19 世纪已经形成的报业，加上新兴的电影、广播、电视等新媒介，逐步形成了资本主义社会的独立产业——传播业，这给社会带来了巨大的冲击。因此，社会急需关注和思考传播带给人们的一切。另外，传播学的形成还必须有科学技术做基础。到 20 世纪初，资本主义社会已经经历了两次科技革命，实则经历了两次思想革命[1]。人类对物质和精神世界的认识能力以及广度和深度有了大幅度的扩展。研究方法日益科学化，学说日益多样化，因此人们能够科学而全面地研究影响日益扩大的传播活动。

传播学的最初提出和形成是在美国。作为资本主义阵营中最为发达的国家，美国之所以成为传播学诞生的摇篮，除了具备上述基本的社会、学科条件以外，还有其具体而独特的社会、学科条件。

具体而言，传播学产生于美国，得益于较为深厚的社会背景。

首先，在政治上，美国的政治家无论是在日常的政治活动中，还是在四年一次的竞选中，都比较重视利用传播媒介宣传自己的政治主张、树立形象、争取支持。在战争时期，政治家对传播媒介的依附更加凸显。

美国传播学的产生与两次世界大战密不可分。“一战”期间，同盟国（德国、奥地利和意大利等）与协约国（英国、法国、俄国等）在战场上展开厮杀的同时，在另一领域也展开了较量，即“宣传战”。1917 年美国正式参战后，威尔逊总统便下令成立了一个机构，即“公共信息委员会（Committee on Public Information，简称 CPI）”，专门负责美国的战时宣传。它为了宣传美国参战的意义，向社会发布了大量有关战争的广告、宣传小册子、新闻电影等。协约国之间为了协调战时宣传，还组建了协约国联合宣传委员会，定期召开宣传工作联席会议。

“一战”结束后，人们对宣传在现代战争中的作用以及宣传对社会生活的巨大影响有了相当的认识。英、法、德、美等国的学者开始从各自的研究领域出发研究“一战”中的宣传。这一时期，较有影响的研究著作有：坎珀尔·司图尔特的《克尔之家的秘密》、施杰林·鲁贝尔特的《宣传是政治武器》、伊·普策克的《德国宣传：关于宣传是实用社会科学学说》等[2]。

美国对宣传的研究起步较晚，但对后来的影响最大。其中，被称为“传播学奠基人之一”的拉斯韦尔影响最大。1927 年，拉斯韦尔出版了自己的博士论文《世界大战中的宣传技巧》（*Propaganda Technique in World War I*）。这是第一部系统而深入地研究宣传问题的著作，后来成为宣传研究的经典。其后，拉斯韦尔与人合作又编著了《宣传与推行》（1935）、《世界革命的宣传》（1935）、《世界历史中的宣传与传播》（1979）等。

在“一战”后的宣传研究中，美国成立的宣传分析研究所（Institute for Propaganda Analysis）较为引人注目，成为第一个专门研究宣传的学术机构。该研究所由社会心理学家哈德利·坎特里尔任所长，创建于 1937 年。其学者很关注德国宣传对美国的影响，其中最有名的研究成果是由阿尔弗雷德·李（Alfred McClung Lee）与伊丽莎白·李（Elizabeth Briant Lee）合作编著的《宣传的艺术》（The Fine Art of Propaganda）（1939）。书中归纳整理了 7 种常用的宣传手法，流传甚广。这些宣传手法可以被视为对传播的初期理论探讨。

从“一战”结束到“二战”爆发这 20 余年中的宣传分析与研究，虽然不是直接的传播学研究，但却大大推进了人们对传播在战争中作用的认识。正如美国传播学家沃纳·塞弗林（Werner J Severin）和小詹姆斯·坦卡德（James Tankard Jr.）所言：“在两次世界大战之间，有不少以宣传为题材的书籍。在当前对宣传的分析中，包括了关于大众传播效果理论的某些初步探索。今天回溯起来，其中固然有许多内容相当粗糙，然而，至少有两个传播理论的重要领域已在当时的宣传理论中奠定了基础。其一是‘态度改变’，这是传播理论研究的一个重要的传统课题：要改变人们的态度，有哪些最有效的方法？对宣传的研究可以为这个问题提供某些尝试性的答案。其二是对大众传播的一般效果的理论探讨：大众传播对于个人和社会有何影响？这些影响是如何产生的？早期对宣传的研究也为这些问题提供了一般性结论。"[3]

由于宣传在第一次世界大战中发挥了重要作用，又经过战后各国宣传研究学者的总结与分析，到第二次世界大战爆发时，参战各国便有意识地重视战时的宣传工作。美国于 1942 年 6 月成立了军事情报局，负责监督国内宣传，并负责对国外的官方宣传。同年，美国陆军部新闻与教育署聘请了一些社会学家、心理学家，专门研究部队为士兵精心制作的四部电影是否会影响士兵对战争的认识，以鼓舞士兵参战的士气。传播学奠基人之一的霍夫兰受军方委派，成为该研究的负责人。他带领一些心理学家重点针对传播技巧、传播与态度改变等展开了大规模的研究。这些实验研究真正构成了"态度改变"研究的开端，对影片的评估研究同样也对传播理论作出了贡献[3]。

第二次世界大战期间，美国军队空前广泛利用电影和其他大众传播媒介，客观上推动了传播研究的深入，为传播学的研究奠定了相当坚实的基础。

从对历史的分析可以看出，两次世界大战中的传播活动和实践直接催生了传播学的形成。

虽然传播研究在两次大战中有了长足的发展，但战争毕竟是一种特殊的政治状态。那么到了和平时期，美国的政治界是否仍然需要传播及传播研究呢?回答显然是肯定的。

战争中传播的威力已有目共睹,传播研究提出的观点和成果为实践所应用,并产生了相当的作用，也被世人，特别是政治家们所共知。

和平时期，美国政治家们除了日常的施政宣传、形象工程外，最重要的便是四年一次的总统竞选及其他各种各样的竞选。

在竞选中，为了赢得选民的好感，争取选民的投票，所有候选人都会求助于传播媒介，大张旗鼓地利用一切宣传手段，包括广告、公关、新闻、演讲、活动等，在媒介上展开宣传攻势。在 1960 年竞选中获胜的约翰・肯尼迪被称为"电视总统"，而在 2004 年大选中乔治・W・布什的成功连任更被舆论界认为是其竞选班子取得的巨大成功。在现代社会，会不会利用传播媒介塑造形象、宣传施政主张已经成为衡量一位美国政治家是否成功的重要标志。

可以说，在美国的历史上，传播媒介一直在政治生活中扮演着重要的角色。这一传统使美国的各级政治家都非常重视传播，进而重视对传播的研究，从而推动了传播研究在美国的开展。其次，在经济上，美国是资本主义阵营中唯一在两次世界大战中都使自己的经济实力得到了加强的国家。战争使整个资本主义世界生产能力的三分之二都集中到了美国手中，经济的发展使美国的自由市场竞争更加激烈。

传播学的兴起与传播，与大众传播在美国经济活动中的地位和作用密切相关。

1960 年 9 月 26 日晚上，美国副总统里查德·尼克松和参议员约翰·肯尼迪在总统候选人全国电视辩论中交锋。芝加哥电视台举办的这次辩论，被所有骨干电视台和无线电台列入了节目表。向这两位候选人提出问题的有哥伦比亚广播公司的斯图亚特·诺汶斯、互助广播公司的查尔斯·华伦、美国广播公司的罗伯特·弗莱明。哥伦比亚广播公司的霍华德·史密斯为主持人。

一方面，在美国自由市场经济条件下，经济的发展需要垄断资本家向国内、国际市场扩展。生产扩大，产品增多，随之而来的市场拓展和行销行为就前所未有地增加了。因此，美国在 20 世纪 20 年代应运而生地出现了大批广告公司、公关公司、调查公司等机构，并形成了一种新兴产业。这正是市场经济不可或缺的。1945 年到 1950 年的 5 年间，美国广告营业额从 29 亿美元增长到了 357 亿美元[4]。为了判断传播媒介对消费者购买行为、购买需求和心理的影响，广告商、公关专家、民意调查人员、新闻工作者和学者等在垄断财团和企业的资助下，不断对广告、公关、消费者以及媒介的经营与竞争进行研究，其研究成果对于工商企业来说价值甚大。因此，企业普遍比较关注营销环节中的各种传播问题。另一方面，美国的大众传播在两次大战之中和之后日益壮大，并逐渐发展成为一个个相对独立而完善的经济实体，共同形成了一个产业——大众传播业。美国大众传播业的这种私营产业特征，使其将对市场的研究视为自身生存和发展的根本。既然媒介是产业，是时间、空间的商品，各媒介的竞争便自然会日趋激烈。因此，得到受众的青睐，拥有更高的发行量、收听（视）率便成了所有媒介追求的目标。因为只有这样，才可以从广告客户手中拉来广告，维持自己的生存并继续发展。这种客观的竞争压力变成了大众传播业者关心和思考传播技巧、传播效果、受众等问题的动力。无论从客观上还是从主观上，大众传播都需要进一步研究传播规律，改进传播行为，扩大传播效果。

据美国《华盛顿邮报》报道，在距离美国 2004 年大选正式投票日不到 24 小时之际，布什和克里的支持率仍难分伯仲，两大阵营开始同时使出“疯狂杀手锏”，雇用民间游说团和独立说客出面拉票，从电话“骚扰”到敲门入户，美国各州的说客战愈演愈烈，其规模更是前所未有。

美国自由市场经济及生存于其中的大众传播业为传播学的兴起提供了丰厚的经济土壤，从而使美国的传播学研究从产生第一天起便带有较为浓厚的商业色彩和实用气息。

再次，在社会上，美国的大众传播与社会生活的关系日益密切，而在它们的互动中，媒体给社会生活带来的负面作用也日益显现出来。

第二次世界大战之后，美国借经济上大发战争财之优势，加之科学技术有了空前发展，出现了科技革命。新的传播技术推动了传播业的大发展，原有的报纸、书籍、杂志等印刷业持续发展，而广播、电影，特别是电视业的发展最为引人注目。新媒介的出现带来了一系列新的问题：一方面受众可以从更多的渠道获取信息，促进社会繁荣；另一方面，媒介内容中的暴力、色情等内容严重影响着受众，特别是少年儿童。因此，美国的社会学家、心理学家等又开始纷纷关注和研究传播业提出的新问题，如媒介与受众、社会的关系，媒介如何影响青少年的观念与行为等，取得了不少研究成果。

从上面的分析可以看出传播学兴起于美国的社会背景。具体而言，传播学是在美国特定的政治、经济和社会条件下兴起发展的。更重要的是，传播学研究的对象均为现实的传播实践，因而关注实践、研究实践才是传播学兴起的根本。

二、传播学主要学术派系

自20世纪40年代传播学诞生至今，在其发展过程中，由于学者们的方法论和学术立场的不同，形成了各式各样的流派，其中以相互对立的传统理论和批判理论两大学派为主。

无论源流还是特征，传统学派和批判学派都有着根本区别。从学科渊源来讲，传统学派托庇于“科学化”的社会科学，如政治学、社会学、心理学、法学和统计学等；而批判学派则隶属于“精神化”的人文科学，如哲学、美学、文艺学、历史学等。可以说，在传播研究领域，传统学派是“科学家”，批判学派是“美学家”；他们一个着力探索传播的规律，一个反复纠结于传播的意义。

1. 传统学派

传播学的传统学派又被称作“经验学派”，这个学派主要从经验事实出发，采用定量研究方法侧重于开展传播效果的研究。经验性研究方法是一种运用可观察、可测定、可量化的经验材料对社会现象或社会行为进行实证考察的方法，经验性方法论与社会科学中的实证立场是联系在一起的。

经验性研究方法的主要原则是：① 研究程序应具有客观性和可重复性，用于调查和分析的方法和技术不能随意变更，以便为其他学者提供验证的手段；② 社会科学家的首要目标，是收集和提供关于理论假设的无可争议的科学数据和材料；③ 通过公开的学术讨论，建构关于社会现象的一般理论模式或“定理”。

经验性研究方法并不是研究社会现象万能的方法，正是它的这些特点决定了它本身也存在一定的局限性。在目前的情况下，经验性研究所依赖的程序或技术手段主要是问卷调查或控制实验等。前者仅仅具有“概率论意义上的科学性”，并不具备自然科学的精确和严谨；而后者，虽然一部分变量或条件能够在实验环境中被操作、分析和处理，但在有限的实验控制条件下得出的结论，往往无法真实地反映丰富而复杂的社会现实。而且，经验性研究的方法决定了其研究的层面主要是个体或小群体，在研究社会现实的微观现象方面具有一定的效用，但在考察社会的历史过程以及宏观的社会结构方面缺乏有效的手段。其可观察、可测定、可量化的研究对象也是有限的，作为社会实践主体的人的理性和精神活动，在很多情况下并不是单纯地用经验材料就能够加以说明的。另外，经验性研究方法所主张的“纯客观”态度在现实中也很难做到，每一个学者都有自己的文化背景、社会价值观和意识形态，这使他们的学术立场或多或少都具有特定的倾向性。所谓“纯自然科学的方法和态度”只能是一种理想状态。

经验学派是西方传播学的主流学派，其中以美国学者拉扎斯菲尔德和霍夫兰等为代表。美国的经验学派除了在方法论上坚持经验性实证研究立场以外，还有两个重要特点：一是实用主义的研究目的；二是多元主义的社会观。

实用主义是西方社会广为流行的一种思维方式和哲学流派，产生于 18 世纪、19 世纪的美国，早期代表人物有富兰克林、杰弗逊、爱默生等。这种思维方式认为，判断事物（或真理）的标准不是思想或语言本身，而是思想所引起的客观行为。实用主义认为“真理就是效用”，而社会科学研究必须立足于社会现实生活，解决实际问题。

实用主义哲学通过杜威、米德等人的学术思想深刻地影响了美国的传播学研究。传播学经验学派的主要学者——拉斯韦尔和他的宣传研究、拉扎斯菲尔德等人的“传播流”研究、霍夫兰等人的说服研究、卡茨等人的“创新与扩散”研究，无不带有明确的实用目的。他们的着眼点在于考察传播过程的结构与功能，考察传播对人的心理、态度和行为的影响，考察如何通过传播来达成个人或群体的目标，这使传播效果问题一直是经验学派关注的核心和焦点。

在传播效果研究领域，经验学派可以说是硕果累累，美国学者罗维利和德弗勒曾经归纳了传播效果研究的 14 座里程碑[5]：

① 20 世纪 20 年代潘恩基金会关于电影对少年儿童影响的研究。该研究开创了以经验调查方式考察大众传播效果的先河。

② 对 1938 年著名广播剧《火星人入侵地球》所引发的社会恐慌的研究。该研究的侧重点不是提出关于大众传播效果的一般理论，而是探讨受传者自身与社会条件等因素对传播的影响，开启日后研究选择性影响的方向。

③ 1940 年拉扎斯菲尔德进行的著名的“伊利县调查”（1944 年出版调

查报告《人民的选择》)。该调查采用了精心设计的程序并进行了实地调查，是经验性研究的一个典范。该调查还肯定了媒介效果的有限性，提出了“选择性接触”“意见领袖”与“两级传播”等概念，对后来的传播效果研究产生了极为重要的影响。

④ 20 世纪 40 年代关于日间广播剧听众的调查研究。该调查揭示了受众媒介接触的一些基本动机和利用形态，开创了“使用与满足”研究的先河。

⑤ 20 世纪 40 年代美国艾奥瓦大学的农村社会学家对玉米良种推广与普及过程的考察。该项目推动了对新事物“创新—扩散”传播过程的研究。

⑥ “二战”期间，霍夫兰等人关于电影说服效果的研究。该项目揭示了传播效果形成的条件性，强调个体差异与传播效果之间的相关性。

⑦ “二战”后至 20 世纪 60 年代霍夫兰主持的“耶鲁项目”。该项目进一步从传播的主体条件、内容条件、对象条件等方面对传播的说服效果进行了较为全面的心理实验。

⑧ 20 世纪 50 年代拉扎斯菲尔德的《个人影响》对《人民的选择》提出的各项理论假说做了进一步验证，揭示了大众传播与人际传播的交织性。

⑨ 1951 年至 1953 年的“里维尔项目”。该项目对传单和标语的传播效果进行了一系列心理实验，探讨了传播的质量和途径。

⑩ 20世纪50年代至60年代施拉姆等人关于电视对儿童生活影响的研究。该项目从“使用与满足”的角度对少年儿童接触电视的行为进行了详细调查，探讨了电视在儿童的生活、学习和社会化过程中的功能、影响以及产生的效果。

⑪ 20 世纪 70 年代以后进行的一系列“议程设置”研究。该项目是经验学派效果研究的一个重要转折点，它使研究人员的关注点由微观、个人层面的效果开始转向大众传播的宏观社会影响和效果。

⑫ 20 世纪 60 年代至 70 年代由伯格纳等人进行的关于媒介暴力内容与社会犯罪的研究。该研究虽然未能证明两者之间有直接、必然的联系，但却发现媒介内容对人们形成现实观有着重要的影响。该研究后来被发展为“教养理论(Cultivation Theory)”。

⑬ 20 世纪 60 年代末至 70 年代初，由美国国会拨款实施的关于电视与社会行为的大型研究。该研究结果以《军医署长报告》为名发表。该报告包括电视内容及其控制、电视与社会学习、电视与青少年的侵害行为、日常生活中的电视、电视的效果、电视与成长六个部分。这是关于电视社会化功能及其正负面效果的一次较全面的研究。

⑭ 1982 年以《电视与行为：十年的科学进步及其对 80 年代的启示》为

名发表的第二次《军医署长报告》。该报告总结了第一次报告以后该领域的研究成果。

经验学派也被称为”管理学派“，这与其多元主义社会观是分不开的。经验学派否认西方资本主义社会是阶级分配的社会，而认为其是一个由多元利益相互竞争、相互制衡的社会。因此，传播学研究的重要任务不是变革现存资本主义制度，而是通过改进传播机制来实现社会管理。经验学派的这种多元主义意识形态，决定了他们不可能从批判的立场研究资本主义制度下的大众传播，也不可能触及资本主义社会的基本矛盾。至多，他们只能出于维护现存制度的目的，从“管理”的角度做一些修修补补的工作。20 世纪 60 年代，经验学派的这些倾向受到了来自批判学派的激烈抨击。

从以上分析不难看出，经验学派的研究兴趣主要集中在传播与人的行为问题上，着重探索如何通过传播来控制和修正人的行为，这些研究对于社会管理来说具有很高的应用价值。但是，由于经验学派的方法论和学术立场的倾向性，他们有意无意地忽视和回避了传播学研究的许多重大问题，如信息生产和传播与宏观社会结构、信息传播与社会上层建筑和经济基础的关系、传播制度与社会制度的关系等。这些问题，正是传播学的另一主要学派——批判学派研究的重点。

2. 批判学派

传播学的批判学派是现代传播学研究中的两大学派之一，无论在方法论还是在学术立场上，都与经验学派有着很大的区别。美国经验学派的代表人物罗杰斯曾把两派的主要特征进行了比较（表 1-1）:

表 1-1 传统学派与批判学派的比较

学派	主要特征				
传统学派	经验的	定量的	功能主义	具体实证的	注重效果研究
批判学派	批判的	思辨的	马克思主义	广泛联系的	注重控制分析

当然，仅从这几个方面还无法简单地描述批判学派的全貌，它所包含的范围之大，意义之广，需要我们进一步介绍和分析。

基于批判立场的传播学研究从早期阶段就已存在，这些研究经过一定时间的积累和成熟，到了 20 世纪 60 年代以后发展成为与经验学派相抗衡的批判学派，影响扩大至整个欧洲和世界传播学界。在这个过程中，由于学者们研究的课题、分析问题的角度和方法的差异，批判学派中也形成为各种各样的流派。我们可以用若干种方法来区分不同流派的类型，这里采用二分法，也是文化批判理论学者们区分各自学科知识时普遍采用的方法。一种是微观的、阐释性的理论,关注个人与社会团体如何运用媒介创造和培育构筑日常生活的文化形态;

另一种是宏观的、结构性的理论，关注社会精英如何运用经济权力控制和利用媒介实践。

大众媒介可以被看作时代“精神”最有力的表述之一。尽管20世纪涌现出了大量科技成果，但没有哪一个像媒介这样频繁地接触并影响到人们的日常生活。正如我们所见，神奇的媒介及其超越时空的能力引发了许多令人困扰的问题。新的媒介把前所未有的音像世界带入人们的家庭和生活，它们使知识、政治等重新确立了实践的观念，同时产生了新的经验模式和主体性；它们从根本上改变了各个领域的特性，以强大的力量重建了政治、伦理、文化和个体的身份。越来越多的人相信，资本主义所代表的社会即现代主义的范式已经完结，一个新的历史时代——“后现代”正在或已经诞生。一些哲学家和社会思想家也越来越表现出对科学价值及其控制物理世界和社会的能力的怀疑，提出了“现代社会秩序不可持续发展、必将走向自我毁灭”的后现代主义理论。后现代主义理论家们指出，现代性，这个从14世纪起就开始主宰西方社会的社会组织形式和文化形式有其黑暗面，大规模的机械化战争、大屠杀、对生态环境的大面积毁坏等问题，与科学和技术带来的伟大成就一同构成了“现代”的一体两面。这些理论家预见到现代性的终结，认为核战争、生物瘟疫或世界性经济崩溃将使它走向毁灭。

后现代主义理论的目的就是对古典和现代哲学体系进行破坏，并向现代思想前提本身发出挑战，以促进整个世界的后现代转向：离开真理、确定性、普遍性、本质和系统的现代话语以及拒斥自由与解放宏伟叙事的转向。经过一大批理论大家如福柯（Michel Foucault）、德里达（Jacques Derrida）、利奥塔（Jean Francois Lyotard）、鲍德里亚（Jean Baudrillard）、詹姆逊（Fredric Jameson）等人的呐喊，后现代主义已成为当今最为引人注意的思潮。

传媒批判理论与后现代主义理论的关联主要表现为对传媒进行后现代思想分析。从社会与文化的角度出发，后现代主义的传媒批判理论强调对现代传统理论根基的颠覆、元叙事的合法消失、一般准则的崩溃和价值的多元化等。后现代主义理论的一个重要论点是，现代性培育了很多神话或元叙事，并被它们所维系。这些故事使人把那些可能被当成神经错乱或不合逻辑的行为过程合理化，而大众媒介则为宣传现代的元叙事提供了重要手段。在许多经由媒介传播的神话中，存在一个共同的主题，那就是发展的必然性。每一个科学发现、每一项技术革新，都被看作是在通往光明美好的未来之路上又迈进了一步。如果能够理性地控制发展过程，世界终将走向和平、繁荣、昌盛。但是，后现代主义理论认为，如果没有充分考虑环境将受到的长期影响，没有充分了解人类自身的局限性，这些目标又将是非常危险的。这些强有力的元叙事排斥对自己的批判，它们为大规模战争、种族灭绝和其他诸多暴行提供了借口和合法的理由。

后现代主义理论认为，媒介恰恰处于现代主义迅速瓦解的中心。人们借助媒介中的刺激因素建构和理解日常生活经验，这种依赖程度几乎等于将人们全方位地置于媒介的影响之下。现在已经出现了恶性循环：媒介生产出越来越多的信息，逐渐毁掉人们维持现实统一经验的能力；由于缺失了这种能力，人们对媒介的使用发生了变化，而这种变化又反过来鼓励媒介提供更具破坏性的内容。

后现代主义的传媒批判理论无论从哪个意义上讲都更为激进。后现代主义理论范式反对人道主义的价值观，反对决定论和机械论的科学理性与进步的意识观念，抨击现代方法和过分的总体论及还原论；攻击乌托邦和人道主义价值观，认为其是反乌托邦的、和反人性的；放弃机械论和决定论的计划方案而支持模糊、偶然、自发和有机论的新原则；向所有对基本原理、绝对真理和客观性的信仰发起挑战；颠覆一切界限。后现代主义的传媒批判理论展现了一个在“游戏”中嬉戏、抵制、抗争甚至寂静、死亡、既具希望又令人困惑的后现代世界场景，但它也许能够提供另一种生活可能性，从而开启未来的思想之门。

3. 技术学派

探索时代的主流传播和社会主要特征之间的关系，是一个历史悠久且仍然十分活跃的传统，这些关系具有共同的“媒介中心”要素，将社会变迁的潜力（或偏好）集中于特定的传播技术，而将其他变量置于次要的位置，我们称之为“传播技术决定论”。

传播技术决定论学者通常倾向于用新技术的发明区分不同的历史阶段。例如，舒曼特(Schement)和克提斯(Curtis)提供了一份详细的传播技术发明“时间序列图”：书写的发明——概念/制度的时代；报纸与印刷刊物的出现——取得与储存的装置；电脑与卫星——处理与分配的过程。这些历史显示出若干明显的趋势，尤其是随着时间的流逝而演变出传播速度更快，距离更远、接触范围更大和更有弹性等特征。这凸显了传播技术越来越快地超越时空障碍的能力。

（1）哈罗德·英尼斯

在“传播技术决定论”这个派系中，首位重要的理论家是哈罗德·英尼斯（Harold Innis，1894—1952）（图1-1）。他是加拿大经济历史学家，也是著名传播学者麦克卢汉的老师。英尼斯生于加拿大安大略省，毕业于加拿大麦克马斯特大学，获硕士学位，后转至美国芝加哥大学，师从著名社会学家帕克，获博士学位。英尼斯在政治经济学、文明史和传播学诸领域的成就，使他成为世界级的著名学者以及传播学技术学派的先驱。英尼斯一生的事业可以以1940年为界分为前后两个截然不同的时期：早期的英尼斯是个声名卓著的经济史学家和经济理论家；后期的英尼斯则沉浸在从古到今的经济与传播关系的

图 1-1 哈罗德·英尼斯

研究之中。《报纸在经济发展中的作用》（1940）是英尼斯的第一篇传播研究论文，他认为报纸是推动市场的动力。此后，他着重将传播作为一切历史运转的轴心来探讨。这方面的著述有:《帝国与传播》（1950）、《传播的偏倚性》（1951）、《变化中的时间概念》（1952），还有一部上千页的未完成手稿——《传播的历史》。英尼斯在世时，其传播研究并未受到传播学界的重视。在他的学生麦克卢汉如明星升空之后，人们才注意到他，也在麦氏的著作中看到了他的深刻影响。

在英尼斯的代表作《帝国与传播》（*Empire and Communication*）和《传播的偏倚性》（*Communication Bias*）中，他指出，文明的兴起、衰落和占支配地位的传播媒介息息相关；一切文明都是依靠对空间领域和时间跨度的控制而存在的，而任何媒介都具有时间或空间的偏倚性，可以分为以时间为重点的媒介和以空间为重点的媒介。

英尼斯的另一个重要研究课题是分析媒介与权力结构之间的关系。他指出，在任何社会中，传播媒介都会极大地影响社会组织的形态和人们交往的形式；新的传播媒介的出现会改变社会组织的形态，开创人们交往的新形式，促进新知识结构的形成，并常常促使权力中心转移。根据他的理论，控制传播媒介是行使社会和政治权力的一种手段，而新的传播媒介的出现则可以打破旧的垄断权。

归纳起来，英尼斯对传播学媒介理论研究的贡献有以下几点:

第一，从经济史学和政治经济学的角度分析了媒介的社会作用，揭示了媒介技术对人类文明发展的重要性，把社会中占主导地位的媒介技术作为划分文明历史时期的重要标志。

第二，将媒介研究同文化研究相结合，批判了媒介技术在当代西方社会中的作用，抨击了知识的机械化倾向。

第三，开创了新的研究传统和研究领域，改变了传播学中以信息内容研究为中心的传统，开拓了媒介与社会、政治、文化、经济关系研究的新领域。

当然，英尼斯的一些观点也存在一定的局限性。比如：英尼斯认为，西方近代史是一部传播偏倚的历史，也是一部由印刷业兴起而导致的知识控制史；报业使帝国在他国形成文化和知识的垄断，报业也通过激发舆论来决定国家的政策；偏倚于空间的报业有利于帝国扩张，强化政治统治，增强权力中心对边陲的控制力，因此谁掌握了报业，谁就掌握了权力。

媒介作为传播工具，必然会影响社会的传播结构和传播秩序，但媒介在社会发展中并不起决定作用。英尼斯这种简单武断的说法显然受到了科技决定论因果模式的影响。

（2）马歇尔·麦克卢汉

马歇尔·麦克卢汉（Marshall McLuhan，1911–1980）（图 1-2）是加拿大著名文学批评家，也是大众传播理论的一代名家。他生于加拿大爱德蒙顿市，在剑桥大学获硕士和哲学博士学位，后在北美的多所大学教授英美文学，1963 年任多伦多大学文化与技术中心主任。麦克卢汉因其对媒体在思想和社会上的效应研究而闻名全世界。

总的来说，麦克卢汉的事业生涯可以分为三个阶段：20 世纪 40 年代是他的成长期，那时他热衷于文学批评，其重要成果是《机械新娘》（1951）；50 年代是转化期，他接受了英尼斯的学说，沉浸于文化人类学之中，并编辑了《探索》杂志；60 年代是成熟期，他致力于传播研究，相继出版了《谷登堡群英》（1962）、《理解媒介》（1964）、《媒介即讯息》（1967）和插画版《媒介是按摩、是逆风》（1967）等书。

《媒介即信息》是麦克卢汉的重要著作之一，“媒介即信息”是其媒介理论的中心论点。麦克卢汉的传播学研究一反美国传播学重内容、轻媒介，将媒介和内容（信息）加以区别、分开的传统。根据麦克卢汉的观点，重要的是媒介本身，是新传播媒介的出现引发了社会的某种变革，而媒介传递的是什么特定内容，反倒无关紧要。

麦克卢汉借用其老师英尼斯关于媒介偏倚性的观点中的某些成分，提出了“媒介是人体的延伸”的论点。虽然他曾宣称自己是对英尼斯理论的解释，但是，他又不像英尼斯那样关注传播和社会组织的关系。其观点的关注焦点，是传播媒介对人类感觉中枢的影响。他以媒介对人类的心理影响推论传播技术的社会影响，提出了“感觉平衡（Sensory Balance）”的概念：不同传播技术的使用会影响人类的感觉组织，影响人与人之间的关系；媒介的影响会改变人类

图 1-2 马歇尔·麦克卢汉

的感觉生活，进而和社会的发展发生关系。他认为，新的电子媒介延伸了人的中枢神经系统，使人与人之间的时空距离骤然缩短，打破了旧的时空概念，“使人们重新体验部落化社会中村庄式的接触交流”，整个世界似乎浓缩成了“地球村”。

麦克卢汉的又一重要媒介理论是“冷热媒介说”。他将传播媒介分为“冷媒介”与“热媒介”两大类，其划分的依据是媒介提供信息的清晰度或明确度、信息接受者想象力的发挥程度及在信息接收活动中的参与程度。

麦克卢汉的媒介理论自出现以来就备受关注。40 年前，世人对他的评价就毁誉参半。有人称他为“电子时代的代言人”“革命思想的先知”；也有人骂他是“通俗文化的江湖术士”“攻击理性的暴君”。可以说，麦克卢汉是西方传播学史上最具争议的学者之一。

麦克卢汉的理论分析的确有不少欠缺之处，这主要体现为其“冷”“热”媒介分类的勉强以及对媒介具体内容的忽视。此外，其言论的神谕性和论述的极端性也是公认的缺点。他忽视了对标新立异的概念作出严格的界定，因而从学术研究规范性和严谨性的角度来说，他的分析客观性、科学性、实证性不足。

然而，信息传播新技术革命浪潮席卷全球的新形势使麦克卢汉的媒介理论再度受到国际传播学界的关注，而他对于传播学媒介研究的贡献也逐渐得到肯定。总的来说，麦克卢汉的贡献有以下几点：

第一，他将媒介的概念扩大化，对人们认识媒介工具的重要性有启发意义。他对现代传播媒介的分析深刻地改变了人类对 20 世纪生活的观念。

第二，他着眼于传播技术的历史影响的研究，至少对长期局限于媒介内容的短期效果研究是一番补充或丰富。

第三，他认为传播技术的发明或进步是变革的动力；关于媒介不靠“内容”而起作用的论述是对以往关于媒介只靠内容才起作用的论述的一番修正和完善。

第四，他预言的“地球村”影响了当代人的追求。无论在国际政治、经济还是跨文化交流领域，“地球村”都已成为形容当今世界的一个普遍概念。

克卢汉和英尼斯的理论启发人们将媒介置于人类文明发展史的大背景中去考察，探索其在传递内容的意义之外的意义——媒介形式的出现给人类文化和文明的影响。他们广泛关注了传播媒介或传播技术的作用，提供了内容分析以外的另一种研究媒介的重要方法，激发了人们对各种媒介的特点及作用的兴趣。但是，他们的理论都过分强调媒介的作用，而无视内容的重要意义，把媒介描绘成社会发展的最大动力。尤其是麦克卢汉的理论，不但忽视了传播的占有方式及使用情况的重要性，甚至把人类文明发展史等同于传播技术史，从而走向了传播技术决定论的极端。

第二节 传统传播理论思想

传播学研究者在论及传播学的源流时，一般会沿用施拉姆的观点：传播学创始于 20 世纪 40 年代至 50 年代，将拉斯韦尔、卢因、卡尔·霍夫兰和拉扎斯菲尔德视为其四大奠基人。但其实，无论中外，在人类历史的思想文化和学术渊源中，人类社会对信息传播的关注和重视古已有之，有些关注甚至逐渐演化成对信息传播活动的研究，并有相当高水平的研究成果，昭示着现代传播学的研究方向。

一、中国传统传播理论

作为世界文明古国，中国有记录的历史已有数千年，其中不乏对传播的研究。古人探究传播问题的思想火花，散见于大量的民谚俗语和汗牛充栋的各类文献中。

据《管子·桓公问》记载，“黄帝立明台之议者，上观于贤也。尧有衢室之问者，下听于人也。舜有告善之旌，而主不蔽也。禹立谏鼓于朝，而备讯唉。汤有总街之庭，以观人诽也。武王有灵台之复，而贤者进也。”这段文字反映了我国远古原始氏族时期的舆论观。

先秦是中国传播思想的滥觞时期，《尚书》《诗经》《论语》和《左传》等古籍中的传播思想，对后世的思想发展起到了启发性的作用。

《尚书》中有论及说服问题的文字，如秦穆公《秦誓》中：“民讫自若是多盘。责人斯无难，惟受责俾如流，是惟艰哉。”意思是人们斥责别人很容易，而自己受了指责却很难欣然接受。此观点揭示了“忠言逆耳”的道理，同时也暗示了听言者的态度会影响说服的效果。

春秋战国之际，正是动荡、变革的时代，在学术方面，百家争鸣，传播活动呈现出空前繁荣的景象。先秦诸子走公门，跑私门，游说于朝堂之上，诘难于士林之中，传播政治思想，宣扬伦理道德，教授文化知识，进献治国方略，激活了整个社会，推动了一个时代的进步。诸如采诗观风、置邮传命、烽燧警报、乡校议政、史官记事、游说诸侯、聚徒讲学、著书立说、街谈巷议等传播方式，无一不深深打上了那个时代的烙印。可以说，诸子以各自不同的传播行为对当时和后世的政治、军事、经济、文化产生了深远的影响。

从秦汉到魏晋南北朝，传播活动日趋成熟。秦始皇统一六国后，就开始实行“书同文”，统一文字并推行文字简化改革，方便了文字的传播。秦始皇建立了一套完备的邮传制度，极大地提高了信息传播的速度和覆盖面。而两汉和魏晋时期，印刷术和纸张的发明，则使社会信息量以惊人的速度向前推进。

唐宋时代，古代中国的政治、经济、科技、教育、学术等活动都达到了全盛的顶峰，传播活动中最显著的标志就是唐代手抄报纸的诞生，它有力地说明了当时的传播活动已经达到一个新的高度。到了宋代，中国不仅拥有了相对成熟的官方邸报，还出现了民间私营“小报”。

明清时期，统治者大兴“文字狱”，传播活动受到极大的制约并开始衰败，传播事业的发展远远落后于西方。

纵观中国古代，传播活动形式多样，杰出的传播思想家不胜枚举，归纳他们有关传播的思考，主要可以分为四个方面。

1. 对传播功能的论述

古人认为，语言是人的表征，人是传播的主体。“人之所以为人者，言也。人而不能言，何以为人。”（《春秋谷梁传》）这一精辟的见解，与 2000 多年后施拉姆那段关于“研究传播学其实就是研究人”的论述前后呼应。在孟子眼里，传播高于一切：“仁言不如仁声之入人深也。善政不如善教之得民也。”（《孟子·尽心》）刘勰格外看重言语传播的力量：“一人之辩，重于九鼎之宝；三寸之舌，强于百万之师。”（《文心雕龙·论说篇》）唐太宗则看到了传播对维护统治的作用：“言语者君子之枢机”（《贞观政要》）。苏轼看到了大众“易于理服，难以力胜”的特性，主张重传播轻武力。同时，苏轼还揭示了传播释放能量常常具有时宜性的特点：“天下无事，则公卿之言轻于鸿毛；天下有事，则匹夫之言重于泰山”（《御试制科策》）。而古人更有对文学传播功用的夸张描述：“阅书百纸尽，落笔四座惊。”（杜甫诗）“笔落惊风雨，诗成泣鬼神。”（杜甫诗）。到了近代，人们则把报刊看作“国民之舆论”、“国民之导师”“文明之利器”或“国家之耳目”“国民之喉舌”。

此外，古人深谙“水能载舟，亦能覆舟”的道理，认识到传播也具有负面功能和消极作用，从“众口铄金，积毁销骨”（《论语》）、“口是伤人斧，舌是割肉刀”等名句中就可以看出古人对传播负功能的担忧和恐惧。王充甚至认为，一个人越是精于传播，就越易遭殃——“美味腐腹，好色惑心，勇夫招祸，辩口致殃。”（《论衡·言毒篇》）。

2. 对受众观念的论述

中国的文化典籍中很早就有了关于受众观念的论述。今人说受众是“上帝”，是大众传媒生存与发展的前提和条件。古人把某些受众看作“知音”，认为“音实难知，知实难逢，逢其知音，千载其一乎！”（《文心雕龙·知音》）。对国家而言，“民惟邦本，本固邦宁。”（《尚书·五子之歌》），“国之有民，犹水之有舟，停则以安，扰则以危”（《三国志·吴书》）。对当代大众传播媒介而言，借用古人的话，“众之所助，虽弱必强；众之所去，虽大必亡”（《文子·上义》），“夫以众者，此君人之大宝也”（《吕氏春秋》）。

今人说，传务求通，服务受众。墨子云：“上下情请为通”，“得下之情则治，不得下之情则乱”（《墨子·尚同中》）。管子甚至主张“遍知天下”（《管子·七法》）。适应受众心理，以满足受众需要，这在古籍中也可寻找到类似的论述。例如，“为天下者不慢其民”（《慎子·内篇》），“治天下者当用天下之心为心，不得自专快意而已也”（《汉书·鲍宣传》）。这些论述颇有点像今人提出的“使用与满足论”。

当代传播学特别重视受众的信息反馈，古人亦然：“防民之口，甚于防川”。“为川者决之使导，为民者宣之使言”（《论语·周语上》），“贤路当广而不当狭，言路当开而不当塞”（《宋史·乔行简传》）。这又有些像受众理论中的“民怨释放论”和“排气阀理论”。

3. 对传播规范的论述

春秋末期，孔子从恢复西周礼制的愿望出发，在《论语·颜渊》中要求人们做到“非礼勿视，非礼勿听，非礼勿言，非礼勿动”。这种关于传播行为的言论后经过封建君主及儒学家的倡导，成为影响中国人民数千年的传播行为的重要规范。

在语言传播方面，古人也提出了四点传播规范：

第一，讲良言，戒恶言。因为“言美则响美，言恶则响恶”（《列子·说符》）。荀子的话更加形象：“与人善言，暖于布帛；伤人之言，深于矛戟。”（《荀子·荣辱》）。所以，在人际传播中，受者对信息的反应很大程度是由传者决定的：“恶言不出于口，忿言不反于身”（《礼记·祭义》）。

第二，讲精言，戒多言。中国的传统是重“少言”“精言”，忌“多言”“谰言”。墨子道：“言无务为多而务为智，无务为文而务为察。”（《墨子·修身》）。老子认为：“多言数穷，不如守中。”（《老子·五章》）。欧阳修曾说：“妙论精言，不以多为贵。”（《六经简要说》）。孔子认为：“无多言，多言多败；无多事，多事多患。”（《孔子家语·观周》），他甚至认为：“刚毅木讷近仁。”（《论语·子路第十三》）。孔融在《临终诗》中更有刻骨铭心的总结：“言多令事败，器漏苦不密”。孟子对自己有时爱与人争辩做了解释：“予岂好辩哉，予不得已也。”（《孟子·滕文公下》）。这也从侧面告诉人们，孟子也重精言而轻多言，多言则是在“不得已”的情况下而为之。

第三，讲实言，戒浮言。中国人历来主张“用事实讲话”，讲话发言要“持之有故”“言之有理”（《荀子·非十二子》），要“言有物”（《周易·家人》），“传其常情，无传其溢言”（《庄子·人间世》）。《史记·商君列传》中引古语：“貌言华也，至言实也，苦言药也，甘言疾也。”意谓好听的话如同花朵，深切中肯的话如同果实，叫人难受的规劝如同治病的良药，讨人喜欢的甜言蜜语如同害人的疾病。因此，“巧言虽美，用之必灭”（曹植《矫志诗》）。刘备甚至在临终前还一再叮嘱诸葛亮：“马谡言过其实，不可大用，君其察之！”尽管“谄媚之言甘，贤良之言直。甘则易悦，直则难入。”（唐·张九龄《亲贤第一章》），但正直的人们依然宁可听实言而不听虚言。

第四，讲有用之言，戒无用之言。在孔子眼里，交流是为了会友，会友是为了辅仁。曹丕说得更为直接：“盖文章经国之大业，不朽之盛事。”（《典论·论文》）。对于文字传播，王充认为，“为世用者，百篇无害；不为用者，一章无补。如皆为用，则多者为上，少者为下。”（《论衡·自纪篇》）。“若此者有益于天下，有益于将来，多一篇，多一篇之益矣”（顾炎武《日知录》）。相反，“好辩说而不求其用，滥于文丽而不顾其功者，可亡也。”（《韩非子·亡征》）。这些言语传播原则，在一定程度上也可与当代大众传播中的真实性、适量性、有用性等原则相通，至今仍有一定的现实意义。

4. 对传播者的特殊要求

儒家学派对传播者的道德修养和人格内涵，也提出了具体的要求。传播与修养问题，在孔子眼里，前者是表征、形式，后者是实质、内容。因此，“有德者必有言，有言者不必有德”（《论语·宪问》），人格涵养是最重要的。

除了少说虚话，少说多做、言行一致以外，还要在人际交往中杜绝四种毛病，掌握三种火候，即：“子绝四：毋意，毋必，毋固，毋我。”（《论语·子罕》），“侍于君子有三愆：言未及之而言谓之躁，言及之而不言谓之隐，未见颜色而言谓之瞽”（《论语·季氏》），即不要在信息交流中凭空妄测，不要绝对肯定或绝对否定，不要固执己见、刚愎自用，不要唯我独尊、以我为先。

与人交谈，碰到不便谈论的或没到火候的敏感问题仍冒冒失失地议论，这是急躁和浮躁；碰到应该谈论的或可以谈论的问题却回避躲闪，会使人生疑，使事情变得更加隐讳；讲话不看对方的脸色变化只是滔滔不绝地高谈阔论，这简直就是瞎子。因此，荀子也主张要"谨顺其身"，"不傲、不隐、不瞽"（《荀子·劝学》）。

概言之，中国的古代传播历史悠久，古人的传播活动和传播思想涉及传播研究的多个方面，涵盖了语言传播、传播规范、人际传播、说服和态度改变等多层次问题，对民族文化以及后世的传播研究产生了巨大的影响。

二、外国传统传播理论

古希腊是人类文化繁荣的重要历史时期，西方精神世界里的一切成果，似乎都可以在古希腊人的言论中追根溯源，传播思想亦不例外。古代西方对于传播的研究同先秦时期的中国一样，大多局限于言语传播研究。古希腊人最先认识到语言的巨大力量。公元前 2080 年左右，年迈的法老谆谆告诫即将继承王位的儿子麦雷卡："当一个雄辩的演讲家，你才能成为一个坚强的人……舌头就是一把利剑……演讲比打仗更有威力。"许多世纪里，古希腊人一直十分重视演讲，以致演讲能力被看作人的诸能力中的首要能力，而没有演讲能力的人似乎也不能进入上流社会。也许正是为了适应社会需要，古希腊出现了语言传播（修辞学）研究的社会组织。语言学家克拉克斯在公元前 460 年左右还撰写出了第一本颇有影响的有关论述演讲的书，着重研究了演讲中有效组织思想、劝说听众的方法和初步理论，对后世演讲学的发展产生了较大的作用。

从古希腊时期开始，一种相对自由的舆论空气弥漫于政治、艺术、学术各个领域；在城邦的民众大会上，自由辩论之风盛行。在古罗马，公民会议演变成部落会议和百人团会议。元老院外平民组织的"院外集团"四处演讲游说。可以说，泰利士、德谟克利特、苏格拉底等思想家的舆论观成为后世西方新闻传播思想的精神家园。

对言语传播首先进行深入研究并作出较大贡献的，应首推亚里士多德（图 1-3）。他在《修辞学》里就言语传播提出了许多令人信服的论述。在他看来，修辞学具有说服别人的力量，"可以研究呈现在我们面前的任何题目"，特别是"研究在特定的场合中最有效的说服别人的方法，而任何别的艺术都不具备这种功能"。亚里士多德还认为，最有效的说服取决于"对话的三个要素——说话者、话题、听者"，而"决定对话目的和对象的要素，是听者"。因此，"说话者不仅要明确自己说话的内容，取得他人的信任，而且要让别人了解自己的人格，同时应该注意听者的内心"，"根据品德分析听者的性格以及情绪

图 1-3 亚里士多德
公元前 384 － 公元前 302
古希腊伟大的哲学家、科学家和教育家

的本性和特质，进而利用使之激动的手段和方法”。然而，煽动情绪不是万能的，有效的说服还须依赖人品和运用推理。亚里士多德强调：说话者首先要让听者觉得他是“值得信赖的”，“因为作为一项原则，我们越是觉得一个人诚实，就会越快地相信他”。他把说话者的品德和可信性看作“所有说服的手段中最有力的要素”。毋庸置疑，亚里士多德在 2300 多年前关于语言传播的精辟见解至今仍对传播学研究有借鉴意义。

到了中世纪，宗教获得了号令天下的地位，传播思想的发展始终以异教反抗正教、正教镇压异教为轴心而展开。十字军东征是西方历史上影响异常深远的思想统一运动和舆论示威活动。在哲学层面，宗教传播思想的研究对信仰与理性、传统与自主、国家的自然规律、逻辑与语言、舆论与民意、形而上学的观念等进行了深入的探讨与整合，从而形成了西方的文化传统。从某种意义上讲，只有理解中世纪的宗教文化，才能了解西方的文化传统和近代传播学思想的渊源。

1543 年的“哥白尼革命”把科学推向了新的神坛，王权崇拜和神权崇拜的迷雾渐渐消退，启蒙运动中人民主权思想得到了广泛传播，民主法制观念开始普及，具有自主意识的公众逐步形成，成熟的传播观念逐渐成形。文字传播在 15 世纪中叶后随着欧洲印刷术的发展逐渐成为主流传播形态，并推动了文化的普及。

在 17-18 世纪，很多启蒙思想家发展了有关舆论的新观点。孟德斯鸠提出了政治自由的舆论观；卢梭提出了人民主权的舆论观；爱尔维修和霍尔巴赫提出了意见支配一切的传播观，认为人是环境的产物，并提出了教育万能和意见、舆论支配世界的思想；黑格尔提出了辩证唯心主义舆论观。1644 年，约翰·弥

图 1-4 约翰·弥尔顿

尔顿（图 1-4）发表了《论出版自由》，提出了言论自由的观点。他认为，要使人的理性得以运用，必须有个条件，即不受限制地了解别人各种不同的观点和思想，真理是通过在公开市场上各种意见的自由竞争而获得的，要让真理参加“自由而公开的斗争”。通过真理与谬误的搏斗，真实、正确的思想和观点必然被大多数人所接受，虚假、错误的思想和观点必然为人们所抛弃，政府不应该参与和干涉。真理是通过自我修正的过程，最后战胜各种错误意见而保存下来的。弥尔顿的思想，特别是“观点的公开市场”和“真理的自我修正过程”，奠定了西方新闻自由理论的基础。

启蒙运动促进了新时代思想体系的创造和形成，同时也激励了许多后继的思想家，从康德、歌德、边沁、穆勒到马克思、达尔文、弗洛伊德，他们对传播学思想的发展都起到了至关重要的作用。

综上所述，古代的贤哲们对传播现象、传播行为的论述为近代传播学的发展奠定了深厚的基础。然而，尽管前人对于人类传播的思考对后世产生了深远的影响，但从根本上讲，他们并没有把人类传播活动本身作为研究对象进行系统的探讨，只不过是在研究其他问题时偶尔涉及某些传播行为或传播方式。

第三节 传播学的研究领域

国际传播、全球传播、跨国传播、越境传播、世界传播、文化间传播、跨文化传播等概念是多维和复杂的。单从研究的范畴来讲，这些概念有时可以相互替换，但为了更好地将国际传播和跨文化传播从众多的传播类型中区分出来，我们首先来区分几个概念：国别研究、比较研究、国际研究、跨文化研究以及全球研究。国别研究以单个的国家和单个的文化为研究对象，通常仅停留在描述和解释的程度上；比较研究通过对比两个或多个文化或国家的个人或机构的同一传播行为来对其差异进行解释；国际传播和跨文化研究检视的是信息从一个国家向另一个国家或一种文化向另一种文化的流动及其影响力；全球研究则视整个世界为一个独立的、统一的研究系统。

一、跨文化传播学

有学者这样定义跨文化传播：跨文化传播是探讨来自不同文化背景的人们之间互动关系的研究。如果据此定义，那么两位来自不同国家的人进行的交谈就变成了跨文化传播，而实际上，他们的交谈只不过是来自不同文化的人们之间进行的人际交流。那么，我们所研究的跨文化传播到底是什么呢？事实上，跨文化传播的核心要点是对带有不同观点、信仰和价值观的人际间相互作用的意义分析，是对这些人由于具有不同的文化背景而产生的相应差异的分析。

跨文化传播研究的源头可以追溯到以美国社会学家帕克和米德等人为代表的芝加哥学派。帕克等人的导师，德国著名社会学家西梅尔（G.Simmel）首先提出了“陌生人”的概念，他认为不同文化群体的人彼此之间是陌生人，这一观点对芝加哥学派的跨文化研究产生了很大的影响。受西梅尔“陌生人”概念的启发，帕克等人提出了四个新的概念：① 社会距离；② 边缘人；③ 差异性；④ 世界主义。这四个概念的核心，是来自不同群体人们之间的关系问题。可以说，芝加哥学派的研究成果为“二战”后在美国兴起的跨文化研究奠定了基础。

第二次世界大战后，在经济、科学、政治和军事上均处于世界显赫地位的美国，开始推出一系列援助发展中国家的计划，但是不少项目都以失败告终。美国人逐渐意识到，这些项目的失败，不仅仅是技术上的原因，政治、经济、文化等因素也对项目的实施产生了很大的影响。大部分外交官在国外仍然生活在讲英语的人的圈子里，并不了解当地的文化风俗、生活方式、行为准则、风土人情，因此才会在工作上中遇到重重困难和种种阻力。针对这些问题，美国政府于 1946 年成立了外事服务学院（Foreign Service Institute），对援外的技术人员和外交官进行培训，负责培训任务的教员主要是人类学家和语言学家，任务是培训准备出国、将生活在不同国家的外交官和使馆工作人员。

作为人类学教员的爱德华·霍尔（Edward Twitchell Hall）20 世纪 50 年代初期在外事服务讲习班开始了自己的研究。霍尔最初的工作是向学员提供一些基本的文化人类学训练以补充语言训练。不久，霍尔就认识到，一般文化理论的抽象概念对外事服务讲习班中将到国外工作的学员们并没有什么实际用途。学员们对能使其与东道国的人交往沟通的特定的实用知识更感兴趣。因此，霍尔开始把注意力集中于探讨文化如何影响面对面交往。他并非把文化作为一般的宏观现象加以研究，而是从声调、手势、表情、接触、时间和空间等微观问题入手，传授如何与不同文化背景的人进行沟通，并通过对文化的研究扩大到对传播的研究。霍尔第一次使用了“跨文化传播”的概念，并提出了“文化是传播，传播也是文化”的观点。1955 年，霍尔在一篇题为《举止人类学》（*The Anthropology of Manners*）的论文中提出了跨文化传播的范式。1959 年，他的《无声的语言》（*The Silent Language*）一书问世，标志着跨文化传播已经形成了一门独立的学科，因此霍尔也被认为是“跨文化传播研究之父”。

以西梅尔为代表的欧洲社会学家关于人际关系的理论，被美国社会学家、心理学家、人类学家和语言学家广泛应用于跨文化研究之中，并且在其理论形成和发展过程中产生了一系列重要的概念，主要包括以下内容：

1. 群体与其他群体

人们在社会活动中结成不同的群体，属于一个群体的成员之间视对方为自己人，成员之间能够在一定程度上相互信任、和平相处；但一个群体的人视其他群体的成员为外人，不同群体成员之间关系较为疏远，相互之间抱有不信任感甚至敌意。

2. 民族中心主义

视自己的文化为中心，并以自己的文化价值观衡量其他文化，认为自己的文化优于其他文化。

3. 文化相对主义

与民族中心主义恰好相反，是指了解和评价某种文化要在其所处的社会、经济、政治、宗教、科学技术环境中进行，不能因为其他文化与自己的文化不同而轻视其他文化。

4. 偏见、歧视和定势

偏见是将自己文化群体与其他文化群体加以比较，未经足够的调查即形成一种对其他群体的负面态度。当对其他文化群体的负面态度付诸行动时，就会产生歧视。可以说，歧视就是偏见的行为表现。而持偏见态度的人往往具有定势思维，过于简单化地概括事实，从而产生一种统一的认知态度，进而妨碍不同文化群体之间的深入了解和顺利沟通。

5. 独裁性格

独裁性格通常与偏见、定势和民族中心主义密切相关。独裁者往往采用定势思维，对其他民族群体持有偏见，寻找强制手段证明本民族优于其他民族，从而证明自己是世界的强者和主宰者。

跨文化传播是一门多学科交叉而形成的新兴学科，它在借鉴和汲取其他学科有益的研究方法的基础上，形成了诸多适用于自身的研究方法。在霍尔研究的时期，跨文化传播与文化人类学密切相关，因此形成了早期跨文化传播研究的社会科学研究传统。但随着社会科学研究方法的转变，传播学研究也从定性方法转入定量方法的研究。到 20 世纪七八十年代，量化方法和统计分析已经成为探究传播的主要方法。当前，社会科学假设、量化手段和检测假设构成了跨文化传播研究的主流方法，但对于特定的课题，还有一些学者采取定性分析的方法研究文化和传播。定性研究方法通常不追求文化现象和人类行为的因果关系，只是描述而不是预见。经常使用的定性分析法有访谈、个案研究以及民族志法。最近，后现代理论家对科学实践和假设的批评也推动了一些关于文化和传播的研究。虽然后现代主义仍处于文化传播研究领域的边缘，但是，它在修辞学研究、艺术和文学方面的影响却很大。

跨文化传播其实代表的是一种过程：文化形式穿越时间与空间而移动，在某个特定的时空中，这些文化和其他文化形式与环境产生互动、彼此影响，创造出新的文化形式，并改变了文化环境。当前，最具影响力且得到广泛认同的少数效果之一，便是大众传播国际化的趋势，其造成的直接后果就是文化的全球化。传播国际化的倾向所造成的潜在的文化效果问题，已经得到了广泛的讨论，得出了造成全球性媒介文化倾向的几个原因，而其中最重要的是打破时空限制，以低成本穿越国界、传送声音（动态）及影响到全世界各地的能力大幅增加，另一个同等重要的原因则是全球性媒介产业以及媒介产业的全球性市场的兴起，提供了全球化的组织架构和驱动力。

二、发展传播学

发展传播学理论将大众传播视为世界经济与社会发展中有力的工具，认为媒介能够有效地传播关于现代性的信息，并有助于将民主政治制度、市场经济及实践传送到世界上经济落后的国家，尤其是第三世界国家。和发展经济学一样，发展传播学理论的出现也是应决策人的需要，因为他们需要建议政府如何行事，以使自己的国家摆脱长期的贫困。

发展传播学理论最早可以追溯到第二次世界大战之后，尤其是冷战期间兴起的思想与研究。“二战”结束后，美国和前苏联成为占统治地位的世界大国，都试图利用自己的经济、军事和文化（包括传播）实力来达到实现其国家利益的目的。在发展传播学的演变过程中，出现了若干理论流派，有关发展传播学的文献主要介绍了三种发展模式，这三种模式对“二战”以来该学科的发展产生了深远的影响。学者们分别称之为：主导模式（或现代化模式）、依赖模式（或依赖性批判模式）以及交互模式（或参与性模式）。

“二战”结束后，有两种思潮在关于发展和人类进步的话题上争执不下：借助资本主义实现现代化还是借助共产主义实现现代化。这两种思潮的对立对国际社会内部发展传播学的实践产生了影响。不过，超级大国间的紧张局势并没有阻碍传播学的发展，反而有助于强化发展传播学的理论和实践。现代化理论的理论家认为，通过引进新思维和新做法，可以加速现代化社会的进程，而现代化代表了进步。现代化学者如丹尼尔·雷纳、施拉姆和罗杰斯都强调了传播在发展进程中的重要性，而大众媒介特别是广播则被看作加速行为和结构变革的重要手段。

大众媒介对国家发展的贡献有几种形式。它能够促使许多新兴科技与社会创新得到传播并被广泛采纳，而这些正是“现代化”的基础。大众媒介能够激励“心智状态”，使之偏好现代性，尤其是想象其他生活方式的可能性（即所谓的移情能力）。雷纳将西方式的媒介描述成“变动性的扩大器”，更是“心理移动性”（即移情）的“魔术扩散者”。另外，大众媒介还被认为是新兴国家（从前的殖民地）促进国家统一及民主政治参与的基础，尤其是通过选举的方式。

大众媒介成为发展机制的主要方式可以简要地归纳为：

① 传播科技知识的窍门；② 激发个人的变迁与流动；③ 散播民主（等同于选举）；④ 刺激消费需求；⑤ 促进识字率、教育水平、卫生水平、人口控制的提高。

各个方面的攻击——既有行动上的，又有意识形态上的，对现代化的批判来源于两大知识群体：一是根植于新马克思主义，又称“结构主义”；二是拉丁美洲地区对联合国拉美经济委员会所推广的发展项目所进行的广泛辩论。依赖性批判理论家们指出，现有的国际经济关系模式——由工业化所主导的模式，导致了发展中国家经济不发达，而发展中国家内部用来推动现代化的广播和其他大众媒介的系统，实际上又破坏了建立平等发展格局的可能性。总体来看，与大众传播所能达到的程度相比，地方权力结构、传统价值观与经济限制的影响力更大。在发展中国家，媒介仍然是实现改革的一个主要工具，但是由于它对社会内部结构的严重依赖以及庞大的成本，它的发展受到了严重的限制。此外，随着大众传播的全球化，媒介的发展还与“文化帝国主义”以及“依附”等负面字眼相联系。到 20 世纪 70 年代后，人们对国际传播不平等状况的忧虑恰好与对全球经济体系不平等的忧虑不谋而合。

批判性理论也受到了批评，因为它只对现代化模式进行批判，却没有提出解决的方法。然而该类理论提出的问题对当代发展传播学产生了一定影响，它将重点放在基层研究的一些成功实践上，促使大家注意到在发展传播进程中缺乏民众真正地参与。

最近 30 年，发展传播学中出现了令人振奋的新策略，其中主要运用的策略包括提高大众意识、普及知识、社区动员、利用民间媒体、社会营销、娱乐教育以及倡议等。一些策略已经被一些社区团体、国家政府、地区性和国际性组织以及非政府组织所采用，以解决世界所面临的各种发展问题，如推进、支持和维持农业、教育、环境、计划生育和生殖健康、性别平等、营养以及公共卫生等项目。

三、国际传播学

国际传播的起源其实并不十分明确。加拿大学者英尼斯指出，11 世纪时，当国与国之间开始交流之际，国际传播就已经存在了。国际传播也可追溯到古罗马、古希腊、古埃及、巴比伦等古代帝国时期，因为这些帝国幅员广大，具有不同的政治、语言及文化实体，因而有必要发展出特定的方法来进行相互之间的交流。

国际传播的简单定义是：超越各国国界的传播，即在各民族、各国家之间进行的传播。人们有时也认为国际传播是跨越了国界和民族的传播，持此观点较多的是研究国际数据交流的经济学家。但是，此定义可能稍显粗略又过于狭隘。有传播学者从三个方面对国际传播的概念进行了更为立体化的描述：①它是集中于传播的某个领域的变量的研究；②它是分析问题的一种计量单位，涵盖的范围可以从个人到全球；③在大多数研究中，它通过基本的比较和解释，描绘了国家和文化的疆界。

国际传播的特征主要表现为以下六个方面。

1. 目的性

国际传播既可以是有意的，也可以是无意的，即传播既可能是有意地跨越国界，也可能是无意地跨越国界进行的。例如，美国之音或俄罗斯电台等以国外听众为目标的国际广播显然是有意地的国际传播，而加拿大或墨西哥接收到的美国电台和电视台的溢波信号，或加勒比海地区接收到的美国国内通信卫星的溢波信号，也属于国际传播。卫星通信系统是由空间部分——通信卫星和地面部分——通信地面站两大部分构成的。在这一系统中，通信卫星居高临下，视野开阔。只要在它的覆盖范围以内，无论距离远近都可以通信，通过它转发和反射电报、电视、广播和数据等无线信号。

2. 传播频道

国际传播可以是公共的，也可以是私有的。显然，广播电视是公共传播，但频道既可以是公共的，也可以是私人的。不过，目前通过私有频道（或为非公共使用而保留的频道，如某些需要特定的解码器或可以调谐特定频率的接收器的专用频道）进行的公共传播尚不具备广泛的用途。通过公共频道可以进行私有的国际传播，包括通过海底电缆或跨国通信卫星而收发电报和电话。但通常情况下，为了防止目标受众以外的人了解其内容，这种传播需要进行加密处理。私人国际传播也可以通过私有频道进行。通过对私有频道的使用进行加密处理和限制，可以使这种传播受到双重保护。

3. 传输技术

在国际传播系统中，信息的传播渠道可以是无线电波、电线电缆或影碟、录音带和录像带。无线电波多用于广播电视等大众传播信号的传输，电线电缆等多用于电话、网络等点对点的传播，而企业和政府机构则可能利用船只或飞机运送录制的资料，以便在其他国家进行复制和再传播。

4. 内容形式

国际传播可采用多种形式，包括娱乐、公共事务和由国际广播机构传播的新闻节目；由国际电信机构如美联社或路透社传送的新闻原始稿；由国际数据处理和数据库公司提供的计算机数据和软件；由美国电报电话公司（AT&T）等传送的声讯和电报业务；通过军事频率为诸如北大西洋公约组织（NATO）这类团体传送的加密信息以及使馆之间交换的外交信息等。国际传播形式还包括需经过特殊收发设备和电子地址所进行的传真和电传业务。

5. 文化影响

所有传播都是象征性的活动，因而必然会产生文化上的影响。一些学者认为，强国可以通过国际传播系统将自己的文化价值观念（包括新闻价值观、社会道德和政治经济理念）强加给比较落后的国家。国家之间的争议在于有些国家试图保护其源远流长（或博大精深）的文化习俗及交流方式，而有些国家则认为这些习惯不利于跨文化价值观的形成和发展，阻碍了信息的自由流通和交流。

6. 政治本质

从某种意义上讲，所有国际传播都带有政治色彩。即使某些特殊组织，如国际宗教广播电台，虽然通常不以针对政权为传播目的，但仍有其政治性。这是因为政治因素跨越了国家和民族的界限，不加控制的信息威胁到了知识垄断这一政权统治的基础。传播可以公开政治性质，也可以隐含政治色彩，或仅仅受国家政治经济政策的影响。

媒体的政治传播目的是显而易见的，如美国之音及前莫斯科广播电台的节目，都带有明显的政治动机，其宗旨是以美国或前苏联的官方观点来发布观点或分析世界局势，即所谓的“宣传”。隐含的政治因素对联合国举办的各种活动和讨论产生的影响较多。尽管这些组织和委员表面上与政治无关，但其工作进程和议题却受到各种国际势力的影响。因此，如何综合考虑各国情况，使经济实力雄厚、技术先进的国家利益与经济和技术都比较落后的国家利益相结合，是一件比较困难的事情。或许，最难定义的正是对国际传播构成冲击的政治和经济政策。这些政策主要从两个方面对国际传播施加影响：一方面，在广播电视领域对电子设备的进口实行限制；另一方面，在电讯往来方面制定有利于国内或地区间往来而不利于远距离国际电讯往来的价格政策。

我们经常可以在相关期刊和参考资料中看到大量有关国际传播的研究，从研究方法到意识形态假设无所不包。实际上，这个领域确实大到了没有哪本书可以涵盖其所有历史渊源和未来趋向的地步。但是，国际传播领域的核心中却有三个公认的主要议题，不仅如此，它们还是“通往下个世纪”的中心话题，它们是：国家发展和社会变迁、西方支配和新闻流动。

传统的发展传播学的一个主要假设是：大众媒介可以并且能够对那些需要快速进行社会变革的国家产生直接而广泛的影响。“二战”后，以美国为首的西方发达国家，在冷战的国际态势中为了与社会主义相抗衡，一方面从政治经济上对发展中国家进行控制，另一方面则尽力从文化思想上进行渗透，其间特别借助了大众媒介的强大影响。与此同时，以前的殖民地国家则纷纷独立建国，第三世界国家的自主意识逐渐加强，并与西方支配的意识发生激烈的碰撞。到20世纪六七十年代，甚至引发了一场全球性的“世界信息与传播新秩序运动”，形成了一大批世界性合作组织，如发展中国家的不结盟运动、联合国教科文组织等，与西方发达国家展开文化与传播的竞争。

西方支配所讨论的议题，涵盖了全球传播的所有方面：新闻、大众文化和全球性语言的英语，以及传播技术。同时，以西方文化为主导的全球文化的出现，尤其是以英语为母语的地区——从悉尼到伦敦，从纽约到好莱坞，带来了全球政治经济新秩序的大讨论以及“文化帝国主义”的概念。

全球传播的另一大现象，就是新闻流动的失衡。自20世纪70年代以来，这就一直是发展中国家担忧的一个问题，因为西方的四大通讯社——美联社、路透社、法新社、俄塔社（前苏联的塔斯社）控制着世界上的绝大部分的新闻流，每天出稿3000万字左右，其次的五家主要通讯社在20世纪90年代初每天仅占109万字。另外，还有国际新闻选择是否有“偏差”的争议。发达程度较高的国家传统上并未赋予国际新闻太多的空间，他们的国外新闻大多是关于其他较大的、邻近而富有的国家或在语言及文化上有联系的国家的新闻；而关于发展中国家的新闻，通常只有在其持续发生危机事件，或某些事件威胁到“强权门”的经济、政策利益时，才有可能进入这些国家的新闻视野中。世界上多数发展中国家和地区都曾发现，他们在新闻事件可能发生的全球版图中，往往处于经常性缺席或不受重视的地位。

四、健康传播学

健康问题是与人类社会自身的发展形影相随的。自从有了人类，就有了人类的健康问题和健康意识，人的健康意识是人类自我意识的历史性过程。健康传播，作为人类健康意识的物质化载体，承载着人类维护健康、促进健康的历史使命。

1960年起，美国学者将传播学引入公共健康与卫生教育领域，丰富和发展了健康教育学科的理论与方法；20世纪70年代中期，“健康传播”的概念正式产生。20世纪末，人类社会不断进步，生活质量普遍提高，特别是大众传播技术日益发展，政府和学者开始关心如何利用大众传播的渗透力，改善一般民众的健康意识，营造社会的健康环境，提高大众的健康水平。于是，健康传播作为一门具有极其重要社会意义（对于不发达国家而言，还具有一定的政治意义）的研究领域，逐渐成为显学。值得注意的是，在传统西方传播学的语境中，最初狭义的健康传播指以大众媒介为渠道，以现代医学研究成果为内容，面向一般大众或不发达国家的社会，运用多种策略的专业化、系统化的现代健康传播。然而除了现代健康传播之外，根据不同的文化背景和社会状况，往往还有其他的健康传播形式。例如，根植于中国传统文化中的中医文化和民间养生偏方等；以口耳相传、小组织范围内进行的健康传播以及组织健康传播等。于是，在不断研究的过程中，健康传播的内涵也扩大了。

那么，究竟什么是健康传播呢？根据著名传播学者罗杰斯的定义，“健康传播是一种将医学研究成果转化为大众的健康知识,并通过态度和行为的改变，以降低疾病的患病率和死亡率，有效提高一个社区或国家生活质量和健康水准为目的的行为”。两年后，罗杰斯又在另一篇文章中对健康传播做了如下定义：“凡是人类传播的类型涉及健康的内容，就是健康传播”。比较这二者的定义，可以看出，前者的定义主要着眼于通过大众传播进行健康知识普及，不仅是单向的（从专业人士到一般大众）、无反馈的，还着重于对健康传播渠道和效果的研究，实质是其创新扩散论的健康知识的版本。而后者则更加宽泛，罗杰斯曾对这一定义加以补充说明，认为：“健康传播是以传播为主轴，借由四个不同的传递层次将与健康相关的内容发散出去的行为。这四个层次是：自我个体传播、人际传播、组织传播和大众传播在自我个体层次，如个人的生理、心理健康状况；人际层次，如医患关系、医生与患者家属的关系；组织层次，如医院与患者的关系、医护人员的在职训练；大众层次，如媒介议题设置、媒介与受众的关系等。”很显然，罗杰斯两年后给出的这一新定义更贴近传播学的研究视野，以人类传播的四个层次将健康传播的研究议题囊括其中，结构清晰、便于认知和把握。此外，还有些学者运用文化研究的方式，考察健康传播在不同文化中扮演的角色与形态以及一些亚群体（如少数族裔、同性恋、城市贫民）中的健康传播，从广义上看，它们都属于健康传播研究的范畴。

总的来说，经过 30 多年的发展，健康传播已经从最初的医药信息传播、健康知识教育等较狭隘、实践性的范畴，发展为集健康知识传播、健康心理传播、健康文化传播、健康行动传播于一体的综合模式，由单向的健康传播效果研究，转变为双向多元、结合传授关系、传播媒介、传播情境等的综合分析。这种变化不仅有助于研究健康传播的一般规律，更好地为大众健康传播实践服务，同时也能够使人们从人类文明进程的高度，重新思考健康传播在人类的文化特征、社会演进中的地位。

目前，以研究取向为依据，健康传播被划分为以下几个类别：主题取向、功能取向、传播层次取向及情境取向。我国学者张自力则将健康传播学分为两种：健康的传播学与健康中的传播学。所谓“健康的传播学”研究，是指以健康意识问题为导向的研究议题，运用传播学的理论和方法考察人们各种与健康有关的行为和观念。而所谓“健康中的传播学”研究，则是指在维护和促进健康的过程中运用了传播学的理论和方法，换句话说，就是运用传播学理论和方法所从事的与健康促进相关的应用性研究。具体而言，又可以分为九个较为重要的方向。即：大众健康传播媒介与效果研究、组织健康传播研究、以“医患关系”为核心的人际健康传播研究、健康教育与健康促进研究、健康传播的外部环境研究、健康传播与文化研究、艾滋病、安乐死、同性恋、器官移植等特殊议题的研究、健康传播史的研究、突发公共卫生事件(健康危机的传播研究)。

上文已经提到，健康传播来源于大众传播学中对于健康信息传播的实践。因此，最初的健康传播理论与模式往往脱胎于大众传播学的基础理论，但是随着研究的深入，健康传播逐渐从长期的实践中，从相邻的各个学科中汲取、借鉴有价值的理论特点和模式，丰富自己的理论基础，摸索适合健康传播自身的基本模式。健康传播的模式分为两种：早期的单向性模式和后期的健康传播系统模式。

在健康传播研究的早期，其着眼点主要是如何利用各种传播渠道（尤其是大众传播渠道），实现健康信息的有效传递，改变受众的态度及行为，从而达到增进大众健康水平的目的。这其中，三种模式最为突出：健康“知－信－行”模式、健康信念模式以及健康行为转变的阶段模式。

五、新媒体传播学

继美国社会学家丹尼尔·贝尔（Daniel Bell）提出“后工业社会”概念，未来学家阿尔温·托夫勒（Alvin Toffler）阐述社会面临“第三次浪潮”的深刻变化之后，约翰·奈斯比特（John Naisbitt）进一步指出，世界正从“工业社会”进入“信息社会”。这些论述是对20世纪50年代“信息革命”之后人类社会现实的总结。21世纪，知识经济、信息社会和全球传播一体化成为势不可挡的国际潮流；卫星通信、数字电视、无线通信、云计算等现代信息传播技术的异军突起，给信息生产带来了前所未有的影响。

20世纪90年代中期，互联网规模的迅速扩张打破了传统地缘政治、地缘经济、地缘文化的概念，形成了虚拟的以信息为主的跨国界、跨文化、跨语言的全新空间。在这一背景下，国内外学术界立刻形成了对互联网评价、研究的热潮，新闻传播学者亦对互联网在信息传播领域产生的变革性影响给予了充分的关注。近年来，互联网无论增长速度还是其品牌价值在全球传媒产业中均处于领先地位。2006 — 2010 年，互联网的年综合增长速度持续超过 20%，其中，互联网广告增长了 37.9%，网络接入等服务增长了 18.8%。

互联网传播作为一种全新的现代化传播方式，有着与传统传播媒介截然不同的新特征。互联网传播的出现和发展，打破了以往人类信息传播形式的界限。它不仅可以实现面对面的传播，更可以实现点对点的交互式传播。互联网传播将人际传播和大众传播融为一体，因而这种全新的、特殊的传播方式一经问世便在全球范围内得到了重视和普及。由于互联网打破了精英阶层对信息资源的垄断和传统文化的权威性，其在一定程度上具备了解放意义，开放的海量信息使普通民众有了自行传播的可能，从而开启了从“精英文化”向“大众文化”发展的进程。此外，互联网的物理特性赋予了网络传播快捷、即时更新、可移动等特点，在新闻的时效性方面，具有传统媒体无法比拟的优势。网络传播不仅集传统媒体传播手段之大成，在传播过程中还可以运用高新多媒体技术，把文字、视频、图像、音频、动画等融为一体，整合各种传播资源和传播方式，以满足广大受众多方面的需求。

当前，网络传播正以不可抵挡的势头，迅速渗透到世界各国政治、经济、思想以及文化等诸多领域。尤其是近年来 Web2.0 营造了全新的信息生态环境，SNS 社交媒体大放异彩，不仅改变了人们的生活方式、思维方式和传播方式，更改变了整个世界的面貌。2004 年 2 月 4 日，Facebook（脸谱网）在美国正式上线，标志着 SNS 社交媒体时代的到来。注册用户可以在相当大的自主空间内将个人信息发布在个人主页（墙）上，而不受传统封闭式门户的约束，通过状态更新、视频分享、微社区、用户群以及其他应用程序打造个性化的社交网络圈，信息生产和传播的主动权在一定程度上回归大众。2006 年 6 月，作为移动社交网络服务的翘楚，微博客 Twitter 在美国上线，掀开了 SNS 社交媒体的另一个高潮。Twitter 允许用户将即时消息以短信息的形式（字数限制在 140 字以内）发送给手机和个性化网站群。据 Semiocast 分析机构发布的数据显示，Twitter 的注册用户数已在 2012 年突破 5 亿。Facebook 和 Twitter 的聚变效应及其动态性强、传播速度快等特点成功印证了哈佛大学心理学教授 Stanley Milgram 创立的“六度分割理论”（Six Degrees of Separation），成功的第三方应用和日益先进的手持终端为社交媒体的发展提供了有力保障。

毫无疑问，互联网的出现，尤其是 SNS 社交媒体的出现，具有重大的社会意义。2008 年的孟买恐怖袭击、2011 年的阿拉伯地区动荡都彰显了 SNS 社交媒体的强大力量及其对现实世界政治、经济、文化各领域的渗透和影响。美国《商业周刊》2008 年 11 月 6 日撰文称：“2008 年的美国总统大选是 Facebook、Twitter、YouTube 以及 Flickr 等社会化媒体的胜利。无数选民利用文字、图片和视频的形式在这些网站上与他人分享自己的体验。2008 年白宫宝座争夺战必将作为第一次利用社会化媒体进行的选举被载入史册。" 2012 年美国总统大选期间，各党派候选人也纷纷借助 SNS 社交网站塑造良好的个人形象，宣传竞选口号、博得选民支持。

在中国，SNS 社交媒体起步较晚。2007 年 5 月正式上线的饭否网是国内第一家提供微博客服务的类 Twitter 网站。而直到 2009 年，新浪微博才正式掀开了 SNS 社交媒体在国内传媒舞台的序幕，注册用户可以通过网页、WAP 页面、手机短信、彩信等方式随时随地发布 140 字以内的消息或上传图片、音频和视频，并具备转发、评论、私信、分享、关注、搜索、微群、主题讨论等功能。在2010年的"7·23甬温线动车追尾事件"和青海玉树地震、舟曲泥石流事件中，新浪微博成为第一信源，以快速传播的优势打败了传统媒体，并通过滚雪球的方式进行了多路径传播，实现了信息的裂变和链式传播。

然而，值得注意的是，互联网传播不可避免地带来了一系列负面作用。如意识形态和文化渗透、假新闻、假信息传播、暴力色情泛滥、个人隐私和知识产权遭到侵犯等。我国台湾地区曾公布了一项名为"网络十大罪状"的民意调查，结果显示：网络外遇、垃圾邮件、网络谣言、网络上瘾症、网络色情、网络并发症、网络赌博、网络购物狂、网络疏离症、网络假民主为网络十大罪状。

现代人生活节奏加快，以智能手机、平板电脑、电子书等手持终端为代表的移动媒体应运而生，开创了新媒体传播的另一局面。随着 3G、4G 时代的到来，互联网正从 PC（Personal Computer，个人电脑）向手机等移动终端转移；移动媒体因其传播成本低廉、传播范围广泛、传播速度快捷、大众化特征明显和较强的参与性和互动性等特点被称为"第五媒体"。它通过移动终端载体和无线网络，实现各种文字、音频、视频等媒体内容的传播并提供个性化服务。国内有学者把"第五媒体"定义为"在计算机信息处理技术基础之上出现和形成的媒体形态"；作为人的综合感官的延伸，移动媒体不仅扩展了个人信息空间，改变了受众的生活方式、信息的传播方式，提高了人类对信息的控制力，有利于建构公共话语平台，开展社会管理与沟通；更推进了许多科技领域和商业模式的创新，成为扩大内需、拉动国内消费的新的经济增长点，并带动了整条信息产业链的发展与繁荣。然而，手机等手持终端因受屏幕限制，信息量有限，且信息传播缺乏权威性，出现了垃圾信息和不良信息泛滥的现象，同时，过度使用手机还会引发心理和生理不适。

2004 年 7 月，《中国妇女报》推出了全国第一家手机报（Mobile Newspaper）《中国妇女报——彩信版》；同年 12 月，重庆各大报业跟进潮流，联手推出《重庆晨报》《重庆晚报》和《热报》WAP 手机版；2005 年 5 月，浙江手机报正式开通，手机报因其个性化服务迅速席卷全国。手机报能够打破即时信息的时空限制，使受众随时随地接收最新资讯，且互动性强，能够实现多媒体动态传播。然而，部分手机报内容同质化现象严重，消费人群定位不准，且由于技术鸿沟和经济能力的差异，能够接收手机报的往往是现代社会中的中、高档消费人群，相对于低消费人群，他们也能够从手机报掌握和了解更多的社会资源和信息。智能手机在社会经济地位较高的人群中的普及往往会扩大他们与信息穷人之间的数字鸿沟。除此之外，由于目前手机报未能突破技术瓶颈，其强大的潜力远未发挥出来。继手机报之后，手机电视成为智能手机实行娱乐和信息传播功能的新工具。鉴于手机是移动媒体，可以随时随地收看电视节目，手机电视往往直观性强，但收看情况的良好与否有赖于卫星网络信号的输出情况及其播放制式的运作情况。

和基于 PC 的互联网传播一样，移动媒体传播也存在把关人缺失的问题。由于加入了人际传播的因素，信息传播流程较大众传播更复杂，公私领域界限模糊，不良信息和虚假信息泛滥；手机诈骗、手机黄祸等问题不容忽视。同时，手机等移动媒体的便携性、随意性和交互性，导致手机偷拍、手机病毒和信息转发所引起的隐私权、著作权保护及信息安全等法制伦理问题突出，社会控制弱化。

新媒体发展迅速，不可避免地挤占了传统媒体的生存空间，对传统媒体提出了挑战。报纸竞争力相对较小，读者群体老化，购买力下降，广告市场被新媒体蚕食；电视节目同质化严重，频道资源严重浪费；门户网站网络流量分流，传统盈利模式难以为继。因此，在互联网时代，传统媒体纷纷开始数字化转型。报纸开始推出 online 版，电子报问世；IPTV 等网络电视开创视频传媒新时代；门户网站与 SNS 社交媒体进行资源整合，如新浪推出新浪微博，其竞争对手已经从搜狐、网易等传统门户网站变为人人网、豆瓣网、开心网等 SNS 社交媒体新秀。信息化浪潮和日新月异的信息传播科技不仅对传统媒体提出了挑战，也加速推动着新媒体的变革。未来新媒体传播的发展趋势大致如下。

1.“内容为王”与“渠道为王”并举

传统媒体的运营集中在内容制作和发行的环节。而新媒体在制作环节上实行了“外包”，由专门的内容制作商提供，自身主要集中于“发行渠道”的运作。从这个角度来说，新媒体的成功不仅需要好的内容，更需要一个好的传播渠道。因此，传媒产业应该从“内容为王”的理念向“内容为王”和“渠道为王”并举的理念转变。

2. 长尾理论

长尾理论认为，新媒体的到来使原来完整统一的受众市场开始出现分化和碎片化，从前单一形态的媒介产品已经不能满足当下的市场化要求。然而，打造长尾产品，开发媒介产品的多样化传播渠道，却能有效地开辟新的受众市场，积累庞大的商机。传统媒体产品如电影、电视剧、广播节目基本都是自产自销，一次性投入，一次性产出，很少借助于其他媒体形态再次利用。而在媒体产业整合后，多种媒体形态之间可以实行内容共享，一个媒体的内容可以在不同媒体形态中重复使用播出，提高了一次性媒体产品的循环利用价值，形成长尾产品，延伸媒体产品收益链。同时，打造长尾产品能够激活沉睡的媒体资产，使媒体产品产生聚变效应。

3. 参与式新闻

参与式新闻是指普通受众借助现代信息通信技术和互联网主动加入传播过程。受众在各大新闻网站上传自己的视频、音频、文字等，发表言论，表达个人思想。除了独立的参与式新闻网站（如韩国的 ohmynews 网站，是一个主要由业余记者提供新闻的网络媒体，在韩国掀起了市民个体参与新闻报道的浪潮）之外，还有微博、人人网、开心网、豆瓣网等 SNS 社交媒体。参与式新闻的出现既是机遇又是挑战，传统主流媒体如何借助新媒体时代下的个体传播活动，使参与式新闻与传统媒体的新闻互补互助；如何加强职业道德的培养，规范行业纪律管理，是行业内部亟待解决的问题。

4. 全媒体时代下的媒介融合

全媒体是目前人类掌握的信息流手段最大化的集成者。其概念来源于业界，学界尚未正式提出。就我国新闻传播学者对全媒体概念的研究现状而言，具体分为“营运理念说”（彭兰）和“传播形态说”（周洋）两类。在全媒体的大背景下，媒介融合由浅入深全面展开，从“物理变化”向“化学变化”转变；新媒体形态、终端及其生产也更加专业、细分，并改变过去全战略用“网”的方式来捕捉需求，代之以“平台战略”来主动创造需求。例如，维基和谷歌的成功不在于其庞大的编辑队伍和生产团队，也不在于其掌握的信息资源，而在于围绕在其周围的各种社会力量。

参考文献

[1] 段鹏 . 传播学基础［M］. 北京：北京广播学院出版社，2006.

[2] 裘正义 . 世界宣传简史［M］. 福州：福建人民出版社，1991：271-272.

[3]〔美〕沃纳·塞弗林、小詹姆斯·坦卡德 .《传播学的起源、研究与应用》［M］. 郭镇之等，译 .4 版 . 北京：华夏出版社，2000：106-109；177-179.

[4] Stephen Fox. The Mirror Makers：A History of American Advertising and Its Creators ［M］. New York：William Morrow and Company, 1984: 172.

[5] Shearon A.Lowery, Melvin L.De Fleur. Milestones in Mass Communication Research：Media Effects［M］. 3rd ed. Longman Publishers USA.1995.

Part 2　传播媒介

20世纪以来，世界新闻传播事业飞速发展。随着科学技术的不断发展，继报纸、杂志、通讯社之后，广播、电视和互联网相继问世，传播媒介日趋多元化，传播手段日趋现代化，媒介对社会生活和世界政治、经济、文化产生了极大的影响。那么，传播媒介应该如何界定？传播学者对于媒介做了哪些理论研究？媒介有什么特征？人们如何选择媒介？各国媒介产业的发展状况如何？本章将对这些问题一一解答。

第一节 传播媒介的基本内涵

一、传播媒介的含义

媒介是什么？这是传播研究中的基本问题，却是一个让人无法轻易回答的问题。因为媒介的内涵和外延都极其丰富，它不仅是信息传递的工具和载体，还涉及各种纷繁复杂的社会关系，这就要求人们从多种视角和各个层面来认识媒介。

“媒介”一词，最早见于《旧唐书·张行成传》：“观古今用人，必因媒介。”在这里，“媒介”是指使双方发生关系的人或事物。“媒介”一词引入传播学，是指传播信息符号的物质实体，是讯息从信源到接受者通行的渠道。施拉姆认为，“媒介就是插入传播过程之中，用来扩大并延伸信息传送的工具”。

所谓传播媒介，是介于传播者与受传者之间，用来负载、传递、延伸、扩大特定符号的物质实体。它是信息传播的渠道，是信息传播过程的重要环节之一，也是传播得以实现的基本条件。在传播学中，媒介研究一直是主要研究课题之一。

传播媒介有两层含义：一是指传递信息的工具和手段，如电话、计算机以及网络、报纸、广播、电视等与传播技术有关的媒体；二是指从事信息的采集、选择、加工、制作和传输的组织或机构，如报社、电台和电视台等。这两个方面都是传播学研究的重要内容。一方面，作为技术手段的传播媒介的发达程度如何，决定了社会传播的速度、范围和效率；另一方面，作为组织机构的传播媒介的制度、所有制关系、意识形态和文化背景如何，决定了社会传播的内容和倾向性。

认识传播媒介，还需要分清它与传播符号、传播形式、传播渠道的区别：

首先，传播媒介有别于传播符号。符号是指表达或负载特定信息或意义的代码或手段（如语言、文字、记号等），而媒介是指介于传播者与受传者之间、用来负载和传递符号信息的一种物质。

其次，传播媒介不同于传播形式。传播形式是指传播者进行传播活动时所采用的作用于受众的具体方式，如口头传播形式等。一种传播形式可以动用不同的媒介，一种媒介也可以服务于不同的形式。传播形式表明的只是传播活动的状态、方式和结构，而传播媒介显示的却是实实在在的物质实体。

再次，传播媒介也有别于传播渠道。在传播学中，传播者和受传者之间相互进行信息交流的各种途径、手段、方式，通称为“渠道”，如人际传播渠道。扩大人类信息交流能力的传播中介物被称为“媒介”，一种传播渠道可以运用多种传播媒介来进行沟通交流。

二、媒介的类型及特点

媒介，是人类传播过程中运载和传信讯息的物体，是连接传受双方的中介物。它可以是自然物，也可以是人造物；可以是单一的物体，也可以是一系列物体的组合。按照不同的标准，媒介可以有不同的分类。

依据媒介出现的先后顺序，可以将其分为早期符号媒介、语言媒介、文字媒介、印刷媒介、电子媒介和网络媒介。

从传播对象来看，可以将媒介分为个人传播媒介和大众传播媒介。个人传播媒介用于人际传播，如对话、信函、体语等；大众传播媒介是指大众信息传播过程中使用的机械设备以及媒介组织等。

依据媒介所作用的人的感官的不同，它又可以分为听觉媒介、视觉媒介和视听复合媒介。听觉媒介包括言语、广播、电话；视觉媒介包括文字、图画、印刷品等；视听复合媒介包括电视、电影等。

在美国传播学家哈特（A.Hardt）看来，媒介还可以分为：①示现的媒介系统，即人们面对面传递信息的媒介，主要指人类的口语和非语言符号；②再现的媒介系统，包括绘画、文字、印刷和摄影等；③机器媒介系统，包括电话、广播、电影、电视、网络等[1]。

此外，还可以按媒介的传播方式，将媒介分为直接媒介和间接媒介；按媒介的传播目的，将媒介分为公益性媒介和营利性媒介。

传播媒介是人们用来传递信息符号的中介物，是一种物质实体，人们可以使用、控制媒介进行传播，而传播媒介也以其自身的规律及特点反作用于传播过程。概括而言，传播媒介都具有以下几个特点：

① 实体性：在大众传播中，书刊、报纸、收音机、电视机等都是用于传播的实体，是具体的、真实的、有形的物质存在。

② 中介性：传播媒介居于传播者与受传者之间，使传受双方通过它交流信息、建立联系。在信息传播过程中，传播媒介通常作为交流沟通的桥梁和纽带。

③ 负载性：负载符号既是传播媒介的特点，又是传播媒介存在的前提和必须完成的使命。纸张是负载文字符号和图像符号的合适媒介，磁带、唱片是负载声音符号的最佳媒介，拷贝、胶片、影碟则是负载图像符号与声音符号的较好媒介。由于传播媒介不仅负载符号，还通过符号负载了信息或内容，因此，当人们说“传播媒介”时，往往既指其物质实体（如纸张、收音机、电视机、放映机等），又指媒介实体、符号、信息的混合物（如报纸、书刊、广播、电视、电影等），有时甚至泛指媒介机构或媒介组织（如大众媒介、新闻媒介）。

④ 还原性：作为中介的传播媒介，在传播过程中要保持所负载符号的原声、原形、原样，而不应对符号做扭曲、变形、嫁接处理。换句话说，传播媒介在将传播者编制的符码传递给受传者之后，被传递的符码应该可以在受传者那里还原为传播者所编制的那种符码形态。

⑤ 扩张性：媒介不仅可以“穿针引线”，使传受双方产生关系，还可以将一人的思想、感情和所见、所闻扩张开来为许多人所共享。如我国古代文化的瑰宝《四库全书》曾经是少数特权阶层的读物，如今，经过现代印刷媒介和压缩电子文档的大量复制，它们得以成为亿万读者的精神财富。1999 年北约轰炸中国驻南联盟大使馆一事，通过新浪网等网络媒介，这个悲剧性事件在第一时间便迅速传遍全世界，引起了全球震惊。奥运会、世界杯足球赛等重大体育比赛，经由卫星电视和网络等传播媒介可以向全球上百个国家现场直播，实现了人类“同一时间、同一地点”的信息共享。这些事例都体现了传播媒介的扩张功能。

第二节 传播媒介类型的演变

传播媒介的发展变化过程是与人类文明史同步的。人类为了更好地进行信息交流，不断地创造和使用各种传播媒介。传播媒介经历了早期符号媒介→手抄媒介→印刷媒介→电子媒介→网络媒介从单一到综合、从简单到复杂的发展过程[2]。

一、早期符号媒介

自人类诞生，就开始了交流和沟通。这是人类社会本质的充分表现，也是传播媒介产生的直接动因。可以说，人类传播媒介的发展史和人类历史一样的漫长。

早在人类从灵长类到早期猿人的进化时期，人类就通过类似于动物的尖叫、呼喊和肢体动作等非语言符号和信号来交流信息。他们根据一些彼此理解的意义规则来使用发声、手势信号、面部表情、身体动作，进行简单的传播。

大约在 90000 年至 40000 年前之间，克罗马农人已经开始用简单的语言进行交流了。语言的产生和运用，拓展了人类信息传播的内容和范围，大大加快了人类脱离野蛮、走向文明的进程。

口语不需要辅助手段，运用简便，易于控制。但口语媒介覆盖范围狭窄，传授双方必须在同一时间、较近距离之内，传播才有可能实现，且口头语言转瞬即逝，难以保存。因此，随着人类社会的发展和交往的扩大，有必要创造新的媒介来满足传播的要求。

二、手抄媒介

文字的产生，使人类的传播有了新的媒介。大约在5000年前，手抄媒介产生了。早期的手抄媒介往往是对自然物的简单加工。古人使用各种可以用来刻写的事物记录文字和图画，如石头、甲骨、羊皮、铜鼎、简帛等（图2-1）。大量的古代文化典籍正是通过手抄媒介才得以保存和传播。

图2-1 有图形符号的陶器

图2-2 竹简上的文字

竹简和帛布都容易腐烂变质，因此流传下来的并不多（图2-2）。

手抄媒介打破了口头语言媒介传授双方必须共时的局限，其“历时”性质使信息得以记载而保存久远。然而这些媒介大多粗拙笨重，不方便携带，且生产成本较高，单位面积的符号负载量和信息量都很少。因此，手抄媒介的传播范围、传播速度和传播效果均受到了很大的限制。

公元105年，东汉宦官蔡伦总结了前人的造纸经验，改进了以树皮、渔网、麻混合为原料的纸张生产技术，这是当时最先进的造纸技术。至公元5世纪，我国民间用纸已经甚为普遍。纸张光滑轻便、成本低廉。纸的出现极大地改变了手抄媒介的历史，也为印刷媒介铺平了道路。

三、印刷媒介

印刷媒介指将文字和图画等做成版、涂上油墨、印在薄页上形成的报纸、杂志、书籍等实体物质。我国的印刷媒介起源于公元前 16 世纪至前 11 世纪的印章媒介和公元 3 世纪的拓印媒介。然而当时的印章和拓印获得的是黑纸白字的复本，而印刷得到的则是白纸黑字的复本。

印刷术发明于我国，是我国古代人民智慧的结晶，也是我国对世界科学文明发展的杰出贡献。公元 450 年，我国出现了雕版印刷，当时主要用于佛教经卷的印制。北宋庆历年间，毕昇发明了胶泥活字印刷术，之后又出现了木活字印刷。印刷术的发明，为日后的文字传播创造了技术条件。

西方的印刷技术比我国晚了足足四百年。1465 年，德国人约翰·谷登堡发明了金属活字印刷法，并用它印刷了几百本《圣经》。此后，随着造纸术和印刷术的普及，报纸、杂志、书籍等印刷媒介在世界各地迅速发展，成为人类传播的主要工具。

印刷媒介较之语言媒介和书写媒介有了巨大的进步，它可以长期保存、方便取阅，而且种类繁多，满足各种读者的阅读需求。印刷品借助机器能够迅速大量地印制生产，降低了报纸书籍的成本，促进其廉价化，使特权阶层对文化产品的垄断被打破，从而加速了人类传播向更深、更广的领域发展。然而印刷媒介也有其不足：传播通道单一。尽管文字符号对视觉器官刺激强烈，但缺乏动感和声音也势必会影响其传播效果。同时，文字符号的限制也使部分文化程度低的人难以充分使用和享受这一媒介。

四、电子媒介

电子技术的发展为人类提供了新的传播媒介。19 世纪末萌发的一场媒介革命，导致了记录影像的照相技术和电影的产生。20 世纪初，电影、广播、电视等电子媒介的发明和普及标志了大众传播时代的到来。

1926 年 1 月 27 日，来自苏格兰的约翰·劳杰·比尔特首次示范表演了以无线电播放电影的机器，在阴极真空管中以电子显现影像，被称为“电视”。

1840 年，美国人 S. 摩尔斯发明了有线电报，开启了电讯传播信息之端。

1876 年，美国人亚历山大·贝尔发明了电话。

1895 年，意大利人 G·马可尼完成了无线电试验。

1906 年，美国第一个无线电节目试验播出。

1920 年，世界上第一座电台 KDKA 在美国的匹兹堡正式开播。

1936年，英国建立了世界上第一座正规的电视台。

20世纪下半叶以来，电视以前所未有的速度发展。20世纪50年代之后，电视机在世界上迅速普及，彩色电视节目陆续播出；70年代，有线电视迅速发展；80年代中后期，电视直播卫星进入实用阶段，跨国卫星电视进入了观众家庭。与此同时，出现了大量其他电子媒介，如录音机、录像机、视盘机等。

电子媒介的出现，为社会带来了许多便利，极大地改变了人们的生活，也改变了人们的信息接收习惯。人们经由广播电视获知消息，了解社会国家大事，也借以消遣、娱乐和打发无聊的时间。电子媒介依靠声像传播信息，感染力极强，使受众的接受能力大大增强，与以往的印刷媒介大为不同，因此电子媒介更容易被不同文化程度的大众所接受和理解。

五、新媒介

"新媒介"这个术语，从20世纪60年代以来一直沿用至今，它涵括了一种扩展性、多样性传播科技的应用形式。20世纪后期，随着现代电子技术的飞速发展，传播媒介的科技含量日益加重，出现了众多高科技武装起来的信息传播手段，如互联网、数字音频广播、有线电视、直播卫星电视、高清晰电视等新媒介。归纳起来，当前的传播革命以两种主要的创新发明为基础：一种是卫星传播，另一种是来自电脑的力量。依托其他以电脑为基础的技术，若干创新形式诞生了，它们为大众传播的不同层面带来了变化。依托光缆、卫星和广播的新技术，传送的容量已大幅激增。新的储存和检索方式，包括录像机、CD光碟、CD机，都拓展了这一可能性。尽管新技术的发明并没有直接地推动传播的发展，但新技术的确开发了个人媒介制作的潜能，进一步打开了媒介的新领域，并在公共传播与个人传播、专业领域与业余领域之间搭建了一座桥梁。此外，我们还应该注意新兴的"准媒介"，包括电脑游戏和虚拟真实装置，这些准媒介在文化和使用的完善方面与现存媒介功能有所重叠。

目前，新技术正在为媒介环境带来惊人的变化，而变化之一就是对大众传播定义的影响。过去，大众传播的定义一直是相当明确的，可以用三项特征来确定：

① 针对较大数量的、异质的和匿名的受众。

② 信息是公开传播的，安排消息传播的时间，通常是以同时到达大多数受众为目的，其特征是稍纵即逝。

③ 传播者一般是复杂组织，或在复杂的机构中运作，因而可能需要其他开支[3]。

但是，按照这个定义，互联网新闻和邮递名录、邀请听众电话参与的广播漫谈节目如脱口秀、多频道有线电视，以及内含电脑软盘的书籍或可以邮寄更新的材料等那类混合型东西，就很难说它们是否属于大众传播。新的媒介环境带来了大众传播的新特征：

① 从前印刷和广播那种性质截然不同的技术正在渐渐消失。

② 媒介缺乏的状况正在转向媒介过剩的状况。

③ 将传播内容灌输给大众的泛播正在转向针对特别群体和个人的需求而设计传播内容的窄播；

④ 单向的传播媒介正在转向互动的传播媒介。

就当前新媒介环境的变化，传播革命已经普遍将“权力的平衡”从媒介一方转向了受众一方，受众拥有了更多的媒介选择，而且更主动地使用媒介。在若干层面上，大众传播已经变得不那么大众和中心化了。

互联网作为一种新兴的传播媒介，依托多媒体技术、数字通信技术等高科技，集声音、图画、文字、影像等符号于一体，具有高度的综合性、互动性，传播速度更快，传播范围更广。因此，网络媒介一经问世即备受青睐，发展迅速，以致有人预言：以网络为主体的新媒介将取代传统媒介。

纵观人类传播的发展史，新的传播媒介的诞生，总是会对原有的媒介造成冲击。但是每一次新媒介的出现，并不以取代旧媒介为前提和条件，新媒介只是迫使旧媒介改造自己，寻找更适合的表现方式，以便在激烈的媒介竞争中生存下去。

例如，广播、电视出现以后，广播新闻有效地消灭了报纸的“号外”版并成为许多突发性新闻报道的第一来源；而电视则取代了报纸成为主要的信息来源和文化领导者。但这些挑战没有毁灭报纸，只是迫使报纸在四个方面有所改进：增强时效性；发挥自己深度报道的优势；增加图片，增强现场感；改进报纸版面的编排，使之吸引和方便读者阅览[4]。

在电视出现之初，人们也曾怀疑广播是否会继续存在。然而，事实证明，广播通过缩小收听工具，引进人际传播手段，发挥听觉传播的优势，在激烈的竞争中一直保持一席之地。

面对如今互联网的冲击，传统媒介并没有坐以待毙，而是选择了拓宽传播渠道，建立自己的网站和电子出版物，将网络技术的优势变为自己的优势。由此可见，新媒介的出现不但不会消灭传统媒介，反而让它们找到更好的发展机遇。

随着网络宽带技术和视频技术的飞速发展，出现了一种新型媒体——网络电视。网络电视以宽带网络为载体，以电视音频多媒体为形式，以互动个性化为特性，为所有宽带（包括固网、移动、卫星等各种网络介质）终端和用户提供全方位的有偿服务业务。

如上所述，传播媒介是不断创新发展的，它由最初的单一媒介发展到今天的多种媒介，其间各种媒介是依次出现的，但它们的关系不是此消彼长、互相排斥的。每种大众传播媒介总是在发展中扬长避短，相互协调，同时又吸收和借鉴其他媒介的优势。如今，信息技术的高速发展正进一步使新旧媒介在交锋中融合重组，不断地改变人类传播的格局。

第三节 传播媒介发展格局

一、西方传播媒介发展格局

1. 集中化趋势

20 世纪末以来，世界媒介产业结构显示出高度集中化和全球化的趋势。20 世纪 80 年代后，许多国家对传媒业的控制有所放松，商业化、市场化和自由化趋势明显，商业目标越来越取代传统传媒业的公益目标，加速了传媒产业的全球化进程。超级传媒集团正通过推行全球战略，加紧在世界各地扩大其覆盖范围。时代华纳、迪士尼、贝塔斯曼、维亚康姆、新闻集团、索尼、TCL、环球、日本广播公司等世界九大传媒集团已控制全球 50 家传媒公司 95% 的世界传媒市场。跨国传媒集团与各国的地方媒体之间加强了战略联盟，强化了超级传媒集团对全球传媒产业的控制能力，提高了传媒产业的集中度[5]。

2005 年在加拿大蒙特利尔举行的第 6 届世界传媒经济学术会议第一场报告的主题为“传媒的集中与市场的失灵”[6]。

哥伦比亚大学商学院教授诺曼（EliM.Noam）的研究报告表明：所有地方媒体都处于高度集中阶段。如广播的地方集中度显著上升，头号公司占有市场份额从 1984 年的 20% 升到 2002 年的 35%，头 4 家公司占有份额从 53% 升到 84%，HHI（Herfindahl-HirschmanIndex 缩写，简称“赫氏指数”）结果也反映市场越来越集中。自 1982 年以来，美国司法部和联邦通信委员会以此指标作为反托拉斯的依据。它为所有市场主体所占市场份额百分比平方的总和。如果一家企业垄断市场，即它拥有了 100% 的市场份额，100 的平方为 10 000，即市场处于垄断状态，此项指标为 10 000；其最小值为 0，即市场处于完全竞争状态。在0~10 000之间，划分为3种状态：HHI小于1000，即为竞争性市场；HHI在1000~1800，即为中度集中市场；HHI大于1800，即为高度集中市场。

报纸的地方集中度呈现上升的趋势，头号公司拥有的份额从80%上升到83%，HHI结果也显示地方报纸市场仍然高度集中。杂志的地方集中度尽管呈下降趋势，但仍处于高度集中阶段；尽管固定电话的垄断格局被打破了，但其拥有的份额仍高度集中，头号公司拥有的份额为75%；在移动电话市场上，尽管头号公司拥有的份额从55%下降到31%，但仍为高度集中的。

北得克萨斯大学教授艾尔布兰等在比较分析美国与欧洲媒体集中现象的报告中提供一组补充数据：在美国市场上，收入最多的4家公司占整个传媒产业总收入的比例5年间接近翻一番，从1995年的25%上升到2001年的49%。特别是1996年修订的通信法案通过后，政府明显放松了对传媒集中的管制，结果导致集中程度越来越高，如广播公司，1995年时还有75家，到2000年时合并为3家。

欧洲传媒产业同样呈现高度寡头垄断的态势。欧洲的传媒产业垄断经历了三个阶段：20世纪70年代前，为国有电视网垄断时期；到1985年时，国有垄断的格局被商业电视网打破；到1995年，是国有电视网与私营电视网争夺市场时期；至今商业电视网取代了国有电视网的领导地位，成为市场的新垄断者。HHI数据显示：除希腊、比利时外，其他13个欧盟成员的电视市场都处于高度集中阶段。从此项指标看，意大利的集中程度最高，其次是芬兰、奥地利、葡萄牙。报纸方面也同样呈现高集中度态势：荷兰头3家的发行量占全国的88%，瑞典的此项指标为85%，瑞士为71%，爱尔兰为66%，英国为60%，西班牙为53%，芬兰为46%，法国为41%。

2. 全球化趋势

世界传媒产业的第二个发展趋势是全球化。媒介全球化的背景是经济全球化和文化全球化。1969年，哥伦比亚大学的地理政治学家，卡特的国家安全顾问布热津斯基在《两代人之间的美国》中提出“全球化”的概念：我们已不需要谈论帝国主义，因为世界正向全球化社会的方向发展，而最能证明这种形式的社会的完美典型就是美国，因为美国的传播网络最多，遍及全世界，所以美国的社会是未来社会的原型，今后解决世界冲突的外交战略将不是大炮外交，而是网络外交，它的模式更加灵活和实用。

管理学革命之父——彼得·德鲁克在1993年的《后资本主义社会》中提出，整个世界是一个超级市场，这种全球化社会实现的最大的一个敌人是国家民族。最典型的是金融市场的全球化。

阿帕杜莱认为全球文化形成的因素包括：① 种族迁移，包括从一个国家流动到另一个国家的人们；② 技术迁移，即技术革新，包括机械技术革新和信息技术革新；③ 意识形态迁移，包括种种意识形态，既有现代的又有传统的；④ 金融迁移，包括从一个货币和商品市场流动到另一个市场的投资和货币。

21 世纪世界的竞争是文化力的竞争。市场经济的发展推动文化艺术的产业化和市场化，其中媒介产业是文化产业的主要平台；经济与文化目标的统一是现代企业追求的目标；文化因素在现代经济发展中的作用日趋显著。

在世界媒介业，从 20 世纪 80 年代初期开始，随着真正的全球商业媒体市场的出现，国家媒体业发生了戏剧性的重新组合。控制全球媒体新系统的是 30 至 40 家大型跨国公司，而雄踞全球市场顶峰的是不到 10 家的媒体公司，且其中大多数集团公司都把基地设在美国[7]。

媒介全球化是指一种对媒介经营活动应该是全球性的而非只局限于本地范围内的认识及其活动过程，具体表现为媒介生产、销售和传播的全球化以及媒介管理、法规和影响的全球化[8]。

媒介全球化一方面是指国际媒介集团主导下的人力资源、物质资源、资本资源的大规模跨国性聚集和流动，另一方面是指各种文化和新闻、信息、娱乐等媒介产品跨国性的大规模聚集和流动，供应链日趋全球化，跨国贸易迅速扩大。通常，一家媒介公司可以为全球各地的媒介公司提供某种经常性的文娱节目，而一家电视台播出的任何一天的电视节目又可能由全球各地的媒介公司生产和提供。如美国的《读者文摘》以 19 种语言发行，它的 48 种国际版本发行量达到 2800 万份，远远超过它在国内的 480 万份的发行量。结果不仅媒介地理学发生了根本性的转变，而且媒介营销（生产、销售等）学也要经历一系列变革。据摩根士丹利公司 2001 年的统计，2000 年全球贸易在世界国内生产总值中占的比例从 1990 年的 18% 上升到创纪录的 26%。过去 10 年跨国公司各国外分部之间产品转让的增长速度差不多是全球贸易增长的两倍。据中国对外经贸部 2001 年 9 月份的统计，目前世界最大的 500 家跨国公司，有近 400 家来华投资了 2000 多个项目，美国排名前 500 名的大公司有一半以上到中国投资。

从澳大利亚一份小报《新闻报》起家的默多克，其经营范围涉及杂志、广播电视、出版、电影、计算机光盘制作、数字卫星电视和有线电视、互联网开发等领域，目前，默多克的新闻集团总资产已达 440 亿美元，年收入达 140 亿美元。集团在全球 52 个国家拥有 789 个企业，其中包括英国《泰晤士报》、美国《纽约时报》、澳大利亚《澳大利亚人报》在内的 132 家报纸，其电波已经覆盖了全球面积的 1/3 和全球人口的 2/3。从某种角度来讲，默多克在几十年中征服的传媒版图，比亚历山大大帝或成吉思汗所征服的疆域还要辽阔，而且统治也更为牢固。[9]

先进的通信技术正在把整个世界变成小小的地球村，人们可以在几分钟之内交流和分享信息，商谈和处理公务。新的传播技术已成为全球化的黏合剂，使跨国联系更快、更便宜，摩擦越来越小，世界的结合比以往任何时候都紧密。从 1996 年 2 月起，《日本经济新闻》和《朝日新闻》，同时在中国香港开设卫星版，设在日本东京的报社总部每天将排好版的样报，通过计算机和通信卫星传到香港，几分钟后，中国香港的印刷厂和日本的印刷厂几乎同时开印，利用中国香港作为信息中心的优势，将报纸迅速扩散到中国港、澳、台地区和东南亚地区。

世界上最大的媒介公司时代华纳，有 4200 多家子公司分布在全球各地，年销售额在 250 亿美元左右。迪士尼不仅以年销售额近 240 亿美元指针紧逼时代华纳，还拥有几乎可以在世界上任何地点、以任何一种规模彻底实现其销售任务的地位和条件，同时计划进一步加快全球化步伐，争取在两三年内将公司年收入的国外比率从 23% 上升到 50%[10]。

世界经济论坛主席克劳德·斯马亚说："规模空前的全球化已使经济活动变得有点像一场战争。"[11] 美国三大广播公司都已被先后兼并。当前，媒介全球化也向所有国家发出挑战。一些小型媒介一不小心就会成为大型媒介吞食的"蛋糕"，而大型媒介也有可能由于运转不灵成为"当代恐龙"。由于未来的大众媒介尤其是新闻媒介，也是某种意义上的商业媒介和广告媒介，即媒介必须依赖市场和广告的支持，估计媒介会逐步撕下其原本温柔平和的面纱而变得更加自私和凶狠，为公共领域和社会大众服务的空间和意识会逐步缩小、淡化，媒介内容的娱乐化、世俗化、粗鄙化倾向将日益严重，同时也对公众参与公共事务、了解公共问题、享受民主权利构成威胁。在西方，媒介产品商品化的目的十分明确，那就是为了占有市场，赚得利润，为资本服务，而为社会大众和公共事业服务则放在十分次要的位置。对此，赫尔曼和麦克切斯尼一针见血地指出："在很大程度上，全球媒体网的特征是以广告业作为财务支持以及彻底的商业化。"赚钱至上，可能导致众多媒体涌向几个最有前途的商业领域（如新闻、体育、音像等），结果任何一家公司提供的节目内容与其他商业媒体所含的内容毫无区别[12]。

全球化是新闻集团区别于其他媒体的战略之一。与其他媒体相比，新闻集团在海外市场的经营本土化程度较高。新闻集团往往拥有当地市场中的独立品牌，而其他公司则更多地与母公司相连。比如在亚洲市场，隶属于新闻集团的 STAR 被视为一个亚洲公司，而 CNN 更多地与母公司的品牌相关联。面临技术变革的挑战和机会，新闻集团认为，得以实现其全球化战略的技术是卫星电视。

新闻集团在一份年度报告中写道："作为世界上最垂直一体化的公司，我们得以在好莱坞生产电影，在世界各地生产电视节目，并通过 FOX 网在美国、

STAR在亚洲、BSkyB在英国传播。”

1985年，默多克买下了美国的20世纪福克斯电影公司，但他看中的并不是电影业务，而是该公司下属的福克斯电视台。只用了一年时间，这家名不见经传的小型独立电视台就被改造成了广泛覆盖的电视网，会员数也逐步从最初的12家电视台发展到188家，成为美国第四大电视网。

第四大电视网中福克斯新闻频道后来居上，其日常播出的12个栏目中，有7个跃居美国新闻频道同类栏目收视率第一，胜出首创“新闻频道”的CNN。福克斯娱乐频道和19个地方体育频道栏目在一些国家的播放率超过了领导世界体坛的ESPN节目。福克斯电视网初入默氏新闻集团时，市场占有率只有6%，如今已跃至12%。而ABC、NBC、CBS三大电视网各自的占有率也从30%下降到20%。

星空传媒是默多克新闻集团的全资子公司，亚洲首要的多平台媒体内容和服务供货商。公司于1991年以五个电视频道启播，成功把卫星电视引进亚洲，并在此过程中获得快速发展。

目前，星空传媒在亚洲已有超过40个电视频道，以7种语言向亚洲53个国家和地区共3亿人播出娱乐、体育、电影、音乐、新闻、纪录片等节目，每周有1.73亿人收看。星空传媒的主要品牌包括：StarMovies，好莱坞大片；StarWorld（卫视合家欢），美国流行娱乐；StarPlus，印度有线电视频道；StarGoldBollywood，印度语电影频道；星空卫视，24小时普通话电视节目；Vijay，南印度泰米尔语娱乐频道；卫视电影台，华语影片；卫视中文台，台湾娱乐频道；StarNews，印度新闻频道；Channel〔V〕，亚洲音乐电视品牌；凤凰卫视资讯台；凤凰卫视中文台；凤凰卫视电影台。星空传媒还同时播放国家地理频道、Al冒险活动新频道、历史频道等。此外，星空传媒驱动和发展了亚洲首项互动有线电视服务——中国台湾的数字“互动TV”及印度首个商业调频电台RadioCity、手机短信服务Star7827。

3. 媒介区域格局

从国别来看，美国媒介产业雄踞世界之首，美国的传媒产业产值占全球比重40.67%，美国还控制了全球75%的电视节目的生产和制作，美国电影产量仅占全球影片产量的6.7%，却占据了全球50%以上的总放映时间。处于第二集团的是德国、英国、法国、澳大利亚、加拿大、日本、韩国等七国。欧洲、中东和非洲的传媒产业产值比重占全球的37.09%，亚太和拉美地区占全球的比重小于1/4。亚太地区的现代化传媒业起步较晚，但发展迅速。2005年，亚太地区传媒产值已占全球的21.52%，已成为美、欧之后的第三大板块。在亚太地区内，中国的动漫产业曾经居领先地位，创制了《神笔马良》《孙悟空》《宝莲灯》《小蝌蚪找妈妈》等动画片。20 世纪末，日本、韩国的动漫和影视产业异军突起，中国香港和台湾的传媒产业也成长迅速。西亚地区的现代传媒业虽还不发达，但半岛电视台在传媒界的知名度、影响力却不同凡响。半岛电视台是由卡塔尔国家元首卡米尔于 1996 年斥资 1.37 亿美元创办的，是以传播独家新闻见长的新闻媒体，对“9·11”事件、阿富汗战争、伊拉克战争及时迅速地独家报道，常让西方主要媒体措手不及，对国际政治产生意想不到的影响。

从企业层面来看，世界传媒业竞争十分激烈，竞争格局不断重组。21 世纪初，法国的维望迪集团曾经是世界传媒业翘楚，现已屈居第三。时代华纳在 2002 年时后来居上，并将优势保持至 2006 年。迪士尼集团也有不俗业绩，现已仅次于时代华纳，成为世界第二大传媒集团。

另外，从媒介产业的区域布局模式来看，全球媒介产业的空间布局可以为分集群区、专业区和文化娱乐中心三种类型。

最具典型集群区的是美国洛杉矶的好莱坞。好莱坞是世界上最大的影视产业中心，集中了 600 多家电影和电视制片厂和 180 多个以世界各地经典景观为布局特色的摄影棚，著名的影片公司有环球、米高梅、联美、派拉蒙、哥伦比亚、华纳兄弟、无线电和 20 世纪福克斯等。好莱坞的影视产业由编剧、中介、摄制、影评、会展、广告、国际营销等产业链形成全球最具代表性，发育最成熟的传媒产业集群。

专业区是指同类型传媒企业高度集聚的地区。按专业区的经营内容，可分为艺术专业区、传媒产品专业区等不同的类型。美国纽约的上东区和伦敦的苏荷区分别为全球最著名的艺术产品专业区和文化娱乐专业区。传媒产品专业区广泛分布在世界主要城市，中国北京的中关村、上海徐家汇的电脑城等都是传媒商品的集聚区。

文化娱乐中心是目前文化产业发展最快的文化娱乐业的主要空间载体和文化娱乐产品的零售中心，并与商业中心相结合，形成了以文化娱乐中心为核心的商业街区。一些发达国家把建设文化娱乐中心作为振兴日渐衰败的商业中心的重要手段。例如，美国明尼阿波利斯市的美国商业广场增添了一个娱乐中心、一个步行穿越的观赏馆和一个 28 000 平方米的游乐园，大大提高了商业中心的人气指数，增加了商业中心的活力和生机，年接待顾客已达 4000 万人次，远远超过了迪士尼世界和大峡谷旅游区游客总量[13]。

4. 媒介分类发展格局

进入 19 世纪中叶，全球媒介产业开始以惊人的速度发展。20 世纪初期，被认为是报纸发展的黄金时期；20 世纪 30 年代以后，广播的发展如雨后春笋，兴旺发达；20 世纪 30 至 50 年代是电影蓬勃发展的辉煌时期；20 世纪 50 年代起，电视业一枝独秀，异军突起，大放光芒；而传统的图书出版业却历久弥新，至今仍然长盛不衰；20 世纪 90 年代以来，网络媒介又掀起了新的一场革命，使媒介进入了多媒体的时代。

据测算，全世界的媒介产业以每年约 7% 的速度稳步增长。到 2006 年，仅全球报纸行业，就将产生 1800 亿美元的财富。消费者每年将付 800 亿美元用于电影娱乐；将近 900 亿美元用于购买杂志；超过 1400 亿美元付给电视网络；以及超过 2000 亿美元用于收看电视。美国媒介产业雇用了将近 500 万劳动者，吸收了接近劳动力总量 4% 的劳动力（在过去 30 年中这个数字翻了三番）。1997-2001 年，美国媒介产业平均每年收入 2700 亿美元。2004 年美国媒介产业更是创造了超过 5350 亿美元的财富，占国民生产总值的 5% 以上。2003 年，美国的广告商们在全国的媒介平台上总共投入了 1490 亿美元。

发达国家的广播电视覆盖率大都达到 99%。到 20 世纪 90 年代中期，世界上所有的国家和地区都有了广播电台，没有电视台的国家屈指可数。目前全世界收音机拥有量达 20 多亿台，平均不到 2.4 人就有一台；电视机拥有量达 8 亿多台，平均不到 58 人就有一台；西方国家电视机拥有量已经呈现饱和状态。例如，1997 年欧洲 33 个国家拥有电视机的家庭已达 97%，美国为 99%，日本为 98%。

有人说，美国的大众传播媒介是赚钱的机器，是一个具有丰厚回报的巨大产业，又是前景诱人的“无烟企业”。1996 年，媒介产业（电影、音乐、电视节目、图书、期刊和电脑软件）成为美国最大的出口行业，第一次超过了包括汽车、农业、航空和军事在内的所有其他传统产业。根据 1998 年国际知识产权联盟（IIPA）的报告，1977 年到 1996 年期间，美国核心版权产业的增长速度是经济增长速度的 3 倍，其海外销售和出口贸易在 1996 年达到 601.8 亿美元。英国也经历了大致相同的发展，1997 年，英国创造性产业的出口额达到了 125 亿美元。

虽然印度每年生产的电影是美国的 7 倍，但是美国的电影产业在全球范围内仍然是处于霸主地位。现在，好莱坞电影公司收入的一半来自海外市场，而 1980 年这一数字只有 30%。全世界所放映的电影中，大约 85% 是好莱坞生产的。非洲大陆每年只生产 42 部电影，很自然地成为美国电影的最大出口市场。智利和哥斯达黎加的电影 95% 是从美国进口的。

近年来，韩国的电视、音像、动画、漫画和游戏等媒介产品大举进军海外，不但每年创造了十分可观的 100 亿美元（2001 年）的直接收益，而且形成了以媒介产业为主体的规模效应和产业链条。在韩国电视连续剧和流行音乐所形成的“韩流”背后，韩国电子、服饰、饮食和相关的产品品牌备受追星族的追捧。

媒介产业与软件业、通信业等已经构成新一轮产业革命的主体，也形成知识经济时代的重要特征，具有巨大的经济发展潜能。

美国是全球媒介产业最发达的国家，截至 2003 年底的期刊总数为 14 700 种。截至 2004 年底，拥有 1804 家日报，1747 家电视台，9000 家广播电视台，媒介企业数 137 294 家，员工超过 1000 万人。以电视为例，除了 1969 年成立的公共电视台（PBS）和一小部分宗教或者社区电视台外，绝大多数电视台都归私人所有，归属公司制企业，由私人经营，实行商业化、市场化运作。报纸、期刊、图书出版社除了个别市政府兴办用以对外宣传和文化交流外，全部为私人所有。

英国的电视市场由公营的 BBC 一、二频道和私营的 ITV 三、四频道所主宰；法国的电视市场被公营的电视二台、三台和私营的电视一台、五台、新频道 6 家电视台所占有；意大利全国 90% 的电视市场由公营的意大利广播电视公司（RAI）与私营的贝鲁斯科尼的菲宁威特集团（FININVEST）共同占有；日本的电视市场则被公营的 NHK 与私营的东京广播公司（TBS）、日本电视公司（NTV）、服饰电视公司（FTV）、全国朝日广播（ANB）瓜分。

BBC 堪称世界上机构最庞大、覆盖面积最广、影响最大的一家媒介机构。1997 年，BBC 的职员达到 23 442 人（其中国内为 19 341 人，国外为 4101 人）。BBC 的国内广播共有 5 家电视台。BBC 的国内电视共有 2 个电视台，一台是以新闻为主的综合台，二台为电视和综艺节目。BBC 的国际广播电视包括世界电视台（BBCWorld）和 BBC 国际广播。世界电视台在美国、印度、澳大利亚、欧洲大多数国家及中东主要国家都借用当地的有线台开设了专门频道，目前已拥有 4500 万家庭用户，其中 3000 万在欧洲。BBC 国际广播目前已覆盖全球，有 1.43 亿听众。

据推算，目前已进入《财富》全球 500 强企业之列的美国在线—时代华纳公司、威旺迪环球公司、沃尔特迪士尼公司、维亚拉姆公司、贝塔斯曼公司、新闻集团、日本索尼公司和西格拉姆集团，已经控制了全世界 5 大唱片公司中的 4 家，好莱坞 8 大电影公司中的 7 家，以及全世界最重要的电视、报刊和出版集团，控制了全球总量 71.5% 以上的电影市场、65.9% 以上的电视市场和 52.7% 以上的出版市场。这些媒介跨国公司已经成为经济全球化的重要标志，突现媒介产业在现代产业结构中的重要地位，展示媒介产业诱人的市场回报和良好的成长性。

在美国，电影、电视、广播和出版等领域被 25 家媒介公司控制着，媒介市场已经被大型媒介公司瓜分，一般公司很难再从中占有一席之地。

西方国家期刊业也十分发达，其种类、发行量十分庞大，盈利水平高。据统计，美国、法国拥有的期刊数量各为2万种，德国、英国拥有的期刊为7000~9000种。美国是世界上期刊业最为发达的国家，垄断与竞争均表现得十分充分。在近2万种杂志中，近80%以上的期刊市场份额被不到20家的梅杰集团所控制。光美国在线—时代华纳一家媒介集团，其子公司时代公司就出版了64个品牌的期刊，每期发行总量达到5000万份，广告收入占全美国期刊广告收入的25%。

美国出版业的垄断程度很高，也代表着全球出版业的发展趋势。美国号称有2.8万家出版社或出版公司，而其中每年至少出版一种书以上的出版社只有4000家，每年出版4种书以上的出版社仅有2000家。

美国大多数出版公司的规模都很小，年销售额在3000万美元或员工在150名以上的大型出版社在40家以内，80%的图书出版公司拥有雇员在20人以下。在20世纪90年代，占据美国出版市场的是西蒙与舒斯特公司、时代出版集团，哈考特公司—布雷斯—朱万诺维奇出版公司、兰登书屋、读者文摘出版集团等5家出版公司。由于竞争的加剧，1998年，美国最大的出版社——兰登书屋被德国的贝塔斯曼公司兼并，更加突出了贝塔斯曼公司在全球图书出版业的垄断地位[14]。

二、我国传播媒介发展格局

1. 我国媒介产业规模

2011年中国传媒产业总产值为6822.6亿元，2012年中国传媒产业总产值约为7664.2亿元，约比 2011年上升12.3%。2013年中国传媒产业总产值为8902.4亿元，约比2012年上升16.2%。从传媒产业各行业的产值规模看，图书出版是产值规模最大的门类，连续三年产值规模超过1100亿元。另外，电视广告、报纸广告、期刊发行、报纸发行等都是产值超过200亿元的门类。新媒体门类包括移动媒体和网络媒体均实现较快增长，移动互联网用户在全体网民中的比例从2007年的24%上升至2013年的81%，包括手机电视、手机广播、手机短信、手机游戏、移动电视等；网络媒体产业涉及网络游戏、网络广告、网络视频、博客、各种下载业务等方面，其中单单网络广告收入就高达1500亿元，同比增长40%。

从传媒产业内部各门类的增幅看，除报纸发行和期刊发行两个门类外，其他各门类的产值均有不同程度的增长。2014年产值增幅最大的是电影票房，增幅为33%。其他几个增幅较大的门类是电视广告、期刊广告、广播广告、有线电视收费等，它们的增幅均在20%以上。同年，广播广告增幅也很高，达到

24%。而传统广告市场仅增长 0.9%，增速放缓。电影票房和音像制品的产值增幅也超过了 20%。期刊广告的增幅比 2012 年有所下降。

2. 我国媒介产业结构

中国传媒产业内部的组成结构也在发生着迅速变化。出版方面，2013 年全国共出版图书 44.4 万种，较 2012 年增加 3.0 万种，同比增长 7.4%（其中，新版图书 25.6 万种，同比增长 5.8%）；总印数 83.1 亿张（册），同比增长 4.9%；图书出版实现营业收入 770.8 亿元，同比增长 6.5%；利润总额 118.6 亿元，同比增长 2.9%。受文化、科学、教育及体育类图书品种增速显著放缓影响，图书出版品种增速下降 4.7 个百分点（其中新版图书回落 10.8 个百分点），重印、重版图书品种则同比增长 9.6%，增速较上年提高 3.4 个百分点。

从传媒产业比重变化率的情况来看，传统传媒产业，除有线电视收费一项外，其他门类收入基本都是呈下降趋势，在传媒产业中占重要比重的门类，如图书出版、电视广告、报纸发行、广告公司等，其占传媒产业的比重下降幅度比较大[15]。

3. 我国媒介产业特征

（1）条块分割

所谓“条”是指依照媒介形态形成的纵向管理格局。媒介的四种形态包括报纸、广播、电视、网络。四种主要新闻媒体分属不同的管理机构，报纸由国家新闻出版署管理，广播电视属国家广播电影电视总局管理，2013年两家合并，从 1997 年起，中央就明确国务院新闻办公室为网络新闻宣传归口管理机构。2000 年 4 月，国务院新闻办网络新闻管理局成立，负责统筹协调全国互联网络新闻宣传工作。技术、硬件等归属信息产业部管理。新华社作为国家通讯社，直属国务院管理。所谓“块”是指行政级别形成的横向管理格局。新闻媒介被分为中央级、省（直辖市、自治区）级、地市级和县市级，而行政等级具有明显的区域性，中央级媒介面向全国市场，省级媒介面向全省市场，而市级媒介只能在本市发行运营，因为，没有行政力量的支持，再强大的媒介也无法突破区域壁垒。分部门、分等级的管理体制造就了泾渭分明的条块分割状的媒介产业结构。我国电视产业类型结构混乱，纵向分为中央、省、市三级，横向分为广播电视行政管理部门直属的地面电视台（无线和有线），加上个省台的卫星频道，电视台谁也大不了。划分仅仅停留在传输方式上，而没有深化为利用不同传输方式实现对不同市场的占有和渗透，不可能满足细分的消费模式和市场模式，所有台和频道都在争夺大众市场，而非细分市场。专业频道只是点状覆盖，而没有实现“合纵”“连横”的网状的全国覆盖结构（国外网和台都是软硬分离，网络运营商、内容提供商、媒介运营商）[16]。

（2）重复建设

媒介是党的喉舌。喉舌的功能是多层次、多方面的，因此，各个行政级别的各个部门都纷纷兴办各种媒介。省委组织部经办农党建方面的杂志，政协经办政协方面的杂志，政府办政报，人事部门办人才报，武装部门办国防方面的报纸……形成党务有喉舌、政府部门有喉舌、各其他单位各有各的喉舌的状况[17]。如果是自负盈亏的企业，那么，多办媒介没问题的，没市场的媒介自然会被淘汰。如果媒介是由各级职能部门投资兴办的，办得好的迅速发展，办不好也没关系，有财政支持。大量的重复建设导致中国媒介数量众多，但规模甚小，与西方大型媒介集团的巡洋巨舰相比，素有"小舢板"之称。

（3）区域失衡

不同区域媒介的发展水平存在明显差异，主要表现在三个方面：一是城市与农村的失衡。中国农村人口众多，但是农村地区媒介发展落后，远远不能满足农民需求，而城市媒介丰富，一线城市媒介竞争激烈。二是东、中、西部区域媒介发展不平衡，东部地区媒介发展水平高，而中部和西部发展滞后。到2013 年，报纸的种类从总体上看有很大的增长，但东、中、西部的差距并没有很大的改变，甚至进一步扩大。从印数上比较，这种差距更加明显，2013—2014 年，全国报纸出版总印数 482.4 亿份，与上年基本持平。全国报纸总印数较大的省市区为广东 436 021 万份、浙江 346 280 万份、山东 316 315 万份、江苏 285 738 万份、山西 219 427 万份、河南 214 226 万份、湖北 198 202 万份、四川 169 920 万份、河北 164 244 万份、辽宁 163 232 万份。从地区上看，东部地区报纸总印数占全国超过 50%，而西部地区仅占 15% 左右，差距非常明显[18]。三是城市与城市之间亦存在明显的差异，北京、上海和广东三地的媒介发展水平明显高于其他城市。它们不仅在媒介数量上，更在媒介产业经营额、收入、所占广告份额等经济指标上大大超过中部和西部地区。2013年全国广播、电视产业的经营收入约 3734.88 亿元，其中 65 的收入产自东部地区，而西部地区仅占总收入的 16%，不到东部地区的 1/4。媒介产业广告营业额地区排序相对稳定，北京、上海、广东多年来广告营业额稳居全国前三位，属于第一梯队；华东沿海地区的山东、江苏和浙江排在 4~6 名，是第二梯队；其他沿海省市和四川为第三梯队；西部地区只能是最后梯队[19]。

中国媒介从 1996 年开始实行集团化以来，媒介产业的集中度已经显著提高，所谓的条块分割现象已经从原来的"小块"变成了"大块"，报纸基本上形成了区域寡头竞争的格局。省会城市报业市场的典型特征是省属报业集团与市属报业集团形成的寡头竞争的市场格局，而三线城市的本地报业发展迅速，逐渐形成独家垄断的局面。

在广播电视市场中，中央电视台在全国市场“一家独大”，拥有一定程度的垄断性地位，其他省市级广播电视集团则与其完全不在同一层次。广播电视的区域市场中，呈央视与省级广播电视集团和市属广播电视集团寡头垄断的局面，省级卫视虽然数量众多，但跨区域的影响力比较小，少数卫视由于定位鲜明（如湖南卫视、安徽卫视）在全国市场有一定的收视率。电视频道竞争的格局则趋向于完全自由竞争，城市家庭通过有线电视能接收上百个频道，虽然每个频道都有自己的定位，但内容同质化现象还是很严重，收视率竞争激烈，收视率高度分散，没有哪个频道能占据明显优势地位。央视因为面向全国，所以绝对量比较大，但收视率并不高。

中外学者在媒介产业结构方面的诉求可能是相反的，国外学者倾向于批判的观点，即媒介产业过度地集中可能有损公平竞争，特别是过度集中的媒介可能失去价值中立，从而落入少数利益集团的控制。中国学者关注的焦点是与媒介产业结构与效率的相关性，即过低的产业集中度不能达到规模效应所必需的规模，从而使中国媒介沉沦于低效率的泥潭。中国学者与国外学者的研究视角差异当然还由于不同的媒介管理体制；在中国，媒介基本受执政党控制，因此，无所谓“价值中立”之说。

第四节 传播媒介的特性与选择

一、传播媒介的特性

不同的媒介运用不同的传播手段进行信息传播，报纸、杂志、广播、电视以及互联网都有自己的传播优势和劣势，通过分析，我们可以了解每种媒介是如何扬长避短，进一步发展的。

1. 报纸的传播特征

报纸是以刊载新闻和新闻评论为主的公开、连续发行的定期出版物，是最早的大众传播媒介。在报纸产生之初，其内容简单，形式单一，销路窄，读者少。随着社会的进步和生产手段的不断完善，报纸内容日趋丰富起来，种类日趋多样，发行量也大大增加了。

自 20 世纪 30 年代以来，广播、电视等大众媒介在世界范围内迅速普及，打破了几百年来报纸“一统天下”的传播格局。但即使在电子媒介的强大冲击下，报纸也没有被取代，反而在竞争中获得了一席之地，更好地发展起来。究其原因，就在于报纸具有与其他媒介不同的传播特点。

（1）报纸的传播手段

报纸属于印刷媒介，诉诸人的视觉，凭借一系列印刷的视觉符号作为传播手段来传播信息。

具体而言，报纸的传播手段包括报纸的版面和文体两部分：版面是刊登各种新闻、评论、图片、广告的地方，是报纸最基本的信息载体，报纸的风格和特色都可以通过版面的编排来表现；文体指报纸文字符号的组织方式，报纸的文体主要分为新闻和评论两大类。报纸主要以文字符号来传播信息，因此文体是报纸最重要的传播手段。

（2）报纸的传播特点

报纸作为印刷媒介，其传播特点主要有以下几个：

① 报纸是视觉媒介。通过印刷在平面纸张上的文字、图片、色彩、版面设计等符号传递信息，是利用视觉供人阅读的，这是报纸有别于其他传播媒介的明显特征。

② 报纸的保存性强。报纸是“白纸黑字”的印刷品，价格低廉，固定持久，适宜长久保存，它的生命周期比广播、电视节目的时间长得多。报纸包含了对很多重大事件和现实生活的记录，并把这些记录通过纸张保存了下来。因此，人们常说报纸是“历史的教科书”、“历史的百科全书”。同时，一张报纸可以被反复阅读、供多人阅读，从而保证了报纸内容具有较高的累积阅读率和传阅率。

③ 报纸的选择性强。报纸轻便易携，且所有内容都以版面形式呈现在读者面前；阅读报纸在时间和空间上不受限制，读者可以根据自己的爱好和习惯选择读报的时间、地点和阅读顺序。

④ 报纸适合传达深度信息。报纸主要依靠文字符号传递信息，文字符号本身的抽象性，加上读者在阅读时可以仔细品味、反复研读，使报纸可以对新闻事件进行深度挖掘，做分析性报道、解释性报道和调查性报道等。而深度报道正是报纸与广播、电视竞争最主要的优势所在。

⑤ 报纸具有权威性。报纸在长期的新闻报道和新闻评论中形成了自己的权威性和影响力。不同的报纸因其级别、性质、传播内容、受众群体等的不同而具有不同程度的权威性，但总体而言，公众对报纸信息的真实性和准确性认可度较高。

⑥ 报纸的时效性差。报纸出版过程复杂，采写、编辑、排版、印刷、发行等环节缺一不可，因此报纸对新近发生的事实的报道速度远不及广播、电视，这是报纸最大的劣势。

除此之外，报纸还有几个传播劣势，如：报纸以文字符号传播信息，阅读报纸要求读者有一定的文化水平，因而限制了其读者的范围；报纸虽有图片，但远不如电视画面生动、直接，也不如广播的声音符号有现场感，其感染力较弱；报纸发行受到运输工具、投递力量和交通条件的限制，传输相对困难。

报纸要想在媒介竞争中求生存和发展，就要充分发挥自身视觉媒介的优势，比如利用自身篇幅可伸缩的优势扩版，以更多的篇幅提供更多的信息、更深刻的分析，借此弥补自己在时效性和传输方面的劣势。

近年来，多版化、综合化和专业化已成为报业经营的新趋势。

第一，多版化。强势报纸的多版化趋势近几年来急剧升温，尤其是生活类报纸，它们率先进入了厚报时代。在我国，报纸的版数越来越多，日常出48版已经成了司空见惯的事，日常出60多版（4开小报）甚至上百版的报纸也有不少。此外，报纸的广告版也越来越厚。可以预见，在我国报业重新“洗牌”的过程中，一些版面资源丰富、市场潜力大的报刊必将脱颖而出。

第二，综合化。“一报在手，通晓天下”，是一切想成为综合性主流大报的报纸的基本办报模式。读者往往更看重综合性报纸的“全”而非其“好”。例如，许多晚报都有娱乐版、休闲版、体育版、招聘版等各类信息版面，使得偏好各异的读者都能在同一份报纸中找到自己需要的信息。

第三，专业化。分众化趋势必然导致媒体的专业化发展。在我国的专业报纸中，以信息技术类的报纸表现最为耀眼，《计算机世界》、《中国计算机报》和《电脑报》年广告收入值都曾位列全国纸质媒介“百强”。

此外，我国报纸在形式上开始倾向于国际化。近年来，瘦报、橙色报成为流行报型，众多报纸改为或创刊为“瘦报”和“橙色报”，如《经济观察报》和《南方周末》都改成了“瘦报”。

2. 广播的传播特征

广播是通过电子技术向广大地区传送声音符号的传播媒介，按传输方式可分为有线广播和无线广播。有线广播运用导线传送符号，无线广播运用无线电波传送符号。

1893年，匈牙利人西奥多·普斯卡把布达佩斯市的700多条电话线连接起来进行新闻广播，称为“电话报纸”，这是历史上最早的有线广播。20世纪初，随着无线电通信技术的发明和运用，无线广播首先在美国出现，并迅速普及到世界各地。

（1）广播的传播手段

广播运用声音符号编制成不同的节目，再通过一定的传输方式进行信息传播。因此，广播的传播手段主要包括声音符号、节目和传输方式。

声音符号是广播唯一赖以携带信息、表达思想情感的物质载体，这是广播与其他传播媒介的根本区别所在。广播的声音具体可分为语言、音响和音乐三种类型。节目是广播内容的最终组织形式和播出形式，按内容性质可分为新闻性节目、文艺性节目、教育性节目和服务性节目等；按内容构成和组合方式又可分为专题性节目、综合性节目、板块节目等类型。广播的传输方式即广播信息的传送方式包括四个基本环节：

① 广播节目的采集、编辑、加工、制作。

② 节目信号的发射和传输，分有线广播和无线广播两类。

③ 听众通过接收设备收听广播节目。

④ 听众反馈。

（2）广播的传播特点

与其他媒介相比，广播有如下特点：

① 广播是听觉媒介，它利用声音符号，诉诸人的听觉传播信息，这是广播最根本的特点。广播以有声语言作为主要的传播手段，同时运用大量的音响和音乐，极具现场感，声情并茂，真实可信，有很强的感染力。

② 广播的时效性强。广播利用电波传送信息，其传播速度达每秒 30 万千米，因此广播传出的声音与听众收听的声音几乎是同步的。此外，广播制作简单，传输接收环节少，播出时间长，因而在发生重大新闻事件时可随时插播。因此，广播是时效性最佳的新闻传播媒介。

③ 广播的覆盖面广，伴随收听性强，受众广泛。广播通过电波传播信息，不受时间和空间的限制，电波所及，都是它的覆盖范围。

由于广播以声音符号传播信息，对受众的文化程度没有要求，因而任何具有收听能力的人都可以成为广播的对象。广播一天 24 小时播出，频道多，节目日益丰富和多样化，同时还可以针对不同的受众群体推出不同口味的节目。因此，广播拥有广大的受众群，影响力巨大。

④ 广播的保存性差。广播的传播手段是声音，而声音的特点是转瞬即逝。因此，广播内容很难像报纸那样保存下来供听众反复阅览。虽然录音技术可以保存声音符号，但成本较高，也不易存放。正所谓“眼见为实，耳闻为虚”，听众对于广播的内容难以留下深刻的印象，特别是一些抽象、艰深的问题以及理论性和技术性的内容，听众往往不易听懂，难以提起兴趣。因此，广播内容的选择就要避免太抽象化的语言。

⑤ 广播的选择性差。广播是线性传播，按时间顺序安排节目播出，这一特点使得听众只能依时间顺序收听，在同一时间内无法任意选择内容收听，也无法自主选择收听时间的快慢。因此，听众往往处于被动的接收状态，选择性很小，参与性也很小。现今，由于电台数量和广播节目种类的增加，听众可以在同一时段根据自己的兴趣选择不同的台收听；又由于广播节目引入了电话、写信和短信参与等人际传播的互动机制，因而极大地提高了听众的选择权和参与权。

3. 电视的传播特征

电视是运用电子技术手段传输图像和声音的现代化大众传播媒介，它通过光电转换系统将图像、声音和色彩及时重现在远距离的接收机屏幕上。1925年10月2日，在前人发明的光电转换技术和图像扫描技术的基础上，英国人约翰·贝尔德成功地制造出第一台电视机的雏形，他因此被称为“电视之父”。经过几十年的发展，电视出现了有线电视、数字电视、高清晰度电视、卫星电视、网络电视等多种形式，满足了人们对电视媒介的不同要求。在当今各种传播媒介并存竞争的局面中，电视仍以其视听兼备的独特传播优势占据着极其重要的位置，是大多数人接收新闻和娱乐信息的主导媒介。

（1）电视的传播手段

电视运用画面和声音等符号编制成节目，然后通过一定的传输方式进行信息传播。因此，电视的传播手段包括传播符号、节目和传输方式等。

电视的传播符号包括画面和声音两大类，与报纸、广播相比，电视的传播符号兼具视听性，最为丰富。电视画面包括图像和文字，是电视视觉信息的载体。电视的声音符号同广播的一样，也分为语言、音响和音乐三种，是电视画面的有效补充。

电视所传播的各类信息都是以节目为基本单位组织起来的，节目是电视内容的最终组织形式和播出形式。电视节目的种类繁多，按内容性质可分为新闻性节目、文艺性节目、教育性节目和服务性节目等。

电视的传输方式主要有两大类：无线电视和有线电视。无线电视通过无线电波传送电视节目；有线电视通过金属导线或光导纤维组成的有线传输分配网络直接向用户传送节目信号。与无线电视相比，有线电视具有明显的优势：不受电波干扰、信号稳定、图像清晰、传输频带宽、容量大等。我国在20世纪60年代开始研究有线电视技术，80年代以来，我国的有线电视发展突飞猛进。

（2）电视的传播特点

① 电视是视听合一的媒介，电视传播信息的渠道有两个，即视觉和听觉。这是它与其他传播媒介的主要区别，也奠定了电视的优势基础。视与听是人类接受外界信息最重要的通道，科学研究表明，人们通过视觉获得的信息占人们所获信息总量的83%，来自听觉渠道的占11%。电视视听兼备、声画并茂的特性，提高了其传播的信息量，使人们能够更真实、更立体地感受到事物的特征。同时，这种视听合一的方式与单一地诉诸听觉或诉诸视觉相比，可以给观众留下更鲜明的印象，令人记忆深刻。

② 视听合一的特性也决定了电视的感染力极强。通过运动的画面和伴音，电视将客观事物生动纪实的形象直接呈现在观众面前，使观众产生身临其境的

感觉，极大地调动了观众的情绪。电视传播的这种形象性、直观性和直接性，是电视最大的传播优势，是单凭文字语言的报纸和仅靠声音符号传播的广播难以企及的。

③ 电视的时效性强，覆盖面广，受众广泛。这是电子媒介的共同优势。电视的传播手段先进，节目的传输和接收设备便利，因此电视新闻播报的一般都是“刚刚发生”或“正在发生”的事件，有很强的时效性。调查一致显示，大多数人选择电视作为他们主要的新闻来源。

新闻节目是电视台最常见的节目形式（图 2–3）。

同广播一样，电视信号覆盖率很高，覆盖范围广，因此电视的观众达千家万户乃至上亿。从 1958 年我国第一台黑白电视机诞生到今天，电视已经成为最普及的信息工具。在节目播出上，仅中央电视台就拥有了近 40 万小时的节目资源，日播出量近 400 小时，全国人口覆盖率达 90%，观众超过 11 亿[20]。卫星电视技术出现以后，电视节目通过卫星直播可以进行跨地区、跨国界的覆盖。卫星传输可以高质量、远距离地发送稳定的电视信号，这提高了电视的人口覆盖率，促进了国际电视传播的发展。但与此同时，卫星直播电视也引发了对卫星轨道资源的国际争夺以及越境电波给发展中国家造成的价值观、生活方式的冲突等一系列问题。

④ 电视的保存性差、选择性差。这是电子媒介的共同劣势。电视信号一经播出就转瞬即逝，不易保存，即使有录像可以将节目内容录下来，但成本较高，且存放会占用大量空间。

⑤ 电视在信息接收方式上与报纸和广播有很大的区别。电视机价格较高，也不能轻便携带，无法像报纸和广播那样可以随时随地阅读和收听，一般只能限定在家中。但也正因为电视信号接收的家庭性，决定了电视通常以家庭为单位集体收视。一家人聚在电视机前边看节目边闲聊，是很多家庭日常休息、解压的首选方式。

图 2–3 CNN 的新闻直播间

4. 互联网传播特征

互联网是一个由众多计算机网络通过通信线路互相连接起来的网络，其前身是 1969 年美国国防部建立的阿帕网（ARPA NET）。经过几十年的发展，互联网已成为当今世界上最大的、应用最广泛的全球性计算机信息资源网络，其触角已经伸向了世界各个角落，对人类的信息传播方式产生了极其重要的影响。

（1）互联网的传播手段

互联网媒介，就是借助国际互联网这个信息传播平台，以计算机为主要信息载体，综合文字、声音、图像等形式来传播信息的一种数字化、多媒体的传播媒介。一旦链接到网上，个人便可以利用多种服务和工具来交换和传播信息。

互联网主要有五种信息服务功能：电子邮件、万维网、新闻组、文件传送（FTP）和远程登录（Telnet）。

① 电子邮件。指通过互联网将信息传送给特定用户或一群用户的通信方式，其特点是时效快、费用低。它是使用最广的互联网资源。

② 万维网。信息查询浏览工具，它所合并的超文本可以使用户将一条信息链接到另一条信息上。据统计，目前全球网站数达 7000 万，种类繁多，有企业经营的，也有个人创办的。许多网站发挥着门户的作用，将新闻摘要、股市行情、聊天室、商品交易等各种信息方便及时地提供给访问者。

全美网上读者最多的电子报纸，每天有 100 万以上的用户进入网站。

1987 年，美国硅谷的《圣何赛信使报》首先将报纸内容搬上网络，开了传统媒介上网之先河。20 世纪 90 年代，伴随着万维网和浏览器的出现，网络用户骤增，各种报纸、广播和电视媒体纷纷上网建立自己的电子版网站，有效地拓展了自己的传播空间。

③ 新闻组。一个面向全球的电子公告牌，根据主题来排列，用于发布公告、新闻和文章。用户可以在新闻组里阅读信息，发表自己的看法或增加新的内容。通过新闻组，用户可以与世界上任何地点的人就共同感兴趣的话题进行交流和讨论。

④ 文件传送。互联网上的用户可将一台计算机上的文件传送给另一台计算机。电子邮件适合于传送短小的文件，而文件传送的特点是速度快，信息容量大，传递的数据可以是任何类型的多媒体文件。

⑤ 远程登录。在网络通信协议远程登录的支持下，用户的计算机可以与远在千里之外的另一台计算机连通，使用这台计算机上提供的各种信息服务，如查询电子图书馆目录、商业数据库等。

除以上五种主要功能外，互联网还有在线游戏、网上购物、商业应用、在线影视等多种功能。

（2）互联网的传播特点

互联网是一个新生事物，具有许多传统媒介所没有的特点。

① 数字化。数字化是网络媒介存在的前提，也是它最基本的传播特点。互联网实现了声音、图片、文字、图像等多种传播符号的有机结合。数字化的革命意义不仅是便于复制和传送，更重要的是方便不同形式的信息之间的相互转换，如将文字转换为声音。

② 超时空传播，受众广泛。网络媒介不受时间和空间的限制，任何人都可以通过互联网接收和传播信息。数以亿计的网民分布于世界各个国家、各个地区，通过互联网形成一个跨地域、跨国界、跨文化、全球一体的信息传播网。

③ 信息内容极其丰富。互联网是一个由无数局域网联结起来的世界性的、巨大的多媒体信息资源库。它集各个部门、各个领域的各种信息资源为一体，其信息形态包括数据、图片、文字、声音、视频等多种形式。报纸、广播、电视的信息都无法与互联网储存和发布的海量信息相比。

④ 传播迅速，时效性强。网络传输以电子技术、数字技术以及诸如 TCP/IP 协议等网络技术为依托，传播速度快捷，信息来源广泛，制作发布信息简便。因此，互联网可随时发布新闻，尤其是在报道突发性事件和持续发展的新闻事件方面，互联网的“刷新”功能比电子媒介的“滚动播出”更胜一筹。这种实时传播的特征使得互联网在新闻信息发布方面具有极强的时效性。

⑤ 交互性。传统的大众媒介是单向传播，信息反馈迟缓、模糊，受众的选择与参与受到极大的限制。互联网双向传播、交互沟通、及时反应的特点，使每个用户都可以根据自己的需要选择信息。通过网上聊天室、电子公告牌、网上论坛、博客等信息平台，用户还可以在网上自由发布信息、发表观点和评论。用美国未来学家尼古拉斯·尼葛洛庞帝（Niclas Negroponte）的话说，“在网络上，每个人都可以是一个没有执照的电视台”。

但有时候，优势也会成为劣势。互联网自由与交互的传播特点，改变了受众被动接收信息的局面，但却给网络管理带来了极大的困难，导致了一系列社会问题的产生，如网络病毒和计算机犯罪、虚假信息传播、意识形态和文化渗透、不良网站和电子垃圾泛滥、知识产权受侵犯等。因此，加大网络监管力度，建立网络传播自律机制，保证良好的网络传播环境是今后刻不容缓的任务。

此外，互联网传播也存在着不少局限性。首先，作为网络接收设备的电脑，价格较高，并且使用电脑要求用户具备一定的文化水平；其次，用户上网的主要途径是拨号电话连接和宽带网，上网费用高，而网络的通道窄，传输速度低，容易造成“网上堵车”，传输信息的质量不如广播电视信息的质量高。加之网络的匿名性，信息缺乏过滤，因此网络传播的权威性、可信度远远不及传统媒介。

通过以上的比较和分析，我们可以看到，每种媒介都各有所长，也各有所短。正是由于这种优劣势互补的传播特征，决定了没有哪种媒介能取代别的媒介而独占天下，也因此造成了今天新旧媒介激烈竞争、共存共荣的传播格局。

二、传播媒介的选择

传播媒介作为信息传递和接收的载体，在信息传播中具有非常重要的作用。一种信息到底使用哪种媒介传播更有效果？为什么这一种媒介比另一种媒介对受众的吸引力更大？诸如此类的问题，引起了传播学者的研究兴趣。

施拉姆在其著作《传播学概论》中指出：人们选择不同的传播途径，是根据传播媒介及传播的信息等因素进行的，人们选择最能充分满足自身需要的途径，而在其他条件完全相同的情况下，他们则选择能够最方便而迅速地满足其需要的途径。

施拉姆据此提出了一种粗略估计一个人如何选择某种信息的公式：

$$\frac{\text{报偿的保证}}{\text{费力的程度}} = \text{选择的或然率}$$

公式中“报偿的保证”，是指传播内容满足选择者的需要的程度；而“费力的程度”则是指得到这个信息内容和使用传播途径的难易程度。一条信息被受众选择阅读的概率与媒介报偿的保证（即媒介的可信度）成正比，与费力程度成反比。从受众的角度讲，越容易获取这条信息，受众选择阅读这条信息的概率就越大；反之，就越小。

人们选择信息时如此，选择使用媒介的途径时同样也可以用这个“选择的或然率”公式来表达。人们之所以选择某一媒介而不选择另一种媒介，也是从公式中两个变量的比较中引出的。例如，如果一个人从阅读晨报中得到了满足，那么这份报纸就会在他每天的早餐桌上出现。又比如，如果一个人觉得《梦想中国》节目非常好看，他就会经常锁定中央电视台 2 频道收看该节目。

由此可见，受众对媒介的满意程度、依赖程度和接触媒介的方便程度都会影响到他对媒介的选择。具体而言，人们在选择时，往往注重以下几点：

① 传播方式在多大程度上是现成可得的？例如，我们在沙发上看杂志的时候，喜欢拿起手边的那本杂志而不愿到别处去另找一本，除非另外那一本上有我们非常想看的文章。

② 这种传播方式的吸引力如何？即传播方式上动静、色彩、喧闹与沉寂的对比是否突出、明显？例如，一本花花绿绿的时尚信息手册会比一份黑白印刷的报纸更容易引起人们的注意。

③ 内容的感染力如何？这与每个选择者的特质及需要有关。例如，文化程度高的人有可能选择报刊而舍弃电视，选取公共事务信息而舍弃言情片；又比如，男性比女性更喜欢收看体育比赛和时事新闻节目。

④ 人们在寻求什么？人们的生存和发展离不开信息交流和传播，他们出于各种需要而接触媒介。“寻求什么”会因选择者不同而具有较大差异。

⑤ 他们养成了什么样的传播习惯？每个选择者都有自己的接收和选择习惯。例如有人习惯于阅读纸质媒介上的文字，而对于网络传播内容的阅读相对吃力。

⑥ 他们拥有什么样的传播技能？选择者使用媒介的类型不同，因为他们有不同的传播技能，如印刷媒介对应于阅读能力，网络媒介对应于电脑操作技能。

每种传播媒介都有独特的传播手段和传播特点，而受众对于媒介途径的选择也基于多种因素。一种媒介要想在媒介竞争中立于不败之地，就必须对受众进行研究。只有了解了受众的选择心理和习惯行为，才能因势利导，吸引更多的受众，扩大自己的传播范围和影响力，收到良好的传播效果。

第五节 媒体传播新媒介

一、新媒介的定义

总体上，我们所谓的“新媒介”是这样一些数字媒介：它们是互动媒介，含双向传播，涉及计算，与没有计算的电话、广播、电视等旧媒介相对。有些旧媒介在生成的初期不利用计算技术，不过，如今它们用上了计算技术，但像其他许多技术一样，它们未必就是传播技术，冰箱和汽车就不是传播技术。许多“新媒介”的产生靠的是旧媒介与芯片和硬盘的结合。我们给“新媒介”加上引号以表明，它们是互动式数字媒介。不用引号的新媒介表示，它们是刚引入讨论语境的媒介。为了更好地说明两者的区别，我们可以说，今天的一切“新媒介”都是新媒介。我们还可以说，1948年的电视可以纳入当时新媒介的范畴。相反，电视与电脑结合生成数字录像机比如蒂沃（TiVo）牌录像机，这就是“新媒介”的例子。

我们的“新媒介”定义和其他作者的定义大同小异。有人描绘的“新媒介”能将许多要素集于一身，把文本、音频、数字视频、互动多媒体、虚拟现实、互联网、电子邮件、聊天功能、手机、掌上电脑和苹果及黑莓手机之类的掌上电脑、计算机应用以及任何个人电脑能获取的信息等结合起来。列夫·马诺维奇（Lev Manovich）描绘的新媒介是新的文化形式或生于计算机或倚重计算机流通，有网址、人机界面、虚拟世界、虚拟现实、多媒体、电子游戏、电子动漫、数字视频、电影特效、网络电影、互动计算设备等[21]。

波尔特和格鲁森用补救的概念给新媒介下定义[22]：“我们将一种媒介在另一种媒介里的再现称为补救，我们认为，补救是新数字媒介的界定性特征。”

如果是这样，我们如何区分新媒介和旧媒介呢？实际上，新媒介的概念起源于麦克卢汉；他说，一种新媒介的首要内容是另一种旧媒介。

波尔特和格鲁森又说，新、旧媒介互相补救、互相重塑，一个类似的问题随之而起：新媒介之新来自它们重塑旧媒介的特殊方式，为了回应新媒介的挑战，旧媒介又重塑自己。又一个类似的问题跳了出来：这句话并没有告诉我们，哪些是新媒介，哪些是旧媒介，等于是在按照时间顺序界定新媒介。当然，这句话也有一定的道理，它适用于从古至今历代新、旧媒介的关系。书面词重塑口语词，口语词借用使书面词成为可能的新词汇，以此回应书面词这一新媒介的挑战。下文讨论新媒介产生的外形 / 背景关系时，我们将回头再说这样的回应。

我们所谓的“新”、“旧”媒介的一个重要区分是：旧媒介多半是大众媒介，本书所谓的“新媒介”不是大众媒介。虽然互联网和万维网可以被视为大众媒介，因为凡是有电脑和电话连线或电缆连线的人都可以上网，但是用互联网的体验是在个人的层次上，每一位使用者都是独自面对电脑屏幕和界面[23]。此外，虽然数以百万计的人每天上网，但他们接触的材料不同，因为可供检索的网页数以亿万计。再者，互联网与广播电视之类的大众媒介不同，因为它们容许双向传播。由此可见，认为旧媒介是被动型的大众媒介，“新媒介”是个人使用的互动媒介——这是比较保险的定义。这个定义有一点概括过度：一些旧媒介的互动性很强，面对面交谈、打电话的口语词是一例，通信的书面词是另一例。不过，每一种“新媒介”都有很强的互动性，大众媒介没有互动性——这倒是肯定的。

“新媒介”容许使用者积极参与，他们不再是被动的信息接收者，而是内容和信息的积极生产者。以下使用者就是积极的参与者：电子邮件用户、邮件服务器用户和聊天室用户、创建网址的人、博客、刻制光盘的人、网上协作工具用户、播客、易趣网上兜售产品的人，甚至仅仅在网上冲浪的人，所有这些人都在自己动手创建链接，把网上现存的信息联系起来。新媒介还为创新提供出口，著名音乐人、虚拟现实先驱加隆·拉尼尔(Jaron Lanier)就指出这一特征。新媒介当然不同于旧媒介，但主要的区别之一不是内容，而是我们思维方法的强化。我们所见的互动媒介（比如互联网）不仅是创新的结果，而且本身就是一个创新的机制和过程，它使所有人同览和分享。这是非常令人激动的成就。当然“新媒介”是相对的。麦克卢汉分析电视和自动化时，它们是那个时代的新媒介。任何时间节点上都有新媒介，或者更加准确地说都有比较新的媒介。今天，“新媒介”一语用来指这样一类媒介：它们是数字化的、互动的，因而不同于麦克卢汉在《理解媒介》（1964）里研究的媒介。他研究的新媒介是电力的大众传播媒介和巨型计算机。他指出，与印刷机、时钟、装配线和报纸之类的机械媒介和技术相比，那些新媒介产生了迥然不同的冲击。虽然他评述的巨型计算机是数字媒介，但它们不具有我们今天个人电脑的互动性，它们也不是大众能用的媒介，因此，我们不把巨型计算机纳入我们“新媒介”的定义。

今天的“新媒介”新在哪里？它们是数字媒介，纵横相连，它们介入的信息很容易处理、储存、转换、检索、超级链接，最鲜明的特征是容易搜索与获取。这就是为什么我相信，麦克卢汉的研究成果值得更新、需要更新；他分析他那个时代的新媒介取得了惊人的成功，但他研究的是电力大众媒介以及它们如何使教育、工作和如何使社会面目一新[24]。在更新麦克卢汉的《理解媒介》时，我们将分析自该书问世以来出现的新媒介，其中一些不算“新媒介”。虽然如此，我们还是把它们纳入我们的更新之列。这一类媒介有磁带录音机、摄像机、传真机、复印机和个人电脑，它们没有进入《理解媒介》的研究范围。至此，我们仔细界定了旧媒介和新媒介的区分，但尚未准确界定何为媒介。我们所谓的媒介不仅指构成媒介的技术，而且还包括媒介生产者和使用者的一切活动、实践和社会安排。

二、新媒介与传统媒介的区别

本章的焦点是辨认“新媒介”的特征，并将其与麦克卢汉研究的电力大众媒介特征做一些比较。麦克卢汉说，媒介即特性，所以我们分析的第一步是辨认“新媒介”的特征，这有助于我们理解“新媒介”与电力大众媒介有何不同。

实际上，麦克卢汉在这方面的功课始于1996年，他辨认了互联网的5条特性，后来，这5条信息写进了《第六语言》（*The Sixth Language*）2000年的第一版中[25]。那时，麦克卢汉尚未将“新媒介”的概念形文字；不过在“新媒介”发展的初期，麦克卢汉指认了互联网的5条特性：① 双向传播；② “新媒介”使信息容易获取和传播；③ “新媒介”有利于继续学习；④ 组合与整合；⑤ 社群的创建。

虽然其中的一两种特征适用于电力大众媒介，但互联网的特点在于，以上的5种特征都适用于互联网，都有助于我们界定互联网这一媒介的冲击力。后来的情况证实，这5种特征适用于所有的“新媒介”。自提出这5种特征以来，麦克卢汉对“新媒介”的研究显示，“新媒介”还有9种特征。它们是：① 便携性和时间的灵活性，赋予使用者跨越时空的自由；② 许多媒介融合，因而能同时发挥一种以上的功能，许多媒介结合起来了；以照相手机为例，它既有电话的功能，又有照相机的发送照片的功能；③ 互操作性，否则媒介融合就不可能；④ 内容的聚合与众包，数字化与媒介融合促成了这样的结果；⑤ 多样性和选择性远远胜过此前的大众媒介，长尾现象由此而生；⑥ 生产者和消费者鸿沟的弥合（或融合）；⑦ 社会的集体行为与赛博空间里的合作；⑧ 数字化促成再混合文化；⑨ 从产品到服务的转变。

在麦克卢汉研究的电力媒介中，有一些媒介固然具有上述特征里的一两种特征，但大体上说，这 14 种特征主要适用于“新媒介”。电话容许双向传播，但它是独立运行的、非便携式的技术，直到手机问世才为之一变。最早的手机包含了双向传播和便携性，但与今天的手机相比，却并不包含“新媒介”的其他 12 种特性。由于互操作性和与其他媒介比如数码相机和互联网的融合性，手机聚合了内容，提供了多样性和选择性，促进了社会的集体行为。正如麦克卢汉所言，媒介即信息。今天的“新媒介”似乎具有上述特色鲜明的 14 条特性，而这些特性又互相缠结、互相支持。数字化促成互操作性、双向传播、信息易于获取、继续学习、媒介的会聚、内容的聚合、再混合文化和从产品到服务的变迁。内容的聚合导致多样性和可选择性、长尾现象、社群的创建、社会的集体行为与合作。再混合与数字化有助于使用者和生产者鸿沟的弥合，反过来，这样的弥合有助于社群的构建、多样性和选择性。信息的获取和传播容易促成继续学习、社会的集体行为与合作、再混合文化以及使用者和生产者鸿沟的弥合。

马诺维奇用另一种方式描绘“新媒介”的特征。他界定的 5 种特征。数字表征或数字化，w 模块性；一旦数字化，信息就可以用电脑操作，因此，媒介的创建、操作与获取就能实现自动化；数字化与模块化促成多样化以及互动性、个体定制而不是标准化；因此，代码转换或内容从一种格式转换为另一种格式就成为可能。马诺维奇提出的这 5 种特征和我认定的“新媒介”的 14 种特征有一定程度的交叠。比如，信息容易获取是因为数字化、模块化和自动化。另一方面，组合与整合依靠多样性和代码转换，而媒介的融合则是数字化、自动化和代码转换的结果。代码转换类似于麦克卢汉的概念：一种新媒介的内容是另一种早前的媒介。马诺维奇的一段话暗示了这一观点：“在一个层次上，新媒介是数字化的媒介。”实际上，麦克卢汉代码转换的概念与马诺维奇代码转换的概念更加接近。早在“新媒介”尚不存在的 1964 年，麦克卢汉在《理解媒介》就论述了代码转换，只不过他没有用这个术语而已。

库尔特·克罗尼格（Curt Cloniger）提出了另一组饶有趣味的“新媒介”特征，这是他在描绘互联网的过程中提出的。他描绘了互联网的“6 种媒介特征（优势）”：① 多点对多点的网络特征；② 多媒体；③ 数据库；④ 自动化（可编程性）；⑤ 实时或时间的灵活性；⑥ 位置独立性或设备独立性。

正如马诺维奇、克罗尼格所指出的那样，我们认定的“新媒介”的一些特征也是一些旧媒介的特征。比如，口语词和电话都涉及双向传播媒介；书籍及其在图书馆里的组织使获取信息和继续学习容易；村子、邻里、教会和社会组织促成了社区的创建。

至于马诺维奇指认的特征，字母表提供了一种数字化形式，因为口语的语音流可以用一小组符号（20~30个）来表征，这些符号又可以像数字一样排序。模块化是工业生产方式的特征，也是装配线的特征。自动化滥觞于某些机械制造设备，肯定始于巨型计算机，但这两种媒介都不能算是“新媒介”。在一定程度上，用舞台剧、音乐剧和书籍改编的电影和电视剧含有一种多样性和代码转换的形式。

鉴于这一切历史先例，什么因素促成了旧媒介与新媒介的区别呢？我认为有两个因素。首先，“新媒介”的特征不是边际性特征，而是非常显著的特征。其次，虽然旧媒介可能有“新媒介”的一两种特征，但“新媒介”却具有所有这些特征。正是所有这些特征的共同作用使“新媒介”的生产和冲击别具一格。

“新媒介”有别于麦克卢汉研究的大众媒介的特征是上文指认的14种特征。也许，除了社群性之外，13种特征非“新媒介”莫属；相反，在大众媒介身上，这些特征几乎完全不见踪影，只有少数几种例外，比如电话有双向传播性。正是“新媒介”的这些特征使之具有独特的力量，使之既能推进书面文化，又能与书面文化兼容，而不是把书面文化淘汰出局，但“新媒介”把电力大众媒介淘汰出局。实际上，“新媒介”的两种特征也是书面词和印刷词的特征，它们是：容易获取信息和继续学习的特征。

你可以说，数字化的一种形式滥觞于字母表，口语里多样而连续的语音是因人而异、因语言而异的，但语音都用一套无意义的视觉符号（20~30个）来表征。马诺维奇说：“将一套连续性的数据转换为数字式的表征，这就是数字化”[26]。字母像数字，各有不同，可以按基数词的方式排列，如此，从口语的字母表化到数据的数字化就只有咫尺之遥了。实际上，对大多数语言来说，文本的数字化都依赖字母表。但汉语之类的例外却必须用单一代码。字母也曾经被用来表征数字，可见，借用数字表征的数字化和借用字母表征的数字化并没有多大的差异。

因为书面文化和数字化可以兼容，所以我相信，“新媒介”是一种特色鲜明的现象，它开创了一个新时代——互动式数字媒介的时代。尼尔斯·费尼曼指出了文本与数字化兼容的有趣特征[27]：和大众媒介不一样，“新媒介”能“把印刷媒介的储存功能和大众媒介的传播速度整合起来”。这一双重职能会产生“新媒介”的许多特征，包括：信息容易获取和传播、便携性和时间的灵活性、许多媒介的融合、多样性与选择性、使用者和生产者鸿沟的弥合、从产品到服务的转变。

数字媒介与大众媒介截然不同，由于和文本的兼容性，数字媒介将拯救书面文化，使之从电视的蹂躏中解放出来。诚然，如上所示，电力传播媒介和互动式数字媒介有一些共同特征，比如它们都创建社群，但两者创建的社群是不同的社群。大众媒介使人分享共同的情感空间；相反，“新媒介”使人分享共同的认知空间。

三、新媒介的优势

1. 有助于传播

除了关掉电源外，大众媒介的收视者和收听者不能控制信息流。容易获取和传播信息是“新媒介”的主要优势之一；在收发信息、引起对话和分享知识方面，“新媒介”都占有优势。超文本和搜索引擎是“新媒介”的两种特征，它们使信息的获取非常便利。正如“超文本”的词义所示，它放大书面文化，逆转电力大众媒介的负面影响，麦克卢汉担心的正是这样的负面影响。手机使人很容易被找到，无论走到哪里都很容易被追踪。数字广播和数字电视提供节目的范围广、品种多，过去的广播电视哪怕有线电视也难以与之匹敌。

媒介界定信息，触发反应，进一步形塑回应，生成新的事实。因此，媒介成为变革的载体、历史的创造者。真相从来就不是一个简单的事实，但它被权势者隐藏起来直到不得不做出交代的时代一去不复返了。如今，真相每天都可能会败露，很快就大白于天下；这种变化的基因依存在媒介里。

阿克巴的一个观点颇为有趣：政府发现难以掩盖隐情，因为它们再也不能控制媒介；结果，政府再也不能像骑士那样漫不经心。很久以前，麦克卢汉就在谈话中预言，苏联终将屈服，向轻松流动的电力信息让步。政治右翼把苏联的解体归功于里根总统，另有一些人将其归功于波兰的团结工会，还有人把功劳算在教皇约翰·保罗二世的头上。然而，一个重要的因素是 20 世纪 80 年代初出现得最早的一种“新媒介”形式：微电脑。此外，我还赞同阿克巴文章里的一段话：现代媒介对当代文明最大的贡献是，它使掩盖不义之举困难得多了……一旦事实现身，它们就有了自己的生命和力量，就可以产生新的事实。对不义之举的反应战胜了不义。

2. 有助于学习

诚然，大众媒介提供源源不断的信息流，但使用者是被动的；由于不能和媒介或媒介传输的信息互动，他们能学到的东西非常少。收视者或收听者获取了信息，却没有任何认知上的长进；相反，使用互动式“新媒介”时，无论是用电子邮件或短信还是在网上冲浪，使用者都有认知上的长进。连玩电子游戏也需要认知互动，认知长进随之发生。

互联网是一种继续学习的自然媒介，因为互联网的特性是双向传播，网民容易获取信息。它轻而易举地把视听材料和文本结合起来。它促进对话；和死记硬背相比，互联网是更有效的学习形式。而且，如果设计得当，互联网还能给学生提供即时的信息反馈，并强化其学习。

互联网促进继续学习，因为上网很容易，只要有余暇，只要有心情，使用者随时随地都能上网学习。他们不必服从并非自己制订的课程表，不必服从课堂学习的安排。他们几乎可以学习无限量的课题，只需由自己的兴趣和需要决定。

对后电视时代的一代人，互联网有很大的魅力。诚然，上网不能取代阅读、实干或面对面对话，但它是另一条渠道，能营造真正的学习环境，因为它提供互动和双向传播的可能性，使用基于网络的协作工具就能营造这样的学习环境，网讯公司的软件或微软的网络会议即为其例。

教育网站每天的点击量数以百万计，它们是教育媒介最重要的突破性成就，印刷机发明、公共教育启动以来，罕有与之相比的教育媒介。互联网的效率远远超越了教育电视或教育电影，因为网民不是被动的信息消费者，而是积极的参与者，他们驾驭着互动的学习经验。搜索引擎有助于用户搜寻支持自己学习的信息。

3. 促进媒介融合

“新媒介”的另一个特征是将不同的媒介结合进一种设备。包括如下功能的手机即为一例：收发照片和短信，用作互联网的接口等。iPhone 手机和最新的 iPod 播放器媒介集合是最典型的例子。另一个例子是笔记本电脑，它既是电脑，同时又是互联网港口、光盘播放机、光盘刻录机，有时还是 iChat 通信机或 VOIP 电话机。媒介的集合使许多人物可以在同一个设备上完成，结果就造成媒介的组合与整合，这是前所未有的经验水平。

《阿斯佩克杂志》是一种基于影碟的杂志，其功能是展示基于影碟的艺术，它是影碟机和杂志的结合。2002 年秋的创刊号成了私人用户和博物馆的收藏品。

另一个媒介融合的成功例子是一些有线电视经营者增加收入和赢利的举措，他们增加了三种服务：数字视频、网络电话和高速数据。

英特尔推出的新技术 Viiv“数字家庭”是电视与互联网的融合。如此，互联网的内容就可以在电视屏幕上播映了。但互联网与电视机的集合走的是两个方向。通过 iTunes 播放器，电视内容可以在 iPod 播放器或手机上播放。

融合是“新媒介”的一个重要特征，但这并不意味着总有一天，今天的所有媒介会合而为一，会成为一个汇总了一切媒介的媒介。博茨考斯基研究“新媒介”和报纸后发现，初始条件和局部偶然性的结合导致不同的轨迹，融合而成的媒介是不一样的[28]。换言之，我们不能预计，未来世界是一种媒介独霸的世界，而是满足不同需求、各有侧重的许多设备。

博茨考斯基说，一刀切的边界曾经使“印刷、广播、电信”天各一方，而且这种清晰的界线不会消失，只不过是有所游移罢了[28]。未来的景观是“不同的边疆和跨界的成果”。比如，报纸和广播的边界出现了漏洞。报纸拥有自己的网站，有网址提供音频和视频信息，广播网拥有自己的网站，利用文本。由于两者的核心业务截然不同，它们绝不会在形态上相互融合，而是会保留自己的特色。然而，我们还是预计有一些融合，时代—华纳和美国在线即为一例。但并非一切合并都会成功，维亚康姆集团和哥伦比亚广播公司 2005 年合并，5 年后又分手，这就是证明。

文本、图像、音频、视频等媒介融合进“新媒介”，除此之外，还有一种融合是旧媒介和“新媒介”的融合，例子如下：

① 电脑动漫电影；

② 联合通讯与全国千家报刊的融合；

③ 互联网和手机上的广播电视节目；

④ 文字处理是文字、打字机和印刷术的融合；

⑤ 互联网是计算机技术与电话技术的融合；

⑥ 短信服务（SMS）是手机和邮政服务的融合；

⑦ 即时通信（IM）和电子邮件是互联网和邮政服务的融合；

⑧ MP3 播放器和 iPod 播放器是录制音乐和硬盘电脑的融合，能储存数以千计的歌曲；

⑨ 终极的融合是苹果公司推出的 iPhone 手机，它兼有手机、iPod 播放器和无线电脑的功能，可以放音乐、网上冲浪、收发电子邮件、打电话和接电话。

融合是“新媒介”的特征，但并非其独有的特征，以下是旧媒介融合的例子：

① 文字是言语和图像的融合；

② 位置数是数字的字母表征与“零”概念的融合；

③ 雕版印刷是机械印刷机与文字的融合；

④ 谷登堡活字印刷机是机械印刷机、雕版印刷和字母表的融合；

⑤ 解析几何是代数与几何的融合；

⑥ 电传打字机是电报、电话和打字机的融合；

⑦ 汽车是马车与发动机的融合；

⑧ 飞机是自行车与发动机的融合。

另一种融合是“新媒介”公司与主流电子传播公司的融合。起初，这两组公司是对立的关系，因为主流媒介的内容正在被“新媒介”产品和服务的使用者侵蚀，这些产品有 Napster 音乐下载软件、优视网和比特流内容分发软件等。不久，由于主流媒介的压力，这两家软件公司结成伙伴关系。Napster 只能下载合法购买的音乐。苹果公司经营 iTunes 播放器，在网上售出数以百万计的歌曲和视频。优视网和比特流已经和几家电影公司和电视公司达成协议。这些公司用优视网推销自己的产品。但比特流推销自己模仿苹果公司 iTunes 播放器的产品。旧媒介和新媒介合作的另一个例子是最近谷歌公司和美联社达成的协议。谷歌的首席执行官埃里克·施密特说：“拥有内容的人们投入很多方能生产这些内容，我们想要得到他们多半的广告收入。”

哥本哈根大学电影与媒介系的摩根斯·奥尔森曾指出，除了媒介融合之外，还存在媒介分化的现象。比如，视频进入了计算机、手机、iPod 播放器；照相机进入了手机、智能手机、台式电脑和笔记本电脑。

4. 促进内容聚合

除了媒介的融合之外，互联网、搜索引擎之类的“新媒介”的特征之一是内容的聚合。促成内容聚合的因素是“新媒介”容易搜集不同资源并使之聚合。

电脑本身是内容的聚合体，电脑使信息文档的存取简单，所以人们往往把自己产出的文档存入电脑，同时把自己方便找到的其他人生产的文档也存入电脑。内容的聚集促成了许多基于互联网的企业的商业成功。雅虎和美国在线之所以成功，那是因为它们能轻松地聚合并组织网上存取的信息。“三脚架”是另一个内容聚集的网站。它搜罗对年轻人有趣的信息，接着又发布和聚合用户生产的内容。谷歌等搜索引擎的供应商也聚集内容，它们使人能获取互联网上的全部内容（至少是相当大的一部分）。另外两个例子是网络广播和卫星广播，它们说明，两个新媒介如何凭借一个旧媒介即广播内容的聚合而产生。broadcast.com 的创始人之一马克·库班（Mark Cuban）用同样的诀窍再次一搏，不过，他这次尝试的是高清电视而不是广播，他的网址是 www.hd.com。iTunes 播放器是又一个例子，它也将自己的服务建立在聚合录制的音乐上。

另一个成功的数字企业家基本上也玩聚合。他名叫鲍勃·杨格（Bob Young），是红帽软件公司的创建人之一。他再发行和支持开放源码的 Linux 操作系统，建立了一个富有活力的公司。杨格言简意赅地归纳了红帽公司的经营哲学：“在红帽公司，我们的角色就是与互联网上的所有开发团队合作，搜罗 400 来个软件包，将其拼装成一个有用的操作系统。我们的运作很像汽车装配厂。我们测试成品，为我们的 Red Hat Linux OS 操作系统用户提供支持和服务。在我们的企业谋略中，‘特有的价值主张’过去是这样，未来也将是满足客户对操作系统的需求，把免费重新配置的软件（开放源码和免许可证使用）送达我们的软件客户。"

鲍勃·杨格创建的第二个企业叫路路公司，这是基于网络的按需定制的自助出版公司，以同样是数字聚合原理运行。该公司出版书籍、图像、音乐、音频文档，将供应商的成果聚合起来由客户按需订购，其供应商是为自己的创作寻找市场的作家、诗人作曲家、摄影家和视觉艺术家。为它供货的艺术家成了合伙人，因为他们分享路路公司的销售利润，这些合伙人又是购买路路公司各种服务的客户，因为这些服务有助于他们销售自己的文艺作品。通过资源的聚合，路路公司为专业和业余的作家和艺术家开辟了市场，否则，他们可能找不到自己的受众或顾客。以这样的服务功能，路路公司将"新媒介"的三个特征"收入囊中"：多样性和选择性的增加；弥合消费者和生产者的鸿沟；通过帮助艺术家找市场，促进了消费者和生产者的社会合作。

聚合器还扮演了一个重要的角色，那就是增加用户在互联网上所获信息的可靠性。互联网上的帖子未经任何守门人审查，所以人们总是担心，网上获取的信息不可靠，有偏颇。珍妮特·斯特恩伯格（Janet Sternberg）找到了一个简单的解决办法，那就是重复检验。"在今天的网络数字文化中，重复检验就是相信……由于如今可资利用的信息大大超载，重复检验就成了帮助我们自己担任守门人的主要方略之一。我认为，重复检验是数字时代的新认识论（媒介环境学会邮件用户服务器上的个人通信）。"珍妮特提倡的重复检验是由聚合器推进的，这些聚合器有：搜索引擎供应商、雅虎的"简易聚合"新闻服务、谷歌的快讯服务。

词频网站（Wordcount.org）十分有趣，由英语常用词聚合而成，其词目取自英国国家语料库，该词库收录了最常用的86 800个词汇，按使用频率排序。据创建人乔纳森·哈里斯（Jonathan Harris）所言，他致力于"一场艺术实验"，计划最终搜集、陈列英语的全部词汇，为其排序并放上互联网。

另一种有趣的聚合形式是众包（crowdsourcing）。根据维基百科，其定义是，众包是一个新词，用以描绘这样一种工作，传统由雇员或承包人做的工作外包给界定不明的一大群人，用公开招标的方式进行。比如，公众可能应邀去开发一种新技术，完成一项设计任务，细化一种算法或协助分析大量的数据。虽然这是个新词，但早在18世纪就有过众包工程的重要事例。1714年，英国政府公开悬赏奖励能够解决地球经度的人。在19世纪初，《牛津英语词典》的编纂就征集过志愿者数以百万计的字条。近年，互联网被用来普及并管理众包工程[29]。

四、新媒介的主要载体

1. 智能手机

手机现象富有爆炸性。2008 年，美国的手机用户达 26 200 万，中国手机用户 64 100 万，世界的手机用户达 33 亿，商业产值达 7420 亿美元。手机正在改变社会互动的性质。用手机的人随时随地都可以找到，总是与他人保持联系，从来不孤单。只要想上网或需要上网，它们任何时候都能上网。他们不会浪费时间，因为在闲暇时间，他们总是可以用手机从事一些活动包括娱乐。

大多数机主基本上把手机当作电话的延伸，电话线传输信息已经被无线传输取代了。起初，手机几乎只用来交谈；这一切都变了，手机的新用途不断涌现，日本和韩国的情况尤其如此；这是一切手机用户的未来趋势。大多数读者知道，手机已被用来玩电子游戏、发短信、照相、发邮件、上网。在电视那一章，我们已经看到两个新兴的动态：用现存的服务软件把电视送上手机。旧金山的音比特公司（PhoneBites，http：//phonebites.com）正在开发另一种服务。名曰“拉斯”（RAZZ），凭借这一服务，手机用户可以在通话或留言时插入声音、音频，只需点击相关性的按键即可完成。

得克萨斯州圣安东尼奥市新闻机构“沃艾”（WOAI）经营广播电台和电视台各一家，它建了一个网站，标准的计算机或手机都可以上这个网站。为了拓宽其业务范围，这个网站开发了一个特别的格式“移动沃艾”（mobilewoai.com），为手机无线上网服务。

韩国正在开发许多创新服务：约会、英日词典、可以回放电视视频的视信电话、音乐下载、带环绕音响的手机、模拟 GPS 为驾车人和行人提供餐饮和目的地指南的服务、手机付款服务。东京的一种数据服务使手机用户能获取信息如天气预报，或为笔记本电脑用户提供在线视频会议服务。

手机的外形正在不断改变，变化的依据是设计理念中的主要功能。有些情况下，越来越小的趋势正在逆转，以便容纳更多的功能，比如，有些手机采用照相机的外形和尺寸，以方便照相和录像的功能。于是就出现了这样一个问题：它究竟是能拍静照和动照的手机呢，抑或是附加了电话功能和互联网终端功能的照相机呢？对诸如此类的杂交技术进行分类已经过时，不能再说它们是手机、照相机或计算机。关于手机具有互联网终端的功能因而成为计算机的问题，如今设计的手机已配备内存卡或硬盘，如此，我们所见的就是媒介的融合，照相机、视频和音乐播放机、信用卡、手持计算机就融为一体了。基本上可以断定，手机最终将演变而为一种全功能、移动性、手持计算机终端，用于生产、传输和接收各种形式的数字化信息。苹果公司的 iPhone 手机就是一个完美的范例，它将手机、iPod 播放器、无线计算机的功能兼于一身、融为一体了。iPhone 手机是一个多媒体，由互联网赋能……是移动电话……iPhone 的功能包括照相手机、便携式媒介播放器（iPod）的功能，此外，它还具有短信和可视语音邮件的功能。再者，它还提供互联网服务，包括电子邮件、网络浏览和本地的无线上网接入。使用者的输入在配有虚拟键盘和按键的触摸屏上完成。

三星公司刚推出一款照相手机，用上“真眼 3D”软件以后，它能手写短信，能发送地图和图表。这款“真眼 3D”手机用麦克卢汉的一句话促销：“打字削弱了表达力……从富有个性化的表达削减为没有个性化地表达了。”

当时关于手机的使用，商界正在发生一个有趣的变化。经常出差的公司雇员如维修工和销售代表使用手机，这一景观随处可见。但在少数公司里，办公室人员正在放弃台式电脑，只用手机了。比如，由于工作性质，福特汽车公司产品开发部的工程师需要随时联系。手机联系就给电话“捉迷藏”画上了句号，他们再也不用无休无止地一轮又一轮地打电话了，因为无论人在哪里，他们都能用手机通话。

手机使福特工程师和一切手机用户能在物理空间中漫游，去采集信息；同时，他们接触各种知识和信息的源头，从语音和短信在互联网都能获取。

手机的使用对隐私的冲击指向许多方向，因为这位不速之客有许多潜在的误用或滥用。也许，最明显的例子是在高档酒店进餐时受到手机的“侵犯”，邻座一位粗鲁的食客高分贝打手机会破坏你进餐的亲切气氛。另一个例子是，手机用户放弃了一部分隐私，因为他们的手机随时随地能接通。关机并非总是能解决问题，因为想找你的人要问，你为何关机。于是，现在人们考虑是否需要编制手机号码簿。谢天谢地，你有不上号码簿的选择；上了号码簿的人冒着一丝风险，他们的隐私可能会被侵犯。另一个潜在的危险是，手机用户的行踪会被人找到。这一电话功能本来是为消防队准备的，意在紧急情况下容易找到拨打 911 的求助者。不用想象你就能发现，如果被人跟踪，这一手机功能就可能被滥用。对计算机工作房里做监管工作的人而言，待在舒舒服服地机房，悄悄地监视许多人编制手机号码簿这项技术真是梦寐以求的助手。另一种危险是，手机通话很容易被悄悄地录下来，当事人却浑然不知正在被人录音。

起初，手机意在使行在路上的人能打电话；如今，它正在迅速成为一个“义肢”，把机主和使用者逆转为天生的赛博格，使人将大脑的一部分穿戴在头颅之外，手机价格低廉，人人买得起。甚至戴在手腕上的手机已经问世。腕表式的手机已在东京上市，其功能远远超乎《至尊神探》漫画创作者的想象。为方便年轻读者，我想说一说迪克·特雷西（Dick Tracy），这是 1931-1977 年非常流行的漫画主人公，主人公特雷西起初在手腕上戴双向的无线电收发报机，后来又戴双向的腕表式电视机。另一种“赛博格”的例子是走路时手机不离耳朵的人。

手机把一些用户变成赛博格，而且，这些人还成了游徙的部落人。在畅销书《用手机的猴子》里，日本的灵长目专家信雄洼田（Nobuo Masataka）描绘日本年轻人的行为，认为他们失去了分辨公共场所和私密场所的能力。

2. 互联网

互联网的内容是通信与计算的杂交，由计算机联网组合而成，它能在以下情况下接收并传输信息：电子邮件、邮件通信组、聊天室、互联网接力聊天、即时通信和新闻组，以及远程登录服务(telnet)和文件传送协议(ftp)等服务。互联网使计算机技术、社群和人脑得到延伸，并且使地球缩小为一个连线的地球村。

互联网是信息处理系统真正的革命性突变，是计算机技术和通信技术杂交的结果。互联网是世界范围的公共传播系统：通过传输控制协议（TCP）、互联网协议（IP）和域名服务系统（DNS），全球的计算机和计算机网络联结起来。TCP/IP 协议容许点对点的信息传输，容许封包交换的互操作性。DNS 协议给每一个网络服务器独一无二的地址，也就是它的统一资源定位符（URL），给每一台联网的电脑一个电子邮箱。亚历山大·加罗维说，这些协议使互联网成为一个分布式网络，也实施一定程度的控制[30]。而我则认为，任何社会系统，凡是在没有胁迫情况下用户达成共识的社会系统，都不能被认为是一种控制形式。更妥当的看法是，它们是约定俗成的惯例，使全球规模的数字传播成为可能。互联网协议不是一种控制机制，就像英语、法语之类的自然语言不是控制机制一样。自然语言使不同的头脑拥有互操作性。

互联网使人能共享信息，包括共时和非共时格式的信息，比如文本、图像、视频和音频。实际上，互联网是提供多种传播渠道或媒介的媒介，在互联网上运行的媒介有：电子邮件和即时通信；布告牌、新闻组网络、聊天室和邮件用户服务器；文件传输协议（FTP）；远程登录服务协议（telnet）和安全外壳协议（SSH），最后这两种协议使电脑用户能远程登录服务器。据斯纳普公司统计，互联网最普及的用途是电子邮件，其次是搜索引擎。

互联网起初称为信息高速公路，但人们很快就认识到，其意义远不止于此。尽管如此，这个比方颇有价值，因为它的确使信息能快速传递，从一台电脑、一台服务器、一家服务供应商将一批信息传递给另一台电脑或接收者。它的确像信息高速公路，因为它有许多信道，电子邮件、文件传输协议。高速公路这个比方不恰当的地方是，它不能描绘其互动性，只能描绘其信息流动。

伊尼斯确认并描绘了知识垄断的存在。互联网消除了大多数的知识垄断。

版权难以保护。开放源码运动正在改变我们有关知识产权的观念。实际上，一切知识都建立在他人思想的基础上。知识是不能在真空中发明或发现的。因此，有人获得突破时，他的成就必然是建立在他人成果之上的，他不能号称拥有这一突破的思想；有鉴于此，开放源码运动鼓励他与社会分享这一成果，因为社会提供了文化和认知的背景，使他的新知识创造成为可能。

伊尼斯断言，使用纸张之类的轻便书写材料的社会建立的帝国，空间广袤，时间却短暂。这种社会常变不息。然而，使用石头、泥版之类的笨重书写材料的社会刚好相反，其空间不广，时间却长期绵延，因为为了维护自己的传统，这种社会里的人倾向于保守。罗马人的文化是建基于纸张的征服性文化，相反，埃及人的文化是保守的用石头铭刻文字的文化，两河流域的文化则是用泥版书写的文化。互联网用最轻盈的书写材料即电子；根据伊尼斯理论的命题，互联网空间广袤，实际上它覆盖全球，形成一个地球村，互联网常变不息。但由于电磁媒介性质保守，它们又保存电子信息，所以数字媒介也倾向于保守。在人类历史上的任何时刻，从来没有任何人像我们今天这样获取大量的信息；我们从自己的过去、从其他文化及其历史获取的信息，是古人望尘莫及的。于是我们可以说，互联网构建了一个常变不息却又相当保守的社会，这个社会珍惜自己的过去；互联网构建了广袤的帝国，它拥抱全球却又使人有小小村落的感觉。

互联网上的讨论组好像是电子对话或研讨会，就像柏拉图的《对话录》里描绘的讨论会。但参与者身处赛博空间之一隅，而不是坐在餐桌边。显然，互联网不是史上分享信息的第一个论坛。互联网或各种分享信息的网络之根源，可以追溯到前文字社会里讲故事的人或行吟诗人，他们走村串户，分享信息、传递消息，讲过去的故事，这就构成了史前文化的基础。稍后兴起的是城邦如巴比伦的论坛，它们就像收发信息的节点。继后之论坛体现为帝国的传播系统，先后兴起的帝国传播系统有：两河流域、埃及、希腊化时期的希腊、罗马帝国和罗马天主教会的传播系统。帝国传播系统都是原型互联网，传播由中央权威控制，也由中央权威发出[31]。系统里的信息流动受到严格的监管，所以只有帝国的政治路线和教会的教条才有机会在系统里流通。这些封闭的系统与今天互联网的精神截然相对；今天的互联网全球覆盖（至少是帝国范围的覆盖），相比而言，互联网信息的流动是同步进行的。古罗马的道路系统的纸质文件使信息流动慢，到达边陲往往耗时一两个月，但那是彼时最快的信息流动，而且一直是最快的信息系统，直到铁路和接踵而至的电报问世。

文艺复兴和工业革命初期的原型互联网是贸易之路，商品的交易就是在贸易之路上运输的。有了远洋轮船以后，这些线路名副其实地通达全球，英国、法国、西班牙、荷兰等欧洲国家建立了全球贸易网，从世界各地获取物资和信息。报纸在这些国家出现，给读者提供远方的消息。电报发明以后，报纸变成了记者组成的全球网络，《泰晤士报》、《纽约时报》和《世界报》等大都会报纸成为这个全球网络的节点。节点的功能是采集或传播信息，节点的纽带是国际电报系统；另一方面，通向读者的纽带是各地的日报，日报提供的新闻是不超过 20 小时的名副其实的新闻。下一批原型互联网是广播网，广播网起初是广播电台的产物，稍后是电视台的产物。历代的原型互联网有一个共同的特征，那就是终端的使用者之间缺乏互动，使用者与信息源也缺乏互动。使用者都是被动的信息消费者，偶尔的例外是投书报纸的读者，而这些读者来信未必会见报。

起初的互联网是为美军工作的科学家组建的。设计的意图是为美国的通信系统提供支持，作为应急的手段，防止遭俄国人核攻击时通信系统的严重损失。基于这一设计理念，起初的互联网就没有一个中心交换系统或司令部。那是一个分布式网络，网上的每一台计算机都增强网络的能力，推进信息的传播和分布。那时的互联网借用电话的基础设施，近来的互联网借重电话公司运营的有线服务。然而，互联网并不由任何电话公司经营，也不用其他形式的中央管理系统经营。实际上它是最大的自我约束的、由个人和机构组成的社群，它没有任何中央管制权威。

由于互联网协议，全球各地的计算机可以相互交流，所以它生成了许多新的功能，已如上述；而且它设定了媒介融合的范式，而融合的范式就是"新媒介"的特征。互联网并不是任何具体的硬件或软件，而是一个由若干协议构成的系统，凭借这些协议，上文所示的许多活动才能进行。在第一章里，我们业已说明，媒介不仅是其技术构造成分，而且包括在其使用过程中发生的一切活动。

互联网不能被简约为某些具体的物质材料，所以它常常被认为是一种虚拟的客体。我们将其当作赛博空间使用时，我们所指的是涵盖互联网的活动，赛博空间是威廉·吉布森（William Gibson）在 1984 年的小说《神经质罗曼蒂克》里创造的一个词。

互联网里的赛博空间是"共同的幻象"，其意义是：互联网用户能从服务器获取信息，十分神奇；服务器看不见，不知在何处，使用者却能顷刻之间挖掘其中的内容。那真像从天而降的美食和甘霖。这一切信息从何而来？放飞诗意的想象，我们就可以说，它来自赛博空间。我们就用这个暗喻来描绘我们的神秘体验。如果我们想要用技术性语言来描绘，答案就是：信息来自服务器，外在于我们，渗透在真实空间的每一个地方，它沿着通信线路而来，是一些可拆解、传输和重组的数据包，信息依靠数据包交换协议即互联网协议（IP）。1962 年，麻省理工学院的里克莱德（J. C. R. Licklider）率先提出 IP 的概念，他参与美国国防部高级研究计划署的工作，以此为基础构建了阿帕网。

马诺维奇给互联网下的定义言简意赅："硕大无比的分布式媒介数据库。"他接着说，通过互联网，"一切古今文化都要经过计算机的过滤"。诚然，鼓吹互联网独霸天下，传输"一切古今文化"，似乎有一点言过其实，因为一些媒介如面对面的交谈和现场表演的节目并不需要互联网。尽管如此，互联网对当代文化产生了强大的冲击，那倒是不容否定的。互联网实现了罗伯特·希奥波尔德的预言[32]："人类通用语言的梦想将率先由计算机系统来实现，而不是由人来完成；人类思想的繁复和细腻将遭遇一些风险，计算机通信受限而标准的符号将成为思想的中介。"

希奥波尔德所言极是，互联网利弊皆有，正如一切技术和媒介一样。其利在于：它将全球各地的计算机结成一网。其弊端是：基于电脑的传播产生信息超载，有时会引起交流失误。

如果媒介是我们心灵的延伸，那就意味着，互联网的连接性使其用户成为彼此心灵的延伸。这和古人的生活有相似之处；古人分享用火，通过共享的经验，凭借彼此讲述的故事，古人成了彼此心灵的延伸。用上互联网以后，我们的心理延伸通达全球，但矛盾的是，我们与世界各地的人互相交流，共享信息，我们却可以足不出户，只需走到电脑前上网，或者用手机和掌上电脑上网。

互联网提升了人们获取信息的能力，使专家不再具有明显的优势，再现了个人学习，逆转为信息超载。互联网对工作模式产生了有趣的影响，其模式与彼此接触、场所确定的模式迥然不同。互联网在地域层次上提升了获取消息的潜力。由于在台式电脑上能满足个人的信息需求，互联网使办公室工作的模式过时；它再现了村落或家园的情景，人的需求可以就地解决。实际上，许多人的确正在利用这种选择的优势。麦克卢汉俏皮地问道：企业的主管为何开车进城去打电话？给这句俏皮话赋予新意，我们就可以问：为何信息工作者开车去办公室打电话、用电脑、上互联网？其实他们在家里就可以办这些事情。物质工作场所和虚拟工作场所的悖论是这个问题关注的隐忧。如果推向极端，互联网很容易逆转为社会隔绝。由于我们在工作场所越来越少与他人接触，因此我们必须认真考虑可能与社会隔绝的隐忧。

互联网和口语文化有许多相似之处。许多人把互联网看成是地球村。口语文化是部落人心灵在部落范围里的延伸，同理，互联网是用户心灵的延伸，不过其延伸达到了全球的规模。与互联网传播相关的协议和仪式不是书面文化那种形式化的模式，而是像口语社会那样的传播模式，影响计算机使用的潜隐的书面文化底层并不起多大的作用。虽然主要的传播模式之一电子邮件是书写的形式，但它和传统书面文化不同，电子邮件的书写并不是很正规的。其语法结构常常很松散，夹杂着许多缩写和行业用语。大量的象形符号被用来表达感情和语气，以复制面对面交流的面部表情和语气等信息。

为了说明互联网是一种口语媒介，让我们来比较三种讨论组：口语社会的讨论组、书面文化社会的讨论组和互联网上的讨论组。在书面文化社会里，除了朋友间的非正式聊天，讨论组里总是有一个协调人或主持人，他领导讨论，控制参与者的互动，无论讨论组的活动是政治集会还是学术研讨会。口语社会和互联网社会里的讨论组都没有这样的结构，没有等级制；每个参与者的发言权均等，都让别人听见自己的意见。口语社会的讨论没有明确的首中尾三段结构，那种结构正是书面文化社会的特征。在书面文化社会里，讨论会总是要确定一个精确的时间框架。在口语文化社会里，讨论往往要进行下去，直到讨论的问题得到解决，人人满意；即使讨论会能被终止，也不会有人出面宣布散会，也不会有人叫与会者投票表决。学术论坛激辩的场面，我还记忆犹新、历历在目，辩论的题目居然成了是否要暂时休会。

互联网上的讨论没有终点。只要与会者愿意，讨论就可以一直进行下去。实际上，网上讨论甚至不受人体生理需要的局限；相反，在口语传统的讨论会上，与会者可能会疲惫不堪，需要睡觉，需要吃喝。口语文化里的会议可以延长时间，会间可以吃喝，希腊人的研讨会原来的意义是“酒会”，犹太人逾越节也有吃的意思，法国人的“宴会”有会议桌椅的意思；与会者还可以在户外安营扎寨，晚间休息以后，次日可以继续论战。古人的祈祷会或议事会可以进行数日，但没有不散的宴席，与会者最终还得回头从事自己的狩猎和采集活动，那是日常生存所必需的活动。在互联网上，讨论可以暂停，讨论的内容存入硬盘，任何方便的时间都可以恢复对话。因为生理需要而中断讨论的情况绝不会发生。唯一终止讨论的因素是兴趣的缺乏。

在口语传统的议事会上，一旦开始发言，说话人总是可以讲下去，不会被打断。一人话毕，总有一阵子冷场，其间，听众可以思考他刚才的发言。短暂的沉默之后，另一人就开始讲话；对外人而言，这短暂的沉默似乎没完没了。相反，在书面文化的社会里，人们常常互相插话，争夺说话时间。土著民族常常把这种行为当作霸道，即使在学会舞文弄墨以后，他们还是继续维持口语文化原有的模式和节奏。这并不是说，口语文化里就没有争论，实际上争论并不少。然而，其对话模式和书面文化的对话模式迥然不同。注意，“网民”的对话与前文字民族的对话不乏相似之处。网民也争论，他们也可能互相攻伐，彼此挑战，言辞麻辣，但因为受限于技术，他们不能插话打断人。口语文化和网络文化实行的全然是一种直接参与的民主，这和书面文化社会里的代议制民主截然相对，与极权社会里毫无民主可言的情况也截然相对。有趣的是，绝对君权、专制和极权都是书面文化的产物。虽然书面文化社会挖空心思臆造自己发明了民主的神话，然而实际上，现代书面文化社会里民主体制的胜利只不过是恢复了前文字社会的民主实践。

极权政体不可能在网络上生存。实际上，互联网是民主的保障，因为国家或富人都不能控制网络上的民主，这使之与报纸、广播之类的媒体形成鲜明的对比。你不能像收购或审查报纸那样对待互联网。如果说“报纸的言论自由属于拥有报纸的人”，那么，互联网上的自由就属于有电脑并能登记注册享受网络服务的人。由于电脑的价格不断下降，阻碍参与网络民主的经济困难就随之减少。但价格的障碍可能不如兴趣的障碍。一台彩电是相当大的投资，但在富裕社会和发展中世界里，彩电已相当普及。只有极端的赤贫才构成拥有彩电的障碍，这一现象最终也是计算机和互联网的普及情景。然而，使用互动信息技术的人口比例永远会小于使用电视机的人口比例；很可能，这将成为工人阶级和电子中产阶级或数字精英之间的断层线。

1994 年，互联网刚冲击商界时，它还被认为是奢侈品。起初，欢迎它的公司往往有某种特殊的信息传播需求，比如计算机软件公司和化学公司，其客户需要了解如何使用其产品的技术信息。如今，对大企业而言，互联网的使用像电话、电脑或传真一样必不可少了。实际上，一些公司不再和未用互联网的公司做生意。互联网对中小企业尤其珍贵，因为它们需要支持一个全球的客户基础构架。越来越多的商务直接在网上进行，网站被用来支持离线的商务，互联网的重要性与日俱增。

互联网技术执行的主要任务曾经是电脑、电话、传真、信使和邮局任务，这实在不足为奇。任何新媒介的内容都是某种旧媒介，这个道理无疑适用于互联网。不过，由于信息共享的特质，互联网上执行的传统任务带上了一丝新的色彩。这导致更加开放的讨论和经验共享，传统媒介在这方面就不如互联网。最有趣的现象之一是电子讨论小组。它们集中讨论一个话题，话题的范围很广：一个研究领域，一种专业活动，一种共同的兴趣如一种音乐形式，一段历史，一种产品如汽车或软件的使用。讨论组的功能类似于不同类型组织的功能，如围绕共同兴趣组建的专业社团、研讨会小组、研究团队、俱乐部等的功能。不同之处在于，互联网讨论组是继续不断进行的，没有地理障碍，没有时间限制，因为参与者能在任何方便的时间地点发言。

有些互联网讨论组生成了非正式的知识社群，名曰“实践社团”(COP)或“兴趣社团”。COP 是一种环境，人们交流工作或专业生活中面对的共同问题。有些 COP 限于单一的机构内，另一些 COP 有时会跨界交流。一个 COP 不必限于网上交流，实际上大多数成功的 COP 总有一些面对面交流的成分。互联网这一工具固然很好，但它绝不能取代面对面交流的亲密气氛，也不可能达成面对面那种充分的交流。互联网对 COP 的重要意义在于，它把人们面晤的间隙联系起来，从而使小组存在下去。此外，它还使小组能在不在同城同地的人中间发展。现代社会的 COP 的角色类似于中世纪行会的角色，行会的宗旨是维护同一专业或行业人员的利益。行会就是一个“实践社团”。

互联网正在快速成为重要的商务工具。网上的商务会再现早期口语社会的某些特征，那种社会是狩猎和采集生活的社会，是早期新石器文化的社会。学者和业余爱好者网上的思想交流建立在“以物易物”的基础上，同理，使用互联网的商界人士中也在出现一个类似的模式。讨论组的交流是免费的，参与者原本的关系有可能是顾客和供货商的关系，顾客和供货商的信息交流原本是要收费的。实际上，最常见的互联网商业用户正是信息业和传播界的人，他们以思想和信息的交流谋生。

互联网甚至正在再现口语文化典型的合作模式，它在缓减传统商务那种割喉似的竞争。讨论组里常有来自直接竞争公司的员工。他们的动机是解决共同的技术或知识问题，而不是谋求自己公司的优势。他们的活动无疑有利于整个社会，难免会成为自己公司高级管理层担心的源头。管理层刚开始认识到，互联网是难以控制的力量。和走在它前面的微电脑一样，如果要互联网对公司的长远利益做出贡献，那就需要对互联网做出战略部署。

互联网是一柄双刃剑。一方面，它正在再现过去时代的合作模式，那时的商务节奏慢得多；另一方面，它又在造就信息即时获得的期待，从而加速商务的节奏。当邮政系统瓦解、快递系统流行时，信息流动普遍加速。传真机问世、传真卡把台式电脑转化为传真机时，类似的信息加速随之发生。互联网问世以后，电脑对电脑的直接传播得以实现，远程的信息传输没有直接的成本，信息传播的速度更加快捷。互联网提供即时通信，跨越全球。互联网上的空间差异和人体距离荡然无存，信息传输的差异也不复存在。因此，互联网使商业流程的重组更加严峻，使不必要的通信切换浪费时间、难以容忍。它还在整合一些商业流程、进行重组。

互联网自动将通信与计算结合起来，成为一个有助于商务创新的重要的传播工具。互联网在商务中的应用有：有关成本—效益的电邮往来、广域网的拓展去涵盖分散在卫星式的小办公室里彼此隔绝的工作人员。互联网被用来跟踪标准，进行技术观察，搜集亟须的信息，寻求问题的解答，传播信息，推广产品，支持客户对服务和产品的使用，接收各种文件，分享并获取软件代码以减少开发软件的成本和时间。互联网尤其适合于维护顾客关系，进行市场调研和产品支持，获取市场的反馈信息。互联网还在驱动从产品到服务的转变。

分析师常常误判互联网的价值，他们只用一个标准：互联网对直销的贡献。诚然，电子商务和门户网站的发展有助于直销，但这仅仅是它有助于商务机构达到自己目标的一个方面，不应该是判断互联网实用价值的唯一方面。也许，在工具价值方面，互联网在传播、经营和客户支持等方面的作用更大，推动直接销售的作用次之。不过，由于它发挥多方面的作用，促销是自然而然的结果；如果互联网的使用有明确的战略指引，而且这一战略又和公司的总体目标结合在一起，互联网促销的效果会更好。有了明确的战略指引以后，其他效益自然就接踵而至，公司的其他功能也能更有效地发挥作用。有些公司花费过多的时间生成内部的信息，没有很好利用互联网上可以搜集的信息。不过，使用互联网时人要聪明，因为它像一张拖网，一网打尽海里的鱼虾，除非有明确的战略指引去过滤搜集到的信息，否则就徒耗时间和精力了。

互联网是很好的市场调研工具。“信息流通的雇员能捕捉到营销的机会、新竞争的露头、未能满足的客户需求……但只有内部信息分享结构稳妥、只有在公司采纳了他们的洞见以后，这些目标才能达成”[33]。有明确的战略指引以后，公司就能充分利用互联网。但若要从战略上利用互联网，整个公司都需要协调与合作，需要对关键商务流程进行重组，和营销及客户支持有关的工作流程尤其需要重组；人力资源和培训也需要一定程度的重组。公司组织的各个层次和各个方面都能受惠于互联网。

你不能指望，公司员工靠自发努力就能最有效地利用互联网。如果员工率性而为，凭兴趣利用互联网，那样的期待就会落空。领导层必须在经理中必须得到广泛的支持，而且要有丰富的营销和信息技术历练。不能把责任托付给信息管理部，在销售、市场开发和客户支持的战略指导中，信息管理部是无能为力的。哈佛商学院的迈克尔·波特教授指出，如果不直接参与公司的信息技术管理，高层经理和公司老板就不能认真履行自己的管理责任

3. 博客

博客（blog）是一种网络应用软件，在同一网页上经常上传帖子。这些帖子常常（却未必）按照逆时间排序。一般地说，任何互联网用户都可以上这样的网站。“blog”流行开来，意在有别于服务器“log”，以免引起混乱。

博客的内容与延伸和其他网站类似，唯一不同的是，博客内容带有个人的性质，它延伸博客人自己的意见。博客是个人网络日志。有人认为，博客就是会话；他们注意到，博客的读者平均是七人。亦有人认为，博客将取代主流的媒体。毫无疑问，真相是在两种看法之间。有一点可以肯定，尽管许多主流媒体的人认为，它仅仅是短命的时尚，然而它绝不是朝生暮死的现象，而是基于网络的一种新媒介。在过去的五年里，博客如雨后春笋，发展壮大。

虽然博客是个人日志，但它更像是社群的行为，因为博主请读者反馈信息，进行批评。在他们所谓的博客世界里，博客人分享所思所想。一篇篇的博客大致以逆时的顺序排列，几乎总是提供网上的链接（据 technorati.com 的统计，这样的链接多达 15 亿），引向其他网页，包括新闻和其他博客人的意见。读

者的评论造成社群的感觉。

博客是书写的文字，但它们和口头的对话有共同的特征，它们通过超级链接引用他人的话，发布读者评论。实际上，博客世界分为比较小型的社群，情趣相投的个人在此交往，关心彼此的博客。正如“邮件通信组”和“新闻讨论组”由共同兴趣者组成一样，博客世界也细分为比较小型的社群，有人专写博客；有人专读博客，粘贴评论；还有人潜隐，只读帖子。通常，潜隐的人数多于评论的人数，但长时间潜隐后，潜隐者挡不住诱惑，最终要跳出来说几句，上传自己的帖子。

据 technorati.com 的统计，谷歌的博客网站 blogger.com 的世界排名是第 9 位，其 LiveJournal 网站的排名是第 56 位。MSN Spaces、AOL Journals、Typepad.com、WordPress、Movable Type、blogggingnetwork.com、squarespace.com 和 fusionrays.com 等网站拥有自动发布系统，所以它们刺激了博客的产量。Technorati.com 网站的功能是协助用户搜寻博客，它自己的世界排名是第 271 位。谷歌的工具栏和闪客网的照片分享网站都设置了“上传博客”的按键，以方便博客人上传自己的帖子。

博客受欢迎的一根标尺是美国在线购买了 Weblogs Inc.。这家公司拥有 85 个自由撰稿的网站，涉及汽车、电影、育儿、旅行等话题。据称，美国在线收购这家公司的目的是增加其受众规模，从而增加广告收入。

此外，指南性网站帮助读者寻找他们可能想要看的博客，比如谷歌的指南网站（http：//directory.google.com/Top/Computers/Internet/On_the_Web/Weblogs/）就专门帮助读者在博客世界里搜寻博客。网站 http：//portal.eatonweb.com 的用户就可以按类别、语言、国家和题名（按字母顺序排）搜寻，或者用谷歌的搜索引擎去搜寻。其他一些搜寻博客网站包括 Blogsearch.google.com，雅虎的 searchblog.com、Technorati.com、Blogdigger.com、Feedster.com 和 Bloglines.com。以 Technorati.com 为例，截止到 2009 年 2 月，它已经搜寻了 18 400 万篇博客，2.5 亿个带标记的社交媒介帖子。

乔治·基特雷奇（George Kitteredge）在一篇私人通信的电子邮件里，简明扼要地归纳了创建成功商业网站的 5 条规律：

① 商务博客不是一组“推销”的博文。读者寻找的是信息。成功的博客对读者有教育作用，不试图向读者推销产品；

② 全神贯注于内容，时常发布，始终如一；

③ 信息集中于一个核心主题，其宗旨是瞄准目标受众；

④ 全神贯注于链接，关注与同事和同行专业人士的联系，因为他们与博

主对同一课题有相似的兴趣；

⑤ 全神贯注于开放和坦承，准备征求和接受信息输入和反馈（当然还包括抱怨）。

博客提供另一种新闻服务，可能会报道主流媒体中不会出现的新闻；在不允许他发布新闻的国家里，博客为记者提供了一条传播渠道。据“编辑博客网站”（The Editors Weblog）报道，大约有 10 000 个伊朗人在尝试用新闻博客把政府拦截的信息送达伊朗人，这些博客既有住在国内的伊朗人，也由分散在国外的伊朗人。波斯语是排名英语和法语之后的第三大博客用语。

刘易斯将 1999 年的科索沃冲突描绘成“第一场互联网战争”，因为很多报道来自科索沃的冲突各方[34]。危机期间，“CNN 网站上来自巴尔干的新闻流量为平常的 10 倍”。

克里斯托弗·弗兰科尼斯（Christopher Frankonis）独自一人办了一家报纸（实际上是一个新闻博客），他的网站名为 http：//communique.portland.or.us。400 位读者迫不及待地阅读这份报纸，急于了解俄勒冈州波特兰市的地方新闻和其他感兴趣的新闻。最吸引人的特征之一是，他留足“版面”，刊发所有的读者来信。

有一个例子能说明博客在世界范围的潜在影响，在 CBS 新闻主播丹·拉瑟（Dan Rather）被迫离职的新闻报道中，博客起了很大的作用。博客人首先揭示 CBS 有关布什总统在国民警卫队服役的那期"60 分钟"节目的瑕疵。

在 9 月 8 日的“60 分钟”里，受人尊敬的记者丹·拉瑟出示乔治·布什服兵役的文件，说他逃避兵役。显然，那是进行错误批评的恰当时机，美国总统大选的平衡岌岌可危，所以我们大家都知道最后会发生什么事情。不出几个小时，博客人就开始说，那些文件有假。其他的强势媒体也一拥而上，发起攻击。突然，那场交流就成了主流媒体对阵“自媒体”（博客等）辩论的一个橱窗。

这个事件耐人寻味，因为 CBS 和拉瑟公开道歉以后，博客人还是继续议论，发布博客。博客问世之前，这个舞台可能会隐而不显，一两个星期以后就会淡出人们的思想；有了自媒体以后，事情不会到此为止。博客媒介持久不衰，因为在报道的深度或时间方面，博客人不受任何限制。

由于博客人的批评而被迫离开的公众人物有：美国参议员特伦特·洛特（Trent Lott）、记者杰森·布莱尔（Jason Blair）和《纽约时报》的执行主编豪威尔·雷恩斯（Howell Raines）。美国司法部长阿尔伯托·冈萨雷斯（Alberto Gonzales）解雇一个法官的丑闻始于一个博客帖子。约书亚·米歇尔（Joshua Micah Marshall）在博客网站“Talking Points Memo”上请求读者帮助调查冈萨雷斯解雇法官的真相。读者果然出手相助。最后，这个网站上及其伙伴网站

“TPM 扒粪站”的一连串帖子引起了主流媒体的注意，也引起公众的注意，经过一番曲折，冈萨雷斯被迫辞职。

闵茨提出这样一个问题：博客人是否需要客观，因为他们的作用类似于记者。当然，对福克斯新闻和右翼的脱口秀节目主持人而言，新闻客观性的概念违背似乎会更好。有些博客人宣称，他们的网站发表的是意见，而不是发布客观的新闻；而且由于邀请批评、发表批评，博客缺乏平衡的疏漏是可以纠正的。

博客人能挑剔主流媒体专栏和报道不够精准的地方，使其不得不勘误，甚至使其不得不对出错的专栏记者进行惩戒。马克·格雷泽（Mark Glazer）在 USC Annenberg 在线新闻评论上发布了一个帖子，题为“令人吃惊的是，博客人是促使主流媒体变化的力量”[35]。他列举了一些著名的例子：罗伯特·科克斯（Robert Cox）对莫琳·多得（Maureen Dowd）《纽约时报》专栏的批评。他在帖子里戏仿《纽约时报》的勘误。《纽约时报》的法律顾问致信要求他停止讥讽，反而引起公众更注意科克斯的批评，最后竟轰动一时，使《纽约时报》不得不为自己的专栏记者制订新的政策。在这篇博客里，格雷泽还列举蒂姆·布莱尔（Tim Blair）编造《芝加哥论坛报》（Chicago Tribune）记者引语的丑闻，使布莱尔丢掉饭碗。他的另一个例子是帕特里克·弗雷（Patrick Frey）的一篇博客，使《洛杉矶时报》不得不报道政治频谱两侧的利益冲突。

罗尼·阿伯维茨（Roni Abovitz）发表博客，把 CNN 的新闻主管伊森·乔丹（Eason Jordan）拉下马。据他披露，乔丹在瑞士的世界经济论坛上的非正式讲话中说：美军在伊拉克战场把记者作为目标猎杀，对新闻报道产生令人心寒的后果。许多人认为，非正式讲话的概念已成历史，政界人士和公共人物难以畅所欲言了。

格雷泽那篇博客说明了一个重要的问题：博客问世之前，书面的意见文本几乎被大报即所谓“主流媒体”的专栏记者和编辑部独霸了；如今，他们不得不和组织有序的博客人分享那块地盘，因为博客人的意见有分量了。有人曾经讥讽说：“新闻的自由属于拥有新闻媒体的人。”马歇尔·麦克卢汉指出，复印机使人人成为出版人。诚然，复印机使制作副本容易，然而，博客的革命意义在于，它在互联网上有一个嵌入的发行机制，而复印术却没有这样的机制。如果对麦克卢汉的话给予解释和更新，我们就可以说，互联网和博客使人人成为记者，只要有意即可成为记者，而且这样的记者能与大报竞争，因为互联网通达全球。你不妨更准确地说，博客人是游击队记者。

在有些情况下，博客人对新闻流通的影响甚至超过小镇报纸。由此可见，为了影响公共事务，你既可以买一家大报、一个大广播网或大公司，也可以学会有效使用博客。如果互联网是许多人（包括笔者）所谓的地球村，博客就是地球村里的报纸，或沿街叫卖的商贩。

有人说，博客人不是记者。然而，加利福尼亚州一家上诉法院的裁决可不这样看。2005 年 5 月，该法庭裁决：保护隐私的法律既适用于传统记者，也适用于具有记者功能的博客人。裁决的文字里有这样一段话："我们不能想象，有任何可行的检测时段或原理能把'合法'新闻和'不合法'新闻区别开来……如果尝试做诸如此类的区分，第一修正案的根本宗旨就必然受到损害。"

和博客略有关系的另一个网络新闻的源头有这样的两个网站："掘客网"（Digg.com）和"叫线网"（ShoutWire.com），用户在这两个网站上发布新闻。掘客网主打科技新闻，据 Alexa.com 的统计数据，它在美国的排名是第 99 位，在世界的排名是第 115 位。叫线网还兼顾商务、娱乐和运动。这些新闻网站的特点是，读者投票根据新闻的相关性和重要性决定哪些新闻上网站的第一页。

互联网和万维网在打破工业时代形成的知识垄断中发挥了主导的作用，它们提供的媒介使非专业人士能分享经验，并能把知识组成网络。网站如雨后春笋，其作用是提供电子支持，给面对各种政治、经济、医疗、心理和社会问题的人提供实际的建议。博客人代表着这个趋势的进一步演化，他们不仅提供政治意见，而且对用户的各种趣味和关心提供支持和信息。

据布莱恩·温菲尔德报道，四位美国议员办了个人网站，向自己选区的选民通报自己在华盛顿的活动。诚然，博客因"扒粪"而闻名，但这个例子显示，政界人士也可以绕开主流媒体和博客媒介，直接和自己的选民交流。如果这些议员能搜集选民的意见，在投票时能以这样那样的方式代表其意见，那么，这可能就是走向直接代议制的第一步。如果民主的理想是多数的裁决，那么，如果代表选民的议员写博客，那就是走向这个理想目标的重要一步。一个问题由此而生：互联网上的直接民主在不久的将来是否可能呢？因为上网和打电话一样业已司空见惯了。

博客还被视为商务工具，苏桑娜·加德纳（Susannah Gardner）的书《博客营销傻瓜书》似乎就是一个预兆。博客是用户友好的表达方式，支持现存的商务活动，并使之更加亲切。而且，它比办网站更容易，成本更小，何况现有许多网站已经为"菜鸟"提供了博客平台。

用博客挣钱的一种方式是加盟一个广告软件，如果博主宣传某公司的产品或服务，介绍访客购买其产品或服务，博主就可以得到一笔小小的佣金。亚马逊和巴恩斯两家公司就提供这样的加盟计划。另一种挣钱方式是为广告商写博客广告，积极评价其产品或服务。还有一种用博客挣钱的方式是在自己的博客网站上打广告，但这需要博主吸引大量的读者。另一方面，广告商从这样的交易中获取两种好处：一是直接增加其网站流量，二是提升其网站排名，如果博主在自己的网站上用广告商喜欢的字眼做大标题，广告商尤其获益。许多博主和搜索引擎的经营者都鄙视博客广告，因为这样的广告有欺骗性。

大量写博客、大量使用聚友网或脸谱网等社交网站的人遭遇到两种批评。一种批评是，他们用这两种媒介取代真实的离线生活。实际上，有人被套牢了，离不开从未谋面的网友，他们喜欢这种交往，不喜欢与朋友相伴，不喜欢面对面交流。另一种批评是，有些沉迷于博客和社交网站的人没有礼仪或隐私的意识，他们毫无顾忌，向公众坦露一切。也许，这种和盘托出的人意在感觉真实，认为自己处在可以观察自我的一种媒介里交往。正如顾影自怜的那喀索斯一样，他们目睹自己在博客或社交网站（常常带博客）里的镜影，完全瘫痪了。

第六节 媒介价值链

一、媒介价值链主要内容

1. 报业价值链

报业的价值链主要由内容经营、广告经营、发行经营、印务经营、拓展业务经营和增值业务经营所组成。

内容经营在整个报业价值链中具有举足轻重的地位，是整个产业价值链最为上游的部分。对于报业而言，内容产品是由多种内容元素构成的，包括新闻作品、摄影图片、专题评论等，是为了满足读者特定需求的信息组合，从而形成资讯、教育、娱乐和艺术等多方面的功能。内容价值链是报业链的核心部分，报业本质上就是内容制造商。但现代报业并不是直接通过内容价值链实现盈利，而是通过类似于“易货贸易”的方式，即报业为读者提供廉价的新闻，而将通过内容吸引到的读者的注意力资源以版面的形式售卖给广告主。

广告经营是当前报业的主体业务，占了整个收入来源的极大比例。美国的报纸商业化程度最高，其收入中80%以上来自于广告，世界各国报纸广告收入占其总收入的比例在60%左右。报社广告经营主要有两种模式，一种是自主经营，即报社广告部直接与广告客户发生业务关系，第二种是代理制，即由广告公司代理报纸的广告版面，报社广告部为广告公司提供服务，而不直接从广告主手中接单。自主经营引申出很多问题，比如有些报社实行全员拉广告，谁拉到单子谁拿奖金，有些报社甚至还给每个记者下指标，定任务，最终导致有偿新闻泛滥成灾，报纸权威性受到影响。代理性是一种更有效的模式，代理性是把报社的广告部由广告销售部变成了广告营销部，广告部的主要职能不是销售，而是市场研究和客户服务。实践证明，代理制能使广告市场更有序，更规范，更有利于报业的长远发展。

所谓报纸发行是指报纸编辑印刷完成后由发行部门传递到读者手中的流通过程。报纸发行相当于企业营销中的渠道管理，即通过发行渠道将报纸从报社售卖到读者手中。报纸发行的意义有两个层面，一是只有通过发行才能实现报纸的传播，没有发行量的报纸是没有任何意义的。在报纸经营管理中，发行量是衡量一家报纸实力和影响力的最重要指标。二是通过发行报社能收回一定数额的发行费用以弥补报社经营的成本。中国报业经历过邮政发行向自办发行的模式的转变。邮政的优势是完善的输送体系，但缺点是时效性差，成本较高，不适应报纸的竞争，因此，自办发行成为报业的必然选择。目前，报纸发行又向多渠道发行格局发展。既有自办发行，又结合邮政发行，还可以委托社会化发行渠道等。很多报社更是意识到发行网络是一种潜藏着巨大价值的资源，可以把发行网络建设成为报社的新的经济增长点，《广州日报》《南方日报》《北京青年报》等报社成立了具有法人地位的发行公司，《解放日报》和上海广播电影电视局共同投资建立了“上海全日送报刊发行有限公司”。

所谓印务经营是指报纸如何有效利用自办的印刷机设备，实现资源价值的最大化。印务经营的首要目标是保证报纸印刷的质量和时效，其次才是有效利用闲置时间，提高资源使用效率。

拓展业务的经营，可以有效地利用报业的无形资产以及品牌效应实现多种业务经营，提升报业整体的竞争力。“现代快报便民网”通过报纸的媒介资源和品牌资源的整合，为市民提供多种多样的便民服务，获得了很好的市场效应和社会效应。同时也提升了品牌价值。

增值业务的经营主要围绕报业所拥有的信息资源，为社会各界提供信息服务。在信息时代，信息消费已经出现了种种变化，为客户提供量身订制、符合其需求的信息产品和服务而实现盈利，是当前以及未来报业产业价值链变革的一个关键选择。

2. 电视价值链

电视价值链完整的电视产业链由电视节目的创意、生产、播出、发行、销售、广告服务等多个环节组成，从组织形态来看，电视产业链包括节目制作公司、发行公司、电视频道、广告公司以及其他营销服务中介机构（媒介代理、收视率监测、市场调研及其他配套机构）等。从价值创造的过程来看，电视价值链主要包括三个价值增值节点，一是电视节目内容创造（节目发行收益），二是电视节目播出（广告收益），三是延伸产品和服务（产品销售和服务收益）。

中国电视产业价值链的特点是“中间大，两头小”，即广告收益占总体收益的绝大部分，据统计，中国电视行业收益构成中，90%以上的电视台的广告收益比重超过90%，而节目发行收益和其他延伸产品收益都小于5%。形成这种局面的原因是多方面，首先是文化产品的版权保护不利，导致电视节目实际收益远远低于应有收益，简单地说，盗版扼杀文化创新。其次是中国电视行业的资源垄断管理模式，导致播出渠道成为垄断资源，电视行业据此获得高额垄断利润，内容制作商处于绝对弱势。其三是电视行业目前沿缺乏市场营销能力，不能充分利用媒介资源开发延伸产品。因此，中国电视价值链的优化是一个系统工程。

相较而言，西方国家电视产业价值链与中国电视有很明显的差异。维亚康姆是全球最大的综合性传媒娱乐集团之一，其主业包括有线电视网、电视台、无限传播、娱乐和影像等五个部分。从盈利方式的角度来看，维亚康姆的收益可分为六类：广告收益、零售租赁业收益、加盟费收益、节目授权收益、剧情片拍摄收益、其他收益（包括出版、电影院线、主题公园等）。

广告收益在维亚康姆的总体收益中仍然是最大的，其次是零售租赁业务，占总收益的1/4左右，这些收益主要来自全球最大的录像带、DVD、游戏光盘的租赁销售连锁店百视达。零售业务的收益率不是很高，但现金流比较稳定，对广告收益的不稳定性能起到缓和作用。其余几种收益比重不是很大，都小于10%，但也都比较稳定，对整个集团的营收起到平衡和稳定的作用。维亚康姆的内容生产是由电视网、电视台、电影公司、唱片公司、出版社来完成，内容产品的销售收益有两条，一是通过传播渠道播出换取广告资源以获得广告收益，第二条是通过影像制品的零售租赁、有线电视的收视费、节目授权、剧情片拍摄以及出版、电影院线、主题公园、品牌衍生产品销售等。

3. 电影价值链

电影产业价值链的三个核心环节是制作、发行和放映。电影制片厂是电影产业的内容供应商，美国好莱坞是全球最大的电影生产制作中心，其运作特征表现为多元化投资、工业化生产、商业化发行和多层次消费。

美国电影产业的电影票房收益只是电影全部收入中较少的一部分（约占1/3），其大部分收益源于多层次的价值链体系。新闻集团下属的20世纪福克斯电影公司生产电影片。这些制作的影片一是直接进入影院渠道，二是提供给集团的电视业，三是进一步的开发成出版物和DVD、消费品或者版权出售等。这样在集团内部就形成了一条垂直的价值链：电影制作公司处于链条的上端，电视和相关开发的公司处于链条的下端。新闻集团1997年年度报告中写道："作为世界上最垂直一体化的公司，使我们得以在好莱坞生产电影，在世界各地生产电视节目，并通过福克斯电视网在美国、STAR在亚洲、BskyBww在英国传播。

① 只要形成了价值链，资源就可以多次得到利用，产生尽可能多的价值；

② 只要整条价值链有效，单一战略环节的得与失、多与少不是问题的关键。就像默 多克在新闻集团 2001 年财务年度报告中所说的：“与电影市场的起伏波动相反，DVD、录像的销售能够提供固定的、源源不断的财源。”

中国电影产业在传统的计划体制下尚存在许多问题，具体表现在：

① 计划经济的模式从深层上制约着中国电影发展，同时中国电影也缺乏观众意识和产业运作经验，没有形成自己的产业模式和机制。

② 中国影片收入的绝大部分要靠票房，一般对衍生产品开发不重视。而票房收益又不尽如人意，又没有其他高层次的资金回报，电影市场持续不景气。

③ 电影投资和生产的危机严重，电影产量每年在 100 部以下，每况愈下。许多城市和影院甚至连续几周没有新的主打影片上映。

④ 电影创作和制作机制仍旧封闭、垄断、单一，计划脱节，剧本陈旧，优秀人才短缺，技术条件落后和制作水平低下，拍摄资金不足等。

⑤ 各省级公司在自行的行政区域内独家经营、垄断发行以及中间环节过多的局面普遍存在。制片厂要面对 32 家地方垄断经营者。制片、发行和放映三方对票房实行“三三分账”。各环节必须从票房中分食，发行放映方又占据垄断地位，制片厂甚至拿不到真实票房的 1/3，各制片单位的平均销售收入实际只占票房收入的 22% 左右。制片方无力投入再生产。

⑥ 中影集团仍旧垄断电影产业价值链的上游、中游和下游。中影集团每年制作国产影片的绝大部分。按照业内公认的说法，进口大片的发行是目前中国市场上利润最厚的环节，也是最后的禁区。自 1994 年以来，中影集团开始以国际通行的票房分账形式进口最新的外国影片，发行放映方不得不付给中影高额的票房份额，中影也凭借垄断成为最大的受益者。

⑦ 中国电影音像市场巨大，但由于市场盗版现象严重，电影制片厂只能获得 VCD、DVD 音像产品少部分收入，专家估计正版 VCD、DVD 音像制品只占 5%~10%。版权问题已成为制约中国电影产业发展的最大恶瘤。

⑧ 由于国内电影企业缺乏相关商品开发意识和运作经验，同时国内消费者消费习惯和购买力不足，电影图书、游戏、网络等传媒产品收入非常有限，基本上是品牌延伸。但关键是国产电影缺乏可转换的传媒价值。[36]

二、媒介价值链创新发展

1. 媒介价值链整合

传媒产业是一种规模经济和范围经济非常显著的产业，西方传媒巨头一律是跨媒介、跨区域甚至全球化的媒介集团，从价值链的视角来看，西方媒介组织的价值链呈现复合式、多层次、网络状的结构，这种结构能够有效地实现"内容"的价值，获得规模效应和成本优势。价值链的整合有三种模式：横向整合、纵向整合和多元化整合。

(1) 横向整合

所谓横向整合是指传媒在同种类型的媒体层次上的整合。如南方报业集团旗下有《南方日报》《南方周末》《南方都市报》《21 世纪经济报道》等多系列的子报子刊，21 世纪经济报道报系下又有 21 世纪环球报道。这种多品牌发展战略支撑南方报业集团在竞争激烈的广州报业市场处于不败之地。北京青年报旗下拥有《北京青年周刊》《北京少年报》《中学时事报》《北京科技报》《法制晚报》*Beijing Today*。横向整合是媒介集团化的初级形态，这种整合模式有利于资源的充分利用，实现规模经济和范围经济，差异化的多品牌化策略能更好地满足差异化的受众需求，有效扩大媒介影响力和市场份额。

(2) 纵向整合

报社将发行业务从邮局发行改为自办发行，实际上就是对下游渠道的整合，称为后向一体化，相反，报业对上游供应商如通讯社的整合则属于前向一体化。《北京青年报》自办发行以后组织了一支 2800 人的配送队伍，这支队伍不仅送报，而且还为读者提供其他便民服务，年营业额达 5000 万元，《北京青年报》自办印刷厂，不仅满足自己报社的需要，还为其他中小报纸提供印刷服务，并且还进一步经营 PS 版、油墨，成为世界最大的 PS 版公司和世界排名第二的油墨公司的北京代理商。北青报向上游价值链延伸，涉及纸浆生意和林地生意，从而形成了报刊出版、发行、印刷、物流、网络、数据库、资本运营一体化的报业集团。

(3) 多元化整合

多元化整合有三种层次，一种是跨媒介多元化，如报纸与电视的整合，与网络的整合；第二种是相关多元化，如电视投资主题公园、文化产业、娱乐产业等；第三种是完全无关的多元化，即媒介投资与媒介产业没有相关性的产业如房地产、医药等其他产业。实践证明，完全无关的多元化往往以失败告终，原因是媒介缺乏跨行业经营的能力和资源。从全球产业发展趋势来看，专业化替代多元化成为大多数成功企业的选择。中国媒介的多元化整合应从跨媒介多元化和相关多元化着手。

2. 媒介价值链定位

媒介价值链可以分为上游内容制作和下游渠道播放两部分，不同的媒介对媒介价值链中的这两个部分的认识是存在差异的，维亚康姆选择的是“内容为王”的战略定位，其总裁雷石东认为：“人们看的并不是电视台，也并不是你的有线系统，人们看的是电视里面播放的东西。而上面播的东西就是维亚康姆所做的东西。”在20世纪90年代全球兴起“信息高速公路”热潮的时候，许多原来以内容见长的企业如迪士尼、西屋等纷纷进入渠道发行业务，但维亚康姆仍坚持“内容为王”战略，雷石东认为，所谓信息高速公路是一条没有路标的道路，而对媒介来说关键不是发行平台的形式如何，而是其实质的内容。“我相信，这种高速公路的基础设施远没有在公路上行驶的车辆即内容和软件那么重要。消费者选择应有的是软件，而不是技术。”[36]维亚康姆所有的并购和商业战略都紧紧围绕“内容为王”的战略，在短短十几年时间里发展成为全球最大的娱乐类企业，其股票市值已超越美国在线——时代华纳。

维亚康姆的价值链整合是以上游内容制造领域的横向整合为主。雷石东收购维亚康姆的时候，并不是看中维亚康姆所拥有的84万家庭订户，而是维亚康姆的节目编排资产，他认为，科技即将扩展家庭娱乐的视野，对优质节目的需求必然会随之升高，而真正的优质节目是稀缺资源，可以成为企业竞争的核心战略资源。因此，收购维亚康姆以后，公司从有线电视系统（即渠道）的业务中撤出，将全部资源投入维亚康姆的MTV和NICKLONDENDEON等内容业务，这一战略决策为维亚康姆的崛起奠定了决胜之基础。之后，维亚康姆又收购了派拉蒙和哥伦比亚广播公司。派拉蒙公司拥有派拉蒙电视网、派拉蒙主题公园、西蒙出版公司等等内容资产，使维亚康姆的内容生产领域由单一的有线电视节目扩展到电影、书籍出版、主题公园等。哥伦比亚广播公司是美国四大电视网之一，拥有《犯罪现场调查》、《生存者》等一大批名牌电视节目，哥伦比亚的内容资产进一步加强了维亚康姆在内容领域的优势，使维亚康姆成为集娱乐、新闻、体育、音乐制作、户外广告等于一体的超级娱乐媒介集团。

另一种战略则是以渠道为重点的发展战略，大多数媒介都选择以纵向整合为特征的后向一体化战略。比如时代华纳、迪士尼、新闻集团等。新闻集团的发展理念是，以强大的内容制作能力为集团的媒介扩张基础，充分掌握更多的信息传送形式实现内容价值的实现，获取更大的利润。2002年新闻集团财务年度收支显示，内容制作部分的营业额和利润只占整个集团的1/4左右，而传播渠道部分的营业收入占整个集团的70%，利润占整个集团的3/4左右。所以，新闻集团将发展的重心放在传播渠道。迪士尼本来也是以内容见长的企业，它在渠道领域的两大动作是收购美国广播公司，成立迪士尼网上公司，但是，到 2001 年，迪士尼公司宣布关闭旗下的网站——美国第 4 大门户网 go.xom，并裁员 400 人，从而使其后向的渠道整合战略陷入困境。从财务收入来看，迪士尼的主题公园一直是最为稳定的主业收入，而媒介网络和影视娱乐方面的收入则是大起大落，是迪士尼陷入困境的最主要因素。

内容与渠道，都是媒介产业的核心资源，这两种资源哪一种更为重要没有一个确定的答案，孰轻孰重还要看产业发展的具体情况，从经济学的角度来看，稀缺的资源更有价值。在媒介产业发展早期，渠道是一种垄断性的稀缺资源，这种情况下，谁拥有渠道，谁就能在产业价值链中多分一杯羹。目前，中国的媒介产业就属于这种情况，中央电视台独家垄断全国电视市场，其渠道垄断优势不可动摇，没有任何竞争对手。这种情况下，内容的价值不能得到充分的体现，一些省级电视即使有几个好的节目，也不能动摇央视之根本。相反，在媒介产业发展比较充分的国家，充分的自由竞争，导致渠道不再是一种稀缺资源，而内容成为渠道竞争的资本，谁有好的内容，谁就能占有受众，进一步占有广告市场，因此，渠道发展越充分，“内容为王”效应越明显。而从现代媒介产业的发展趋势来看，科技发展推动渠道建设的多元化、多层次，导致渠道领域的高度竞争，而以创新力为核心的内容产业将成为媒介决胜之根本。

3. 媒介价值链延伸

对强势媒介来说，价值链延伸可以进一步增强媒介竞争力，发挥竞争优势，实现优势资源的价值最大化，而对弱势媒介来说，价值链延伸则成为媒介创新经营的一种策略选择，成为培育新的增长点的机会。《新民晚报》和文广集团都是上海的媒介，前者是报纸，与其他报纸一样正陷于新媒介的强力冲击，而文广集团则属于强势媒介，后者通过数字化战略实现渠道形态的变革，实际上是传媒渠道向数字渠道的延伸，后者则旨在通过数字化战略寻找新的价值增长点。

《新民晚报》数字报业战略：研发面向全媒体竞争需求的报业解决方案，对媒体生产流程进行重组。传统报业所说的“告别铅与火，迈入光与电”是对于 20 世纪 90 年代的信息化所言，今天已经意义不大，传播价值链的变化要求报业必须尽快拥有面向新传播形势的解决方案，不仅包含 CMS、ERP 等核心模块，还应包含面向移动互联网和 Web2.0 应用的模块，而遗憾的是，这一领域，国内国外均没有成熟的系统方案供应商。

《新民晚报》以新民网为平台进行了小范围的前瞻性实验，首次提出面向全媒体竞争需求的报业解决方案，并进行了系统研发，这一领域，它们选择了北大方正作为战略合作伙伴，利用双方已有软件知识产权和报业运营经验进行价值重组。目前，面向报业全媒体竞争需求的新民 CMS 系统（V1.0 版）已经研发成功，并投入“新民”报系的实际运转。

通过新民 CMS 系统（V1.0 版），《新民晚报》、《新民周刊》等媒体记者可以实时接入新民网后台，进行在线发稿，发稿形式既可以是传统的文字和图片方式，亦可以是文字、图片、音视频的混合模式，还可以利用直播平台实现在线直播。编辑层面可以利用记者传回的稿件按照日报、杂志、新媒体等不同出版介质进行素材编辑，实现新闻素材的多向复用，有效地降低新闻采集的成本，实现传播效果最优化和传播利益最大化。新民网还将在下一版本中加入诸如在线评分等功能，可以根据各种介质的传播参数实时评估新闻采编的成效。

面向全媒体竞争需求的核心技术和人力资本的储备。受众通过在线方式获取新闻和信息的趋势决定了报业必须跟上形势，而传统报业并不掌握发展新媒体和数字报业所需的核心技术和人才，对于普遍实行国营的报业来说，想在短时间内通过内部挖掘实现这方面的突破是不现实的。新民网创建之初，就确定了全市场运作的原则，按照市场规律办事，不惜代价跟踪核心技术，进行人才队伍的引进、培养和储备。

传统报业培养一名成熟的时政记者一般至少需要五年，培养一名财经记者需要的时间更长，而一个成熟的传统媒体记者并不能直接迁移到新媒体作业平台，他掌握的传播技能无法适应新媒体的作业需求。《新民晚报》目前采取的策略是一手抓新媒体队伍的组建，一手抓老采编队伍的训练，同时进行交叉作业的演练。2007 年全国“两会”期间，《新民晚报》推出的整合报道方案融合了新民网视频访谈、连线报道、新民晚报传统报道等多种形式，利用了两支队伍的各自优势取得很大成功，在线传播和影响力渗透效果远远大于往年。

按照新民网目前的实际情况，训练一名基本能适应采、编、主持的全媒体记者大约在一年左右，当然这有一个前提，他的传统新闻采编的基础是合格的。对于报社缺乏新媒体作业技能的员工，将结合 2007 年的新闻练兵计划进行系统培训。通过三年左右的运作，“新民报”500 名编辑记者将全面得到系统训练，以适应全媒体传播需求。

发展在线营销，提升整合营销传播的竞争实力。受众层面媒体接触规律的改变对报业来说并未构成直接威胁，来自广告主层面的变化显示，在线营销将大幅削弱报纸在客户品牌传播组合中的重要性，这才是致命性的问题，和国内其他兄弟大报一样，《新民晚报》积极应对这一领域的挑战，发展在线营销，提升整合营销传播的竞争实力。2007 年开始，《新民晚报》已经能够初步提供包括日报、杂志、新媒体在内的整合营销解决方案给广告客户，下一步还将提供《新民晚报》数字报纸的在线广告位和传播机会[37]。

上海文广从 2002 年开始启动数字化发展战略。在 2004 年 8 月，上海文广成为继中央电视台之后第二家获得经营许可证的全国性数字付费频道集成运营机构。现在上海文广拥有 16 个面向全国的付费广播电视频道，覆盖全国 30 个省市的 3000 万用户，其中数字付费电视用户达到 50 万户，其移动电视则覆盖了上海市区大部分的公交线路和所有的轮渡码头。在手机平台上，上海文广成立了上海东方龙移动信息有限公司，专门经营移动增值数据业务。2004 年上海文广同上海贝尔阿尔卡特、上海移动以及江苏移动结成战略合作关系，尝试合作推出“东方龙”手机电视，通过手机收看电视节目和广播节目。2005 年，上海文广拿到了经营手机电视业务的牌照，而且同中国移动集团达成了战略合作协议。目前“东方龙”手机服务已经开始提供 6 套电视节目和 3 套广播节目，同时还通过与星美传媒合作提供手机电影的业务。

在互联网平台上，上海文广旗下的东方宽频传播有限公司则推出了广电行业第一家专业经营网上视听项目的东方宽频网站，该网站与中国电信、中国网通旗下的互联星空以及天天在线合作推出“东方宽频”网络电视。截至 2005 年 5 月，东方宽频的用户数字已经超过 50 万户。

2004 年底开始，业内关于 IPTV 牌照的讨论相当火热。在这个领域里，上海文广无疑是先入者。上海文广旗下的上海电视台已经成为首家拿到网络电视牌照的企业，而通过与中国电信、中国网通的合作，上海文广的网络电视业务已经在国内多个地区开展。上游产业制作的内容可以在下游的更多的传播渠道中得到传播，内容的多次利用，实现了资源价值增值，也使集团利益达到了最大化。新媒体是一个亟待开发的领域，也是一块可以分享的“大蛋糕”，上海文广抓住了占领新媒体的时机，延长并完善了其价值链，使提供的内容为更多层次受众所接受。

参考文献

[1] 邵培仁 . 传播学导论 [M]. 杭州：浙江大学出版社，1997：225–229.

[2] 段鹏 . 传播学基础 [M]. 北京：北京广播学院出版社，2006：10–45.

[3] [美] 沃纳·塞弗林，小詹姆斯·坦卡德 . 传播理论——起源、方法与应用 [M]. 郭镇之，等 . 译 . 2 版 . 北京：华夏出版社，2000：4–18.

[4] 胡正荣 . 传播学总论 [M]. 北京：北京广播学院出版社，1998：230–242.

[5] 段鹏，韩运荣 . 传播学在世界 [M]. 北京：中国传媒大学出版社，2005：11–13.

[6] 陈中原 . 西方传媒的集中垄断 . http：//media.people.com.cn GB/22100/49269/49270/3471893.html.

[7] [美] 赫尔曼，麦克切斯尼 . 全球媒体：全球资本主义的新传教士 [M]. 甄春亮，等 . 译 . 天津：天津人民出版社，2001：1–8.

[8] 邵培仁 . 论媒介产业全球化与中国的对策 . 中国新闻传播学评论（CJR）. http：//www.cjr.com.cn.

[9] 王生智，周庆红 . 默多克的经营战略 [J]. 中国报业，2001，（8）.

[10] [美] 赫尔曼、麦克切斯尼 . 全球媒体：全球资本主义的新传教士 [M]. 甄春亮，等 . 译 . 天

津：天津人民出版社，2001：89–95.

[11] 汪致远 . 决胜信息时代 [M]. 北京：新华出版社， 2000：66.

[12] [美] 赫尔曼、麦克切斯尼 . 全球媒体：全球资本主义的新传教士 [M]. 甄春亮，等 . 译 . 天津：天津人民出版社，2001：129 – 132.

[13] 李子蓉 . 世界现代传媒业的分布格局和动力机制 [J]. 世界地理研究，2007，（ 3 ）.

[14] 王桂科 . 媒介产业经济分析 [M]. 广州：广东人民出版社，2006 ：71–97.

[15] 崔保国，张晓群 . 新媒体对中国传媒产业的影响分析 [J]. 现代传播，2008，（ 1 ）.

[16] 胡正荣，张锐 . 论电视产业结构调整 —— 盘活中国电视产业论系列之一 [J]. 现代传播，2003 ，（ 2 ）.

[17] 吴飞 . 大众传媒经济学 [M]. 杭州：浙江大学出版社，2003：118–120.

[18] 王桂科 . 我国媒介产业的布局及其成因 [J]. 广东经济，2004，（ 12 ）.

[19] 吴飞 . 大众传媒经济学 [M]. 杭州：浙江大学出版社，2003：122–125.

[20] 资料来源：http：//www.cctv.com/science/20050317/100781.shtml.

[21] 资料来源：http//：www.manovich.net/Stockholm99/stockholm_syllabus.

[22] Bolter J D， Grusin R A. Remediation ： understanding new media[M]. MIT Press， 2000.

[23] Kernic M A， Wolf M E， Holt V L， et al. Behavioral problems among children whose mothers are abused by an intimate partner[J]. Child Abuse & Neglect，2003，27(11)：1231–1246.

[24] 罗伯特·洛根 . 理解新媒介 [M]. 上海：复旦大学出版社 .2012.

[25] PK Logan. The Sixth Language：Learning a Living in the Internet Age[J]. Stoddart Publishing，2000.

[26] Manovich L. The Language ofnew[J]. Of Machines Computer Science，2001，(2)：120–135.

[27] Finneman N O. Public Space and the Coevolution of Digital and Digitized Media[J]. Mediekultur Journal of Media & Communication Research， 2006，22(40).

[28] Boczkowski P. The Mutual Shaping of Technology and Society in Videotex Newspapers： Beyond the Diffusion and Social Shaping Perspectives.[J]. Information Society， 2004， 20(4)：255–267.

[29] 资料来源：en.wikipedia.org/wiki/Crowdsourcing.

[30] Galloway A， Thacker E. Protocol， Control， and Networks[J]. Grey Room，2004.

[31] Nevitt， Barrington. Take today ： [M]. Harcourt Brace Jovanovich，1972.

[32] Theobald R. A Socio–economist Looks at the Current Values and Changing Needs of Youth. Final draft[J]. Computers， 1966.

[33] Mike Cronin. Sport and a sense of Irishness[J]. Irish Studies Review， 1994：13–17.

[34] Lewis D. Computers in patient education.[J]. Computers Informatics Nursing Cin，2003，21(2)：88–96.

[35] 资料来源：USC Annenberg Online Journalism Review， 05/26/2004.

[36] 喻国民，张小争 . 传媒竞争力 —— 产业价值链案例与模式 [M]. 北京：华夏出版社，2005：131–135；214–216.

[37] 陈保平 . 立足全媒体竞争重构报业价值链 . 人民网 .《传媒》杂志 .

Part 3　媒介融合

第一节 媒介融合的内涵

一、媒介融合的界定

媒介融合概念的提出，源于互联网与新媒体技术的迅猛发展及对人类社会信息传播方式带来的巨大变革。在媒介融合的研究中，学界首先关注到的是各种传统媒介从独立运营向跨媒介联合运营的转型。随着信息技术的不断进步，媒介融合的形态逐渐成熟，媒介融合的概念与内涵也逐步清晰[1]。

媒介融合(Media Convergence)一词最早由美国马萨诸塞州理工大学的浦尔教授提出，其本意是指各种媒介呈现出多功能一体化的趋势，这种关于媒介融合的想象更多地集中于将电视、报刊等传统媒介融合在一起[2]。美国新闻学会媒介研究中心主任 Andrew · Nachison 将媒介融合定义为印刷的、音频的、视频的、互动性数字媒介组织之间的战略的、操作的、文化的联盟。

美国南加利福尼亚大学的安妮伯格传播学院教授 Larry Pryor 认为，“融合是在新闻编辑室发生的，当所有编辑人员在一起工作，为复合平台制作复合产品，从而把交互的内容传递给受众，来达到大多数观众对于交互式内容的需求，通常一周 7 天每天 24 小时全时工作。”[3]

美国西北大学的教授李奇 · 高登（Rich Gordon）定义了美国现有的 5 种融合类型[4]:

① 所有权融合(Ownership convergence)，其实质是大型传媒集团中出版、网络和电视等不同形态媒介之间的内容共享。

② 战术的融合（Tactical convergence），即不同的媒体中内容的分享和合作。

③ 结构的融合（Structural convergence），即新闻收集和分配进行融合，例如一个独立的网站将来自报纸、电视的内容进行重新包装，以符合自身媒体的特性。

④ 信息采集的融合（Information-gathering convergence），即在新闻报道中需要新闻从业人员具有多种技来能完成新闻事件的报道。

⑤ 故事叙述呈现的融合（Storytelling or presentation convergence），即记者和编辑需要综合运用多媒体的、与公众互动的工具与技能来完成对新闻事实的表达。

李奇·高登教授的研究在一定程度上描绘了融合新闻在美国当时条件下的真实状态，但正如蔡雯教授所说的，这种分类缺乏一个统一的标准，前三种类型是基于媒介组织行为的一种划分，而“信息采集的融合”和“故事叙述呈现的融合”则是基于新闻采编技巧的划分了[5]。

另外，戴默（Lorinemo）等几位在美国鲍尔州立大学任教的学者在向美国新闻与大众传播学教育学会提交的论文——《融合连续统一体：媒介新闻编辑部合作研究的一种模式》中提出了“融合连续统一体”这个新概念。他们根据自己所掌握的美国及其他国家的媒介当时的实际情况界定了“融合新闻”的几种模式以及每一种模式的具体含义：

① 交互推广（Cross-promotion），指作为合作伙伴的媒介相互利用对方推广自己的内容，如电视介绍报纸的内容；

② 克隆（Cloning），指作为合作伙伴的媒介不加改动地刊播对方的内容；

③ 合竞（Coopetition），指作为合作伙伴的媒介之间既有合作也有竞争，如一家报社的记者编辑在某电视台的节目中对新闻进行解释和评论，某一媒介为自己的合作伙伴提供部分新闻内容等；

④ 内容分享（Content sharing），指作为合作伙伴的媒介定期地相互交换线索和新闻信息，并在一些报道领域中进行合作，如选举报道、调查性报道等，彼此分享信息资源，甚至共同设计报道方案，但各媒介的新闻产品仍然是由各自的采编人员独立制作的；

⑤ 融合（Convergence），指作为合作伙伴的媒介在新闻采集与新闻播发两个方面进行全方位的合作，他们的共同目标是利用不同媒介的优势最有效地报道新闻。多个媒介的记者编辑组成一个共同的报道小组，策划新闻报道并完成采编制作，并且决定哪一部分内容最适合在哪个媒介上播发[5]。

戴默教授的划分明确了媒体之间合作的方式，融合程度依次由弱到强、由简单到复杂，并真实概括了业界实践中都存在的这几种“媒介融合”的例子，比如报业集团、媒体联盟以及平面媒体电子化等现象。

除了国外学者外，国内学者对媒介融合也有自己的看法。业界马胜荣、唐润华等人认为，“媒介融合”事实上应该是媒体传播内容的融合和媒体传播方式的融合。所谓媒体传播内容的融合就是，不管是以什么形态出现的媒体，它们的内容都可以通过不同渠道“融合”到一个并不实际存在的“大库”里，然而又可以被不同形态的媒体所利用；所谓传播方式的融合就是，传统的传播方式和网络传播方式相结合，使所要传播的信息在更短的时间里和更大的空间里传播，至于“媒介融合”应该包括哪些具体指标并不重要。笔者认为，比较有代表性的是浙江大学外国语言文化与国际交流学院徐沁的观点，她认为“媒介融合”的概念有狭义和广义之分，应该从广义的范围来考查和研究媒介融合，它的演进是递进式、立体式的。“媒介融合”包括媒介形态、媒介功能、传播手段、资本所有权、组织结构等要素的融合，它既指各种融合的结果，也包含各方融合的过程。

蔡雯教授结合自己的美国访学经历，对近几年西方学者尝试对“融合新闻”或“融合媒介”所做出界定的观点进行了评介。如美国南佛罗里达大学大众传播学院助理教授 Kenneth G Killebrew 2004 年出版的专著《管理媒介融合：记者合作的路径》以及 2005 年美国出版的一本论文集《媒介组织与融合：媒介融合先驱案例研究》，都是在研究层面上获得的成果。近几年，不断有西方学者尝试对“融合新闻”或“融合媒介”做出界定。

当然，要理解“媒介融合”这个概念，界定其指向范围，我们必须先理解“融合”，也就是“Convergence”这个词的意思。宋昭勋和陈浩文分别对于“媒介融合”中“融合”(Convergence)一词进行了追根溯源。根据《牛津高阶英汉双解词典》，“Convergence”最早源于科学领域，如1713年英国科学家威廉·德汉(William Derham)谈到光线的汇聚或发散(convergences and divergences of the rays)。随后，该词被逐渐运用于气象学、数学、进化生物学、政治学和经济学等学科。从字面上看"Convergence"有两个意思：第一，线条、运动物体汇于一点或向某一点汇合、聚集；第二，两种事物相似或者相同(用于比喻义)。由此可见，“媒介融合”也应该具有两层意思，第一层意思是“汇聚”、“结合”，第二层意思才是融合，两层意思是有区别的。“汇聚”或“结合”虽然有一些“融合”的意思，却是低层次的“融合”，是物理意义上的，是在做“加法”，将同种的媒介或者不同种类的媒介结合为一个共同体，如中国很多的报业集团、广电集团等；而“融合”则是将不同的媒介功能和传播手段“融化”为一种。在此基础上，陈浩文提出将“媒介融合”分成组织融合、资本融合、传播手段融合及媒介形态融合四个阶段。

其余中国学者对于这一概念，则更多地侧重于对于国外理论的评介，“媒介融合”实践操作中案例的分析，以及对于未来前景的展望，并没有明确提出自己的定义界定。在中国学者陶喜红最近的论文中这样描述媒介融合的核心思想：“随着媒体技术的发展和一些藩篱的打破，随着电视、网络、移动技术的不断进步，各类新闻媒体将融合在一起。”由此可见，陶喜红认为媒介融合这一概念并不仅仅指媒介产业内部各种不同形态的媒介之间的融合，它还包括媒介行业与其他行业之间的整合，比如新闻媒介与电信产业的融合、媒介与先进科学技术之间的融合等[6]。

事实上，我们很难为媒介融合这一正在飞速发展中的业界趋势做出严格而精准的定义，自媒介融合这一概念被提出以来，至今已经历技术融合、组织融合、产品融合三大阶段，相应的在每一个时期，人们对媒介融合的理解都大相径庭。未来的媒介融合发展走向何方，现在还是未知数，但是至少我们可以从技术、组织和产品三个层面来对媒介融合进行归纳。

在技术融合层面，不同的媒介技术相互配合、合作，共同完成媒介向受众的信息传播过程，如对报纸和互联网来说，印刷技术与网络技术相互发生作用，进而实现报网合一、报网互动，完成对受众的产品与服务输出。

在组织融合层面，电视台、报社、电台、网站等合而为一，组建成全媒体的传播机构，实现组织结构的融合，形成的传播渠道具有强大覆盖能力，进而大幅提高媒体的影响力。

在产品层面，一家具备全媒体传播能力的传媒企业，可以通过网络提供实时的文字新闻和视频直播，还可以通过手机短信、手机报等形式提供新闻与资讯，也可以通过平面媒体、移动媒体等终端形式，填补其他媒介无法覆盖的客户群体，形成一条完整产品线。

综上所述，我们将媒介融合界定为：伴随着数字技术与信息技术的高速发展，在传媒产业内产生的一种变革趋势，媒介融合内涵丰富，既包含以跨媒介的多种表现形式对传媒产品进行创新与再造的过程，也包含不同媒介组织之间相互交融、相互合作的生产管理机制的革新，还包含在此基础上的传媒企业资本与实体的相互结合。

媒介融合在当今这个全球化时代，已形成汹涌之势，并且融合的进程在逐步加快，因此也有学者对这一趋势表示质疑，武汉大学王瀚东教授指出：媒介融合研究需要批判的眼光，融合多种媒介的多功能往往是冗余和强制性的，与技术敛聚相关的是媒介生产和资金的敛聚，国际各大媒介集团从内容行业的外围开始兼并重组，扩张为多媒体的、多国的、多种经营的庞然大物，出现全球传媒“殖民化”的趋向，敛聚导致了日益增长的合并重组甚至是寡头垄断。从现实情境看，媒介融合至少在对传统媒介进行再造的过程中起到了积极的作用，从这层意义上讲，媒介融合是我们这个时代传媒发展的大势所趋。

二、媒介融合的分类

按照媒介融合的狭义概念来分类，可以将媒介融合分为以下几类：

一是报纸与网络的融合。随着网络优势的日益突显，越来越多的人选择从网络上获取信息，报纸遭受到了巨大的冲击，其生存状态堪忧。为了寻求新的生存模式，网络与报纸的融合——电子报纸应运而生。各报纸以各自主页为发布平台，读者可以通过它来获取与纸类报刊相同的信息。电子报纸被认为是报纸将来的发展方向，因其具备一些传统报纸所不具有的优势，譬如检索方便、阅读方便、信息量大等[7]。近年来，报业媒体在网络领域进行了诸多大胆的尝试，许多传统的观念被打破，事实也证明，通过媒体融合为传统媒介寻找一条新的出路是可行的。

二是手机与报纸的融合。手机报的产生是一种比较早期的媒介融合方式。我国于 2004 年就开通了第一家手机报——《中国妇女报彩信版》。运营商以手机为平台发布短小、概括性的信息，用户通过付费订阅来获取所需信息。从传播学角度来分析，手机报相对于传统报纸的最大的优点是互动性强。报社可以通过手机与用户进行交流，读者可以通过一些投票活动、读者调查活动等达到与报社交流的目的。

三是手机与网络的融合。手机用户的可观数量及使用要求等催生了手机与网络的融合。3G 时代的到来，使得通信与网络双双进入了一个新的发展时代。人们可以以手机为平台，随时随地上网，了解各种信息；也可进行视频通话，人们的交流变得更便利，手机的功能因此发生了颠覆性的变化。

四是电视与网络的融合。网络电视以网络为传播平台。网络电视具有传统电视所具有的一些特点，但其不同于传统电视的最大特点是用户具有更宽泛的自主性。既可以观看电视同步播出的节目，又可选择播放软件所存储的电视已播放过的资源。网络电视同时也是电视收视率调查的一个很直观的途径，各档节目的点击率可直接显示，点击率在这种意义上可直接等同于收视率。

除了以上所提到的媒体融合方式，还有其他一些媒体融合方式，如报纸与电视的融合、手机与电视的融合、网络与广播的融合等。随着数字化和网络的发展，定会出现更多的融合方式[8]。

三、媒介融合的模式

正如伊契尔·索勒·普尔所认为的那样，数码电子科技的发展是导致历来泾渭分明的传播形态相互聚合的原因。随着互联网“第四媒体”的崛起，数字技术和网络技术的发展以及三网融合时代的破冰起航，媒介融合在广电、电信、互联网、出版等各个领域呈现出技术融合、业务融合和内容融合的趋势。有关媒介融合的形态，西方学者进行了多样化地研究，国内学者也进行了积极的探讨，结合中西方学者的研究，笔者将媒介融合的模式分为技术融合、内容融合、渠道融合及结构融合四个方面：

1. 技术融合

媒介融合首先是技术的融合，技术的进步是媒介融合的基础。现代传媒的诞生、发展都基于科技发明在传播领域的广泛应用。数字技术的发展使得当今的媒介生态圈迎来了泛媒体时代。在泛媒体时代，传统媒体所固守的边界将被新技术剧烈地冲开许多缺口，充当信息传递者的可能是人们所能想象到的许多东西，人们激烈争夺的，可能是人们随身携带或便于接触的机会，以及人们身边那已经被手机等占据的不多的位置[9]。

早期催生广播、电视产生的声音传播技术和图像传播技术属于模拟技术，2005 年我国开展数字卫星直播业务，2008 年全面推广地面数字电视盒高清晰度电视播出，并将于 2015 年停止模拟电视的播出。数字技术（Digital Technology）是指将各种信息（包括图、文、声、像等），转化为电子计算机能识别的二进制数字“0”和“1”，然后进行运算、加工、存储、传送、传播、还原的技术[10]。数字技术正在深刻地改变着我们的生活方式，也改变着传媒界传递信息的方式。

如今，广播、电视、互联网、数据库、短信的传播方式都是建立在数字技术的基础上，不仅如此，纸质媒体包括报纸、杂志等在出版和发行前也已经处理成数字形态。这使得信息共享具有了更坚实的基础，信息被重复使用的可能性增大，它提供了促进传媒整合的内在动力，更提供了传媒生产方式、运行方式变革的基础。

数字技术也催生了一批新兴的媒介形态，例如手机报纸、手机电视、IPTV、数字广播等，它们具有互动性、注重个人体验性、整合性强的特点。

2. 内容融合

有人将传统媒体的发展趋势比喻为“没有油墨和遥控器的未来”，人们越来越多地选择上网浏览新闻，观看电视的数字媒体版本，或者收听网络电台、订阅手机报纸、电视等。有学者认为，传统媒体的网络化、数字化才是未来的生存之道，内容呈现平台从纸张、收音机、电视到网络、手机是必然的演进趋势。平台的多样化决定了内容文本的多样化。

为大家熟知的基本新闻报道形式分别是：消息、通讯、评论、深度报道等，但当报纸和网络紧密联系起来时，报道中的文字不仅要适应印刷的要求，而且要适应网页访问的要求。相应地，广播、电视的音频和视频播放终端变成网络或者手机时，内容文本必将与之相适应。因此融合新闻报道在基本报道形式的基础上，衍生出了立体化、个性化和互动性的特征。

立体化：一篇报道的完成需要满足不同媒介的特性需要，这需要有“多媒体编辑”来筹谋，将不同的新闻报道文体融合，然后实现资源共享。例如一个突发事件的发生，可能是广播媒体进行实时的电话连线将信息传递出去，接下来电视媒体还原事发现场，使人身临其境；与此同时报纸媒体在着手深度报道，四处采访挖掘事件原因和背景；网络媒体随时播发动态新闻，以追踪事件进展。各类媒体在一个大平台上运作，实现内容的共享和相互推销。

个性化：在这个“全民记者时代”，想要获得独家新闻来吸引受众的眼球变得异常艰难，新闻报道内容的融合开辟了一条路径，依靠独家的、原创的信息加工方式和信息处理手段来表现信息。

互动性：媒介融合的一个重要特点就是媒体内部的互动和媒体间的互动。在网络平台上实现互动是比较容易的事。网络文本集文字、声音、图像于一体，既达到了新闻报道内容的融合，又提供了传授者互动的平台。

3. 渠道融合

媒介渠道融合，是指不同所有制下的传统媒体之间、传统媒体与新媒体之间在内容生产、共享、传播、打造产业链等领域的合作。在传统媒体之间，存在着以下几种融合模式：

报纸、电视、广播与网络的融合：三大传统媒体与互联网这个“第四媒体”的融合早已是遍地开花，纸质媒体数字化、电视媒体网络化，实现了受众对节目的点播和回放等。以广播为例，中央人民广播电台创办自己的网络平台“中国广播网”，不仅能在线实时收听该台的14个广播频率，还能点播收听，消弭了广播线性传播的弱点。中国广播网综合运用声音、视频、图片、文字等手段，实现了新闻报道的多元化，使之成为“看得见的广播”。

电视与广播的融合：电视与广播同隶属于广电集团，从扩大受众群体的角度出发进行整合，把广播、电视媒体的受众群体交叉在同一个播出点上。例如延边电台在数字电视系统中创办图文频道，将音频信号通过数字电视传入终端用户，实现了在电视上收听广播节目和收看图文信息的播出方式。

报纸、电视、广播、网络与手机的融合：手机报纸、手机电视、手机广播、移动互联网等。随着GPRS、3G、WIFI等无线通信技术或无线网络技术的发展，出现了新的融合形态——手机媒体，即以手机为视听终端、手机上网为平台的个性化信息传播载体，既整合了以往传统媒体的传播优势，可读、可听、可看，又打破了以往媒体使用的传播媒介的局限，使人们随时随地获取信息。

4. 结构融合

结构融合可以分为两个层面，一是单个媒介内部组织的融合。二是不同媒介之间所有权的融合。媒介组织是指专门从事大众传播活动以满足社会信息与服务需要的社会单位或群体。媒介组织应根据自身生产经营的要求，通过任务分类和人员分工，设置合理的组织机构，配置相应的人员，明确规定各部门的职责范围、管理权限和协作沟通关系，建立一整套能够有效执行媒介企业生产经营活动的组织机构体系和管理制度[11]。

广州日报报业集团作为国家新闻出版总署批准的全国第一家报业集团正式成立，可以称为最早的媒介组织的融合，此后各大省份的报刊纷纷进行集团化，并形成互相抗衡之势。集团化后的新闻采编中心能够通过网站、手机报、传统报纸、数字报刊以及多媒体视频实现新闻的多级发布。

在电视方面，以凤凰卫视为代表，组织融合体现在三个方面。首先体现在产业层面，凤凰集团不同的电视频道、凤凰网、《凤凰周刊》等均由集团控制的子公司经营，开展新闻业务，进行相关产品的出售。其次体现在团队层面，也就是由某位编辑或者负责人可以实施全媒体的新闻业务，凤凰集团旗下电视、网络、报刊等均可对某一事件的信息进行不同层面的报道、挖掘和整合。再次体现在重大活动的策划、报道层面，往往一个活动的举办会造成很大声势，因为被不同的媒体多次报道，而又统一调度互不重复，为提高集团的知名度带来了很大的好处。

媒介所有权的融合是指媒体所有权的集中，大型的传媒集团拥有不同类型的媒介，能够实施这些媒介之间的内容推销和资源共享。在中国香港地区以中国移动收购星空传媒所持有的凤凰卫视股权为代表，符合电视业、电信业趋于融合的潮流[12]。

媒介所有权的合并能够展现完整的融合形态，即运用文字、图片、音频、视频等表现形式立体展示传播内容，同时通过文字、声像、网络等传播手段进行传输。媒介所有权的合并为人们带来了期望的实现，期待已久的各种节目制作及其传播方式的融合正在变成现实。

四、媒介融合的意义

研究媒介融合的主要意义，在于以下几个方面：

首先，媒介融合是新闻传播业界发展的新趋势。媒介融合的应用，在当今中西方的传媒界实践中已经相当普遍。美国密苏里新闻学院的章于炎等通过采用定性研究的方法，对多名亲历媒介融合的人进行深度访谈，研究证明了媒介融合与竞争优势之间的相关性。媒介融合的多元化趋势对于媒介产业的发展意义重大。媒介之间跨媒体、跨地区融合，以及媒介产业和其他产业的跨行业的多元化融合可以使媒介组织结构与工作流程发生巨大的变化，将会大大增强媒介的影响力，使媒介经济得到有效增长，媒介集团实现规模经济和范围经济。因此，媒介融合能够带来利润，带来优质的新闻业务，并且能够降低成本，从而为实施融合的新闻机构带来竞争优势。这些优势客观有力地促进了业界媒介的融合[13]。

其次，媒介融合是新闻传播理论研究的新课题。“媒介融合”是当今新闻传播学界的一个前沿课题。但究竟什么是“媒介融合”，至今仍未有定论。对于“媒介融合”概念的认识，在中西方不同的学者那里也仍有所区别，还没有在学理上达成共识。本书拟对媒介融合历史、媒介融合研究视角及国内外实例、媒介融合的驱动因素和利益、媒介融合中的问题与教训、媒介融合实践的经验总结和建议，以及对于媒介融合研究的发展趋势进行系统阐述。

另外，媒介融合也为新闻传播教育开拓了新思路。大学的新闻课程也开始走向融合，因为融合新闻技能培训已显得十分重要和必要，跨平台传播训练即将或已经纳入课程规划。以前，记者通常学习一种媒体的传播技能，然后便将自己所选定的这一领域作为终生职业场所。然而，21 世纪的记者应该认清媒体融合的发展趋势，努力加强跨媒体传播技巧训练，成为具备能够以多种形式进行写作和传播能力的融合记者。融合媒介的兴起，对于高校现有新闻传播教育中教学环节设置也提出了强烈的改革呼声。

媒介融合的意义，可以分为理论意义和现实意义两个方面[13]。

1. 理论意义

媒介融合既是一种媒介技术的复杂应用，也是对人类传播模式的一种全新阐释，按照拉斯韦尔经典传播模式的原理，我们可以对媒介融合进行学理上的分解。

① 传播者：即我们的媒体工作者，这是从人力资源的角度来确定的传播主角。从前的媒体强调的是工作者各尽其职，把本岗位工作做好做优，并不要求工作者们去涉足其他部门的工作。媒介融合彻底打破了这种局面，它要求媒体工作者们不但懂得采、编、写等业务，还要懂得数字技术的相关运用。一名新闻工作者如果不懂得如何使用电脑来制作、发布新闻，那就可以断定他适应不了发展中的媒体行业。这对高层的管理决策也提出了同样的挑战，新的发展需要新的管理理念与方法去应对。

② 传播内容：媒介融合改变了单向传播的局面。媒介的传播内容以受众

的需求为出发点，以满足受众需求为目的。媒介融合使得传达信息的媒介不断增多，受众接受的信息重复化现象严重。媒介开始寻求从不同角度来表达同一内容，满足不同受众的需求，实现多方共赢的局面。

③ 传播对象：即媒介融合下的受众。如前文所述，媒介融合时代，受众的角色发生了改变，不再仅仅是被动的接收者。受众扮演着多重角色，从最初的被影响者，逐渐变身为主导者。首先，受众根据自己的兴趣爱好来接收相关信息，获取相关资源；其次，受众可以通过相关平台与媒体工作者进行互动沟通，表达看法或者反映意见；再次，受众甚至可以成为信息资源的发布者，充当媒体人的角色，从最初的博客、空间，到现在的播客，广大媒介用户可以在不触犯相关法律、法规规定的前提下，发布一些信息资源，与更多的受众分享。

④ 传播媒介：媒介融合产生的最直观的改变就是信息传播渠道的多样化。信息的发布渠道不再局限于传统媒体，网络、手机、电视等都成了信息发布的平台，同时，信息的发布形式也不再局限于单一介质，多媒体交叉融合现象十分明显。信息发布的过程已经成为一个信息共享的过程。

⑤ 传播效果：媒介融合传播的效果将是规模性的。单一媒介传播的内容影响的是单一媒介的受众，而媒介融合的受众是多种媒介的受众。时下，媒体工作者往往选择以多种媒体形式发布同一内容，对受众进行重磅式轰炸，传播效果更广泛、更深刻。

长久以来，人类传播方式的转变都是伴随着媒介技术的变革而产生的，媒介融合趋势也必然需要媒介技术的进步作为支撑，媒介技术的革新决定着传媒发展的方向。从口语和手抄文字传播时代到印刷时代，再到电子媒介时代，从羊皮纸到图书，再到近代以来出现的电报、广播、电视、互联网、手机，人类的传播史就是一部媒介技术进化史。媒介融合的出现，也正是媒介技术发展至一定程度的必然结果，它既是由信息技术、网络技术、数字技术与多媒体技术的飞速发展共同促成的，也是满足人类社会对信息传播与共享需求的必然选择。

2. 现实意义

媒介融合的现实意义与媒介融合产生的原因是密切相关的。传统媒介的生存环境日益遭受新媒介的压缩，这种态势催生了媒介融合的出现，而媒介融合的出现既是新兴媒介勃兴的结果，也是传统媒介寻找新的生机的结果。

媒介应对竞争仅仅在内容上下功夫是不能取胜的。传播是一个整体的过程，缺少其中一个构成部分，都不能实现传播，而传播渠道便是其中一个重要的环节。媒介融合便是传播渠道上的一个突破性的发展。媒介融合整合了多种资源，增强了自身的竞争力。电视不仅仅只是一种收看电视节目的媒介，用户可以利用其缴费、购物、游戏等；手机不仅仅只是打电话、发短信的媒介，用户可以利用其上网、听歌、看电影、炒股等，媒介功能的拓展意味着盈利渠道的拓展。

媒介融合为受众在信息时代合理消费信息提供了基础平台。信息全球化已经成为现实，在这种环境下，面对海量的信息，受众面临的问题不再是信息匮乏，而是信息过剩。现代媒体的重要职能就是帮助受众筛选他们需要的信息，并进行一定程度的加工，使之更具针对性和有用性。媒介融合不仅能够实现这一目标，更能够全方位地为受众打造一个个性化定制的信息环境，将受众从海量信息的漩涡中解救出来。正是由于这种功能，媒介融合才在传媒业的实践中蓬勃发展起来。

媒介融合是催生新媒体、新业务、新形式的主要手段。例如，手机短信是语音通信与电报通信的融合，数字电视是模拟电视与数据传输的融合，多媒体是多种单一媒体的融合，正是这种“融合”的结果，已经产生并将继续产生许多新的新闻媒体（例如网络媒体、移动媒体、数字电视等）、新的新闻业务（例如新闻网站、新闻博客、搜索引擎新闻、手机短信、彩信 MMS、手机报纸、PDA 报纸、语音杂志、手机电视、移动电视、电子报纸等）和新的表现形式（例如图文互动、动漫新闻、多媒体新闻等）[14]。

媒介融合使媒介内容的使用效率最大化。一个拥有多种媒体的传媒集团可以利用报社和广播电视等共享资源，对信息进行采集和传播，比如重大新闻的报道，它可以用一种前所未有的多侧面报道的新闻处理方式，提供更全面的报道，从而为大众带来更可信、更高质量的信息。又如，迪士尼创作了一部电影，它可以在付费电视上播映该影片，可以制作和销售电影声带，可以制作电视系列，也可以制作音乐光盘、书籍以及在迪士尼专卖店销售的各种商品。

媒介融合可以产生规模经济。通过电视、广播、报纸和网络等多种媒介协同效应，从而达到规模经济和范围经济的效果。它们将信息搜集的成本分摊给多个信息传输平台和不同类型的受众群体，这些信息传递的平台使媒介收入来源多样化，而广告投放和品牌推广则可以通过跨媒介的运作达到增值的目的。

媒介融合是整个媒介行业的发展趋势，它将拉开整个传媒行业变革的序幕。媒介资源的整合，将带动一大批传媒集团的诞生。传媒集团的经营范围不再单一。报业集团的经营范围不再仅仅是报纸，电视、网络、广播等都将成为其经营范围。电视集团、网络公司、电影公司等传媒集团也是如此。以湖南广电集团为例，湖南广电集团简称 GBS。集团下辖包括以湖南卫视为首的 11 个电视频道，1 个电影子集团、5 个广播频率、3 家公开发行的报刊、1 家综合性新闻网站、10 多家全资或控股公司。现已形成内容制作、动漫卡通、电视购物、艺员经济、节庆品牌、网络媒体、数字电视、手机电视、海外业务等多元化的产业布局。正是由于湖南卫视庞大的产业布局以及多元化的经营模式，使其在国内卫视中名列前茅的地位，数年来未能被撼动。从当前媒体发展态势看，媒介融合推动了整个传媒行业的发展。可以预见媒体融合就是未来传媒的传播形式。

第二节 媒介融合的发展状况

一、媒介融合发展背景

新媒体包纳了其他媒体，它的出现模糊了媒介之间的界限，模糊了媒体产业间的界限，模糊了媒体机构间的界限。它加快了不同媒体间整合、融合的速度，报纸、电视、互联网等媒体通过合作的方式，密切互动，促进各方的资源整合与共享、产业渗透与共融，形成集约化、集团式的管理运营模式，然后通过不同的平台传播给受众，衍生出不同形式的信息产品，从而获得社会效益和经济效益的最大化。

传媒机构的大联合与再分工实际上就是利益的重新分配。通过融合可能会产生三种结果：一是媒介相互融合，形成合力，共同发展；二是经营方式的多样化，各自利用自己的优势占领相应的市场，进而实现媒介生态平衡；三是形成媒介寡头，并根据其利益重新协调各类媒介之间的关系。总之，各类媒体在合作中发挥各自优势，实现产业结构的调整与转型，在共融中达到共赢，在转型中获得更大的发展[14]。

① 传媒业与 IT 业、电信业等各种机构的联合，这种联合是为了在一个新的层次上进行融合、重组，每一小机构都是作为一个大机构中的一份子，完成自己所擅长的某一个“部件”或某一环节。

② 报纸、杂志与网络联合形成纸质媒体的网络版，完成从纸质到电子形式的业务转换，吸引了一批新的、非传统的消费者。

③ 电视与网络的合作。电视利用与网络的合作，建立多个平台、多种渠道宣传推广自己，赢得更多年轻观众和边缘观众的关注，获得更广阔的发展空

间。网络则吸纳电视主流媒体强大的视频资源，整合传统媒体的内容资源，赢得更多的点击率。

④ 影视、网络、图书等产业之间你中有我，我中有他，形成一系列的利益链，如好莱坞电影营销是银幕营销和非银幕营销齐头并进、互为支持的连锁式营销方法，具体表现为银幕营销、电视营销、家庭影院、网络营销和相关商品开发“五位一体”的营销构架。近年来出现的“哈利·波特”产业就是一个例子，《哈利·波特》拍摄成电影后，促进了书籍销售，而书籍和电影又促进了其相关产品的销售。而《第一次的亲密接触》所制造的产业则是新媒体带动传统媒体的案例，作为网络小说《第一次的亲密接触》最初在网络上走红，接着带动图书出版业，进而拍摄电视剧，形成各媒体的连接和联动效应。

⑤ 新媒体之间的合作。搜狐网与央视国际正式结为战略合作伙伴关系，消解了新媒体机构之间的边界，双方通过对品牌、内容、渠道等多方面的资源共享合作，开创国家重点新闻网站和国内商业门户网站间互利共赢、和谐发展的新局面。

数字技术和互联网的出现模糊了媒体产业的边界，媒体自身、媒体之间不再泾渭分明，往往你中有我，我中又有他，比如一个人观看在线电影的时候，你很难说他到底是在消费网络还是电影。互联网依靠一种复杂的结构，更像是一种高速公路系统，它被成千上万的实体拥有着。业务形态的整合，将使各种不同媒体的内容产品最终汇流为一个大市场，在这个市场中各个媒体的产品可以更加方便地实现相互嵌入、重组，从而产生更多样化的版本，以满足更个性化的需求。产业联合的结果并不是产品的单一化而是多元化、个性化。

二、国外媒介融合发展现状

国外出现大规模的媒介融合始于20世纪80年代。1987年，世界上第一家网络报纸——美国的《圣何塞信使报》把报纸上的内容悉数搬上了网络，开始了报纸和网络的融合之路。1994年，“美国之音”成为第一个与网络连接的广播电台，采用了在线直播、网络点播等方式，实现了媒体内容在广播与网络领域的融合。

在解决了网络与报纸、广播融合的技术问题后，行业间不准互相进入的政策成为制约各媒体间进一步融合的重要因素。于是，在各方的呼吁下，1996年美国《电信法》通过，允许电信公司和有线电视网互相进入；同时，法国、意大利、德国等欧洲国家分别颁布法律，取消了对广播领域的国营垄断。

政策的松绑，加上技术的进步，加快了媒介融合的进度。此后，全球范围内掀起了又一次传媒并购浪潮。根据美国证券数据公司的统计，从1986

到1990年，美国有400个独立电视台和电台在产权市场上被出售，等于全美75%的电视台被交换了一次所有权。在1993年至1994年之间，又有200个以上的电视台进入产权市场，经历了产权并购和重组的过程。索尼买走了美国哥伦比亚广播公司(CBS)，美国国家广播电视公司(NBC)被通用纳入旗下。

差不多同时期，迪士尼公司以190亿美元兼并美国广播公司(ABC)，一下子拥有了10家电视台、21个电台无线频道出口和7家日报社，使得迪士尼的动画片以及电视节目制作与美国广播公司广播电视网络的传播能力有效地结合在一起，也为迪士尼的全球扩张战略提供了很好的宣传平台，使迪士尼加速成为当时世界上最大的娱乐媒体公司，市值超过500亿美元。正是在吃到了融合的甜头，6年后，迪士尼又花费53亿美元收购了福克斯家庭频道，使士斯尼增加了新的有线电视频道和1亿以上的新观众。

世界十大传媒集团之一的维旺迪(Vivendi)也是从1996开始发家的。之前它只是法国的一家水务公司，但这一年新总裁梅西尔上任后，看到各国都在出台对媒体产业的扶持政策，遂把媒体和通信作为未来的主营方向。先后收购了最古老通讯社哈瓦斯集团(Havas)29.3%的股份，收购了波兰移动电话和有线运营商公司，并购了西格拉姆、Canal+集团，最终成为拥有电视、电信、出版、电影等多领域业务的全球传媒公司，2006年年收入达到200.44亿欧元。类似的并购和融合案例在其他世界著名大传媒集团之间不断发生着：1996年，贝塔斯曼集团参与成立了德国第二大网络供应商公司(Media Ways)；1999年，维亚康母公司出资350亿美元兼并CBS；2000年，美国在线以1620亿美元并购时代华纳，世界上最大传媒公司——美国在线－时代华纳横空出世。

进入21世纪，随着互联网和数字技术的迅猛发展，完成了跨行业、跨地区并购的国外传媒集团，开始把视角转向了媒介形态融合。2000年，美国媒介综合集团投资4000万美元在佛罗里达州坦帕市建造了一座传媒大厦，取名“坦帕新闻中心”(Tampa News Center)，将旗下《坦帕论坛报》及其网站Tampa Bay Online、电视台WFLA-TV和集团网站TMO.com的编辑部门全部搬进去，设立“多媒体新闻总编辑”岗位，统管三类媒介的新闻报道，被统一管理的编前策划会使三类媒介在新闻采编方面实现联动。

最近随着3G技术的明显进步，很多传媒公司又把融合的前沿放到了终端上。亚马逊图书公司推出Kindle数字图书阅读器；索尼公司推出了eReader阅读器；苹果公司则把iPhone的功能进一步强化，除了可以听音乐、看视频，还能阅读电子书，希望实现电视、报纸、书籍等多媒体在同一媒介形态上的融合。

从世界几大传媒集团的发展史和欧美传媒的发展现状不难看出，国外的媒介融合大多经历了一个从单一媒介合并到资本横向并购，再到跨媒体集团组建的过程。当报刊、广播、电视、互联网、手机、播客、IPTV 等所依赖的技术越来越趋同时，以数字为技术，使各种信息在数字化平台上充分整合的媒介形态融合正在到来，它宣告的也是媒介融合最高阶段的到来，而媒介融合也将成为世界范围内传媒集团的共同命题和方向。

在长期的发展过程中，传统媒体拥有不可比拟的品牌优势、资源优势、内容生产优势，但新媒体具有新技术、灵活的机制，拥有用户和市场，于是新老媒体之间的相互羡慕引发了一场联合战役。新媒体公司、电信企业、取得资质的民间组织开始不断向媒体属性靠拢，而传统媒体则纷纷转型，试图通过新媒体的技术平台优势壮大自己。于是在大范围内媒介之间在生产、传输、营销各个领域内的融合浪潮滚滚而来。三网融合是中国媒介融合的产业发展环境，数字技术给媒介生产融合提供了技术支撑，媒介生产的现实需求是媒介生产融合的真正驱动力。在媒介融合时代以前，传统的媒介生产是线性的，遵循既有的成熟的采编模式，技术手段也相对单一，报纸由不同栏目的编辑来控制分工，电视同样依据不同的栏目架构来完成新闻节目的生产，但当媒介融合时代到来时，一切都变得与以往不同。传统媒体之间的界限被打破了，电视不再仅仅是电视，报纸也不再仅仅是报纸，新媒介技术的出现打破了传统媒介生产观念。国际上传媒界的媒介融合已经成为一种潮流，鉴于各国传媒的发展背景和现状，各个国家的媒介在生产领域的融合处于不同的发展阶段，并呈现出不同的发展特点。

经济史学家保罗·A·大卫(Paul A David)在 1989 年的论文《计算机和发电机：现代生产率悖论》中谈到，电灯泡的发明是在 1879 年，但电气化的开始和发挥作用却是几十年后的事情。为什么？因为仅仅是安装电动机和放弃旧技术（蒸汽发动机）并不能代表什么，整个的生产流程都必须改装。因此，我们可以预见，以数字技术为代表的新技术将在不久的将来使整个世界的信息产业发生质的变革。数字技术和网络技术的兴起，使得世界范围内的传媒革命此起彼伏。新技术跨区域、跨文化的特点，让各国的传统媒体面临着不同程度的挑战[18]。融合的概念源于西方国家对于产业融合的研究，尤其在信息产业高度发达的美国，在产业发展的带动下，融合理论随着实践成长起来。中国作为发展中国家，传媒发展至少滞后美国十年左右，因此，不管是产业融合还是媒介融合，欧美国家的实践都能给我们带来有益的经验教训。

1. 美国—— 市场主导下的媒介融合

媒介融合发轫于美国。19 世纪中期，美国学者卢森伯格(Rosenberg)针对美国机械工具产业早期情况提出技术融合思想。他认为，不同产业在生产过程中有这样一种倾向，即逐渐依赖相同的一套生产技术。此后，美国麻省理工学院媒体实验室的尼葛洛庞帝(Nicholas Negroponte)绘制了影响深远的三圆重叠图示，用来形象地描述计算机、印刷和广播三者的产业融合，认为三个圆圈的交叉处即融合处将成为成长最快、创新最多的领域。在此基础上，1983年，美国马萨诸塞州理工大学的伊契尔·索勒·普尔(Ithiel De Sola Pool)在《自由的科技》提出媒介融合这一概念，指出各种媒介在不断发展的过程中，呈现出多功能一体化的趋势。

早在20世纪70年代成立的美国媒介综合集团，已经将《坦帕论坛报》、《坦帕时代报》和WFLA电视台组合在一起，成立了坦帕媒介综合集团，成为美国法律依然禁止报业和电视台双向进入背景下的跨媒体经营特例。随着互联网的发展，大众传媒已经感觉到了互联网技术对于媒介的潜在价值，大量的传媒公司开始进入互联网行业。90年代，美国的媒介进入融合的高速发展时期。媒介之间的界限已经模糊不清。传统报纸开设网络版，电视台也开始把部分视频节目上网。1992年，美国《圣何塞信使新闻报》创办了全球第一份报纸网络版。1994年，《坦帕论坛报》成立网站。1995年，美国的全国广播公司与微软公司合作，开设互联网有线电视频道。随后，默多克旗下的新闻集团和李嘉诚旗下的TOM.com集团也纷纷开始与互联网互动。2000年，坦帕媒介综合集团成立享有盛名的坦帕新闻中心，时至今日，集团已经发展为拥有报刊、电视、网站等媒体的大型综合性集团。《纽约时报》集团的主席和发行人亚瑟·苏兹伯格(Arthur Sulzberger)指出：报纸(News-paper，新闻纸)的定义不应取决于第二个词“纸”，而应取决于第一个词“新闻”。对具体使用何种媒介传播，我们并不在乎。在网络上，在电视上，在广播上，我们也必须做到同样强大。

随着信息技术的发展、互联网的普及，传媒业不断地向新领域拓展业务，美国国内对于媒介融合的讨论和实践从多个层面展开，并衍生出“融合媒介”和“融合新闻”两个概念。美国新闻学会媒介研究中心主任Andrew Nachison将“融合媒介”定义为“印刷的、音频的、视频的、互动性数字媒体组织之间的战略的、操作的、文化的联盟”。2003年，美国西北大学教授李奇·高登(Rich Gordon)便根据不同传播语境下Convergence所表达的含义归纳了美国当时存在的五种“融合新闻”的类型：所有权融合、策略性融合、结构性融合、信息采集融合及新闻表达融合。之后，戴默(Lori Demo)等按照融合程度依次由弱到强、由简单到复杂，界定了“融合新闻”的几种模式：交互推广、克隆、合竞、内容分享、融合，并根据自己所掌握的美国及其他国家的媒介当时的实际情况对每种类型进行定义和阐释。

2007年，是美国传统报纸转型的一年，其方向可以总结为：从以编辑、记者为中心到以读者受众为中心；从精英办报到精英结合社会办报；从平面媒体主导到网络主导；从报网互动到网络驱动；从文本到多媒体；从报纸编采的封闭系统到开放系统。麻省理工学院教授亨利·詹金斯(Henry Jenkins)谈道:当前美国的媒介融合，第一是技术融合;第二是行业或产业融合;第三是社会的有机融合，也就是社会上对媒介融合的认知度和接受的程度;第四是文化融合，不同的媒体文化之间，如报业文化与广电文化、杂志文化、互联网文化，在操作的时候融合;第五是全球融合，不仅在美国跨地区、跨行业融合，还可能在全球范围实现跨国的融合。在这个释义中，“三网融合”应是其中的组成部分，是实现媒介融合、社会融合和文化融合的基础。美国的三网融合实践走在世界最前沿，取得的成效也极具影响力，居于世界产业改革的领军地位。1996年的《电信法》和美国联邦通信委员会(FCC)的成立被世界关注并津津乐道，成为三网融合中立法和监管实践的榜样，为各国争先学习模仿。目前，美国的三网融合已经呈现出良好的混业经营状态，在技术、网络、业务、媒体、终端、监管甚至文化方面形成融合态势。美国有线老大康卡斯特(Comcast)全面开展TriplePlay(三重播放:电视、电话和互联网)和QuadruplePlay(四重播放:电视、电话、互联网和移动通信)业务。当前，每月掏30美元，就可以享受三网合一的服务:265个数字频道的电视和每月上千部电影;比电话公司高速网络还要快5倍的宽带;还能免费拨打北美地区内的电话。在美国有许多公司提供类似的项目,竞争激烈。在这种产业环境里,美国媒介融合的呈现出新特点。

(1)对于内容生产的准确定位

“报纸即将消亡”、“电视没有未来”的论调首先发声于美国，迈耶甚至给报业绘制了走向消亡的日程图。2008年，随着美国大选中奥巴马的大获全胜，新媒体的地位凸显并得到迅猛发展。2008年12月8日，始创于1847年，拥有《洛杉矶时报》《芝加哥论坛报》《巴尔的摩太阳报》等10家日报和23家广播电视台的美国第二大报业集团论坛报公司宣告申请破产保护。随后，芝加哥报业集团太阳时报传媒集团、明尼阿波利斯明星报公司、新闻纪事报公司、费城报业公司等报业巨头相继申请破产保护。2009年3月17日，百年老报《西雅图邮报》停止纸质版，只发行网络版。4月，创刊100年的美国全国性日报之一《基督教科学箴言报》放弃印刷媒体，只提供网络新闻，成为全国首家以网络版代替纸质版的全国性日报。这些使得一切预言几乎要成为现实。对于2009年悲情满怀的美国报业来说，其面临的危机主要来自三方面:一是新技术的发展和应用，以及受众习惯的改变。互联网等新媒体的互动、即时、便携、个性化特性充分激发了受众的媒体使用潜能，越来越多的受众从传统媒体涌向新媒体。受众的阅读习惯发生了前所未有的变化。二是经济危机的冲击。因为美国报业多为上市公司，经济危机下，市场疲软必然影响广告份额，从而影响了对广告依赖性强的报业。三是新闻内容制作的同质化严重以及公信力的下降。电视面临的冲击虽然没有这么强烈，但是三大电视网的收视率持续下滑令经营者们不得不改变发展战略。

渠道的增多和完善，凸显内容生产的价值。美国报业的深度调整始于2007年，据美国皮尤中心发布的数据显示：2007年，美国的报业裁员2400人；2008年的春季和秋季，芝加哥论坛报先后裁员100人和80人；此年，全美国约有5000名新闻专业从业人员失业，约占从业人员的10%左右。从2001年到2009年的时间里，美国的专业新闻从业人员减少了1万人。缩减人员，提高新闻质量，提升新闻生产力，成为美国报业的趋势。在实际的新闻生产中，传统媒体坚定“内容为王”的运营导向，主要体现在两个方面：一是努力促成内容的品牌化、精品化。二是根据各类终端设备特征提供相匹配的内容，采编部门灵活、弹性地生产差异化内容。新闻生产以内容为核心，先做网络终端，在网络平台上将内容进行初步的收集、整理、加工和发布，然后向其他平台发布合适的各种形式的内容，报纸等传统媒体是其中平台之一。在这一理念指导下，报纸的运营目标将从新闻纸向综合信息服务平台转变。正如《纽约时报》公司董事长亚瑟·舒尔兹伯格所说，作为世界上最有影响的报纸之一，《纽约时报》将会发生系列重大变化，但我们对读者的承诺始终如一：尽可能为读者提供最好的消息。在网络时代，提起《纽约时报》，人们想到的不是报纸，而是新闻。

（2）传统媒体与自建网站生产上的水乳交融

随着新媒体主体地位的形成，新老媒体之间将在生产上高度融合。在美国报业中，网络已经获得和报纸一样的地位，甚至高过报纸。《纽约时报》的发行人小亚瑟·索兹伯格(Arthur Sulzber gerJr.)坚信印刷媒体与网络媒体融合将会推动未来传媒行业的发展，由此《纽约时报》提出四项战略任务，其中第一项将报纸和网络作为整体提出：在报纸和网络上提供新的产品和服务。

网站的原创性在传统媒体的支持下，得到了很好的改观，传统媒体与网站作为整体的品牌形象正在形成。由新闻集团和NBC环球公司合资组建的Hulu就是典型的代表。Hulu的视频主要来源于时代华纳旗下的华纳兄弟电视集团、狮门公司以及美国广播公司ABC的电视节目。其视频库中上千部影视剧凭借其品质优良的原创性，吸引了大量的受众，形成了良好的网络品牌。

坦帕式的新闻生产曾经是媒介融合的典范，其影响力遍及全球传媒业。目前“传说”已经走进现实，传统媒体与新媒体流程再造、采编合一的生产方式已经成为美国各大传媒的生产常态。比如《华盛顿邮报》建成“不间断新闻平台”，在这个圆桌会议平台上，报纸编辑和网络编辑一起工作。编辑们随时关注电视、网站及所有媒体报道的新闻事件，其报纸和网站互动性非常明显。现任佛罗里达州布赖特豪斯体育新闻电视网记者部主任的维多利亚·林被美国新闻业界和学术界誉为“媒介融合报道皇后”，她介绍说：布赖特豪斯体育新闻电视网新闻中心下设 4 个子媒体，分别是报纸、网站、电视与电台。以前这 4 个子媒体分布在不同地方，各做各事。整合以后，我们把 4 家媒体放到一栋大楼内，里头有一个“超级指挥台”，由 4 家媒体的负责人进行轮值。当收到新闻来源时，总指挥就会根据新闻内容作出判断，再把工作分配下去。她进一步解释说：例如，一个故事的画面性很强，我们就会让电视台去做这条新闻。或者，如果一条报纸上的新闻有其他衍生的内容，或有相关文件，我们就可以把这些内容放到网站上去。当然，在分配任务和素材的过程中，总指挥除了做出精确的判断，还必须在 4 家媒体间做出平衡。

（3）对网络媒体的充分利用

利用网络媒体实现大众传播和人际传播的联合作战。除了纸质版和网络版的不断融合，美国传统媒体充分利用新兴的网络媒体进行新闻生产，纸媒对博客、微博、SNS、RSS、WIKI 系统、网络社区等的开发成为近期的热点。我们已经很难找到一个还没有将博客纳入其内容创造和发布战略的传统媒体公司。《纽约时报》已有超过 50 个从时尚到科技的专门议题博客，《芝加哥论坛报》网站上的员工博客涵盖高中篮球与地区、州和国家的政治生活。2006 年 3 月威廉斯创建 Twitter 后，微博开始积聚人气，在很多新闻事件中大出风头。一些老牌美国报纸纷纷开通官方微博，作为内容推出和与用户沟通的平台。2009 年 5 月，《纽约时报》宣布其官方 Twitter 网站点已有 85 万关注者。同年的用户调查显示：Twitter 用户是老牌报纸最为看重的那群关注严肃新闻的中年人；受访的 Twitter 用户年龄多居于 35 岁至 40 岁；其中 8% 的人会经常登录《洛杉矶时报》网站，远高于登录《洛杉矶时报》的普通网民数量仅占所有美国网民总量的 2.7% 这一比率。博客及微博不仅仅是大众传播与人际传播强强联合的输出平台，更重要的是博客也成为记者的重要新闻线索来源。博客在密切关心主流媒体动态的同时，也在给后者提供基本信息。媒体多样性的存在可能会导致新闻报道不一致的情况，但同时也打破了垄断，更好地确保公众获得信息的真实性和丰富性。另外一些网络社区也成为美国传统媒体新的战场。美国许多的新闻机构和主流媒体都建立了 YouTube 频道，比如美联社、《纽约时报》、哥伦比亚广播公司和《华尔街日报》等。美国一项调查显示，同样拥有 5000 万观众（用户），广播用了 38 年时间，电视用了 13 年，互联网用了 4 年，而 Facebook 用了不到 9 个月的时间增加了 1 亿用户！

（4）终端引发的以用户为中心的产业链革命

“AT&T 已然被苹果绑架”的声音自 2007 年苹果公司推出 iPhone、iTouch 两款手持无线设备以来就不绝于耳。在双巨头的合作中，AT&T 仅仅被视为通道，通信运营商在电信价值链中的传统的核心地位被弱化，应用平台引领市场走向的核心地位得到确立，用户的地位在苹果的巨大获利下被凸显，苹果手持终端引发了一场以用户为中心的产业链革命。iPhone 使移动互联网终端与业务一体化，打造了特有的与运营商的分成模式，改变了终端制造企业传统的盈利模式。据调查，iPhone 用户对互联网的使用在美国移动互联网总流量中所占比重超过 60%。

当苹果刚刚发布 iPad 时，很多人断定这款没有键盘、USB 接口，编辑较长文档不方便的产品没有市场前途。但是产品最终的热销证明苹果更深刻地理解了移动互联网用户的需求，在开机速度、网页浏览软件、观看视频、拍照、听音乐、读书机游戏体验等桌面媒体容易忽视的问题方面处理较好。目前，谷歌也联手索尼、英特尔正在打造将电视变成互联网终端的操作系统，并设计在未来实现使之与手机同步。由此我们可以看到，在整个信息产业链中，无论信息如何流动，无论在产业链中的位置如何，只要始终坚持受众利益最大化的定位，以用户体验的改善为目标，任何环节都处于核心位置。谁控制关键环节就能控制整个产业的传统产业链竞争法则逐渐失效。产业链中核心的不确定性和流动性是新媒体参与媒介生产最大的特点。

2. 英国—— 受众导向下的媒介融合

在三网融合的议题中，英国的融合管制框架一直以来为外界所称道，尤其是 2003 年《通信法》为基础的政策体系的建立，以及独立统一的监管部门的成立，使得英国的通信业高速发展。目前，英国的通信网和有线数字电视网都具备了 TriplePlay 及 QuadPlay 的能力。运营商的“捆绑销售”概念已经逐步得到用户认可，并形成了强有力的市场影响力。英国广播公司(BBC)早已进军网络，凭借自身强大的内容优势吸引了大批网络用户。英国电信作为英国最大的网络运营商，在提供互联网、电话等通信服务的同时，创办网络电视频道。自 2000 年英国政府提出“数字英国”的概念后，Ofcom 始终将推进家庭数字化作为重点关注的内容。在其推动下，目前，英国的宽带家庭渗透率达到 60% 以上。根据 Ofcom 发布的 2010 年第二季度数字电视发展报告《Digital TV Progress Report》显示，目前英国 80% 的电视都已经完成数字电视整体转换。

英国的传媒业非常发达，在这样一个拥有 6000 万人口、地域面积相当于中国陕西省面积大小的国家，报纸、杂志、广播、电视等传统媒体渗透进人们日常生活的角角落落。20 世纪的英国传媒业开始出现垄断组织的兼并、集中，1981 年《泰晤士报》《星期日泰晤士报》《太阳报》《世界新闻》先后默多克的新闻集团收购。时至今日，英国报业形成默多克报团、镜报报团、邮报报团、快报报团和电讯报报团垄断格局。广播电视领域里的兼并收购此起彼伏，1990 年，新闻集团在英国开办卫星广播公司，后合并英国卫星广播公司成立英国空中广播公司(BSKYB)。1999年，英国的世界电新闻社(WTN)被美联社收购。随着新媒体的发展，传统媒体的受众流失和广告的份额减少。英国牛津大学牛津网络学院发布的《2010英国网络发展报告》显示，网络在人们的日常生活中扮演的角色越来越重要，约有65%以上的人在获取信息时都首选网络，网络已成为英国人获取信息的第一媒介。同时，用户制作内容持续增长，在英国几乎一半的人群拥有类似Facebook的社交网络。英国的年轻人正逐渐失去买报读报的习惯。新媒体的崛起使报纸发行量和电视的收视率持续下降，传统媒体纷纷向数字化转型，以适应时代的发展要求。英国传统媒体在三网融合的背景下，与新媒体合作逐渐形成良好的局面。继每日电讯报等几家报纸“触网”后，拥有240年历史的《泰晤士报》于1997年开始推出网络版，之后英国各大报纸纷纷推出报纸网络版，并经历了一个由报纸网络版到网络新闻生产日趋占主导地位的过程。目前，传统媒体的互联网业务非常成熟，网上广播、网络电视等新媒体已经成为传统媒体的基本服务。同时，在新闻生产实践中，报纸和网络的编辑以同样重要的身份出现在一个办公室里，共同策划新闻选题，报纸和网络的互动、融合实践在不断推向新阶段。广播电视机构中，无论是公营的BBC还是私有的IPTV、星空卫视(SKY)，都建立庞大的数字系统平台，有效整合资源，实现收益最大化。新闻中心式的新闻生产在传统媒体新闻生产中成为常态。以下主要以英国广播公司BBC为例，简要分析其生产现状。

（1）新闻中心式的新闻生产

BBC是英国一家历史悠久的广播电视传播巨头，是英国传统媒体的代表。BBC始终站在新媒体开发的最前沿，利用各种新媒体技术的同时发挥其强大的内容优势，实现传统媒体与新媒体的融合发展。BBC的新节目“Have Your Say”将广播、电视和网络有机结合，充分实现了多种媒体相互渗透融合。为了有效地整合资源，BBC较早成立了新闻中心。多媒体编辑部主任彼得·赫鲁克斯(Peter Horrocks)在博客中曾经写道：BBC广播新闻、网络新闻和电视新闻三大部门将不复存在，取而代之的是一个新的编辑系统。作为英国最大的公营广播电视机构，在伦敦拥有1000名从业人员的新闻中心，主要为BBC旗下的广播、电视、网络提供新闻节目，包括向公众免费开放的BBC-4频道，24小时新闻频道、国际频道。在BBC的新闻大厦里，在专供游人使用的参观通道，可以透过玻璃观看电视的采编制作流程，身临其境地感受新闻生产的合作氛围。新闻中心聚集中报纸、电视、网络各个媒体的编辑同处一室。新闻中心由四大部分组成，其中采访部主要负责新闻采集工作，有记者、策划、编辑等岗位设置，其中策划是新闻中心的灵魂岗位，由资深记者担任，负责新闻策划、选题、采集的方向、记者的调配及媒体之间的新闻协调。一个庞大的机构，不同媒体从业人员整合在一起，对相同的新闻素材进行统分结合的最优化配置，策划显得尤为重要，是整个新闻生产的头脑，指挥生产顺利进行。另外新闻栏目组主要负责不同时段媒体相应的栏目组，组内有主编、制片人等岗位。未来媒体和技术部是媒介融合形势下各个媒体增设或者重点投入的一个部门，技术部除了复杂日常的设备保养和维护，还要对新媒体技术进行研发，比如数字直播、宽带有线网络等，是传统媒体开展新媒体业务战略部署的重要一环。目前，BBC 的传播途径涉及有线、数字地面广播、卫星、IPTV 等多种形式。

新闻中心拥有新闻资源系统 ENPS，记者将采集的素材上传至系统，所有的编制人员都可以从系统中获取调用相关的新闻资源，甚至浏览各大世界通讯社传送的新闻资料并调用。各个媒体按照各自的传播特性和媒体属性逐级开发产品，在生产—编辑—播出大的生产流程上，完成不同层级的新闻生产。在一次采集、多次开发的框架下，新闻节目的终端越多，新闻生产的成本就越小，从而达到利润最大化。

（2）以受众为中心的传媒发展

透过世界各国传媒硝烟弥漫的竞争，我们可以发现，各大传媒争夺的无非就是受众，因此受众的地位在现代传播中被凸显出来，以受众为中心的新闻生产成为今天传媒生产的核心概念。BBC 的受众调研一直与硬件建设同步进行，密切关注受众需求变化，适时调配资源分配。早在 2005 年，BBC 动用了近千人花了将近一年的时间对传播环境、广电受众的需求和未来的前景开展大规模的调研工作。在此调研的基础上，BBC 于 2006 年 4 月 25 日正式提出名为“创意未来”的改革计划，做出转型的艰难抉择。要超越传统广播电视模式，改造成根据用户诉求提供视听节目和视听信息为主的新型传媒。为了实施计划，BBC 进行组织结构重组和转型。将与节目制作的相关部门合并为新闻、图像及语音和音乐三个部门，设立媒体和技术部，统一管理包括网路在内的新媒体平台。其中电视、广播、网络新闻运营整合成跨平台新闻中心，并研发互动型重放器 iPlayer。到目前为止，BBC 已经在近百个国家和地区进行了听众调研。为了获得准确的国外受众的人数、特色、分布，以及其他国际广播电台的影响，BBC 还与美国新闻署研究室，德国、法国、荷兰、加拿大、澳大利亚等广播电台的研究部门交换调研资料，共同进行调研项目。

基于用户测试与调查的传媒发展是英国传媒发展的优良传统。新媒体的发展都是在大量的用户测试和调查的基础上展开的。例如，为了对手机电视这种新媒体形态的技术特征、内容偏好、用户评价等有更加清楚的认识，早在 2005 年，相关部门就在英国伦敦周边举行了第一次大规模手机电视试验。9 家广播商的广播电视信号在牛津周围 120 平方千米的区域，对 500 个当地用户进行内置数字电视接收器的手机使用测试。以此测评用户对手机电视服务的需求以及内容偏好。随后的两年里，几次大型手机电视试验陆续在这里展开。通过这些大规模测试与调查，为手机新媒体的技术改进、业务开展、内容研发等提供了较为直观的数据支持。再比如，2009 年 4 月初，英国通信管制局 Ofcom 公布将《媒体使用能力调查——数字化生活方式》报告作为《媒体使用能力调查》结果的一部分进行发布，基于调查结果显示：英国有接近一半的家庭并没有作好数字化生活的准备。英国政府相继做了大量的数字化准备工作。以用户为中心意味着基于受众调查的数字化推进过程而不是以政府或者传媒意愿进行类似“整体转化”式的简单操作。与之相比，我国在大规模新媒体的测试以技术信号稳定性的试验为主，远未涉及以用户为中心的用户内容偏好、用户的使用习惯及媒介内容研发的深度和广度，随着技术的逐步成熟，相信基于以用户为中心的调研将成为传媒发展的重要内容。以受众为中心就要全面了解受众的信息需求，提供给不同受众差异化的产品，更重要的是与受众展开互动，充分尊重受众的需求变化和信息消费体验。这一点，对于中国的传媒发展具有重要的借鉴意义。与此同时，英国报业则以社区报的推进彰显以用户为中心的机制理念。在新媒体的无边界特点下，世界范围内的新闻传播已经达到很大的发展，但是，英国报纸协会研究却发现，对于地方自治制度历史悠久的英国受众来说，大家关心更多的还是自己身边的事情，新闻价值要素里的接近性原则使得英国的社区报得到明显的发展，《泰晤士报》《观察家报》等许多报纸都纷纷推出自己的社区报纸。社区报纸深入受众生活，使新闻回归真实，回归民间，报道民众生活中原生态的新闻故事，这在狂轰乱炸的重大新闻和突发新闻报道中显得更有亲民性。据英国报纸协会的调查表明 84% 的英国人会阅读社区报纸，并表示社区发生的新闻对自己的意义更大。社区报重视新闻报道的本土化，是报纸分众化在区域上的一种重要表现形式。有专家预言报纸的发展趋向时提到：报纸作为纸媒不会消失，可能会以小型的社区报的形式出现。

善于存储历史、文化积淀厚重的英国传媒业，是国际传媒业向前发展的急先锋，其中很多有益的尝试值得我国借鉴和学习。目前，源自英国的文化创意产业已经自上而下席卷中国各大城市，成为我国经济增长方式转型的重要课题。

3. 日本——国家战略下的媒介融合

日本是文化产业和信息通信产业大国，日本 3G 网络建设和用户比例在世界范围内处于领先地位，是亚洲信息通信产业发展的翘楚。在日本的官方文件以及学术研究中习惯以“通信放送的融合”这一短语来表述我们通常所说“三网融合”这一概念。日本的三网融合与中国发展状况类似，同分为两个发展阶段。日本的三网融合第一个阶段是电信行业和广电行业的融合。2001 年 1 月 13 日，日本 IT 战略总部召开第九次会议，首次提出对于因特网的内容，电信和广电行业可相互利用；第二个阶段是三网融合阶段。随着因特网宽带化和光纤通信的普及使类似电视的电信服务（如可视电话等）变为现实，电视借助因特网和光纤通信设备服务领域更加广泛。2011 年 7 月 24 日全面停止地面模拟电视的信号。

（1）国家战略层面的三网融合

日本始终将建立高度信息化社会作为国家重点发展战略之一。随着国家从战略层面不断推进二网融合，下一代网络——NGN 的建设初见成效。目前，NGN 已经兼具电信网、互联网、广电网三网之优势：网络稳定、信息可靠、传输速度快、供给品质高、信息传播安全性强、使用经济等。

2000 年，日本政府正式通过《IT 基本法》，该法充分体现了日本 IT 立国的基本思路和构建高度发达的信息化社会的决心。随后，日本政府组建“高度信息通信网络社会推进战略本部”负责国家 IT 战略的制定与实施，并重组中央政府的机构设置，成立总务省负责实施信息通信产业相关事务。

以 2006 年为分水岭，自 2001 年日本颁布“e-Japan 战略”至 2005 年底，日本国内的基础设施建设基本完成，日本全国宽带用户达到 2237 万户，数字电视信号被推广到全国范围。截至 2009 年 9 月各都道府县家庭数字电视机普及率都达到了 55% 以上，其中普及率最高地区为 78.4%，最低为 55.2%。2006 年 1 月，日本政府再次发布“u-Japan 推进计划 2006”，继续推进“网络无所不在社会”信息化战略部署，并提出具体的实现计划和项目。政府同时发布了“IT 新改革”战略，明确提出：促进传媒业和通信业结合、建设网络社会的目标将作为日本国家的信息化产业政策之一。为日本信息通信业跨行业合作和产业链构建提供了充足的政策保障。日本移动运营商 NttDoCoMo 和 KDDI 的手机电视业务始于 2003 年。在新媒体的冲击下，日本主流的媒体如 NHK 等相继开设了手机电视频道，通过本土研发的支持“oneSeg”功能的移动电话来向用户提供手机电视服务。与此同时，日本各大媒体以内容提供商的身份，积极地与通信运营商展开合作，共同推广手机电视业务。2005 年 12 月，日本最大的电信运营商 NTTDoCoMo 以 1.77 亿美元收购了富士电视台 2.6% 的股份，后与日本电视广播网签订合作协议，双方进行内容和渠道的全面合作。KDDI 也积极与美国高通公司、朝日电视台展开内容上的合作。由于日本采取的是全国统一制式、统一资源分配、统一开播，手机电视在短时期内得到了迅速发展，到 2007 年 3 月用户已经突破 700 万，2008 年 3 月用户数达到 2700 万，占日本手机用户总数的四分之一左右。目前，日本国内有实力的企业已经具备了同时提供互联网、移动、固话以及视频服务的能力。NTTDoCoMo、KDDI、NHK、TBS 电视台及朝日电视台等企业之间不断加强合作，于 2008 年组建了民间组织——“日本 IPTV 论坛”。该组织统一了日本 IPTV 业务标准并承诺用户不需要购置专用终端就可自愿接受 IPTV 服务并根据自己的意愿更换提供服务的公司，以此来促进工 PTV 的普及和相关法律的修订与完善。2008 年日本政府开始讨论制定融合法，试图统一《广播法》和《电气通信事业法》等 9 部相关的现行法律，借以打破分界而治的产业现状，为三网融合扫清障碍，创造一个自由参与竞争的环境。技术的发展一日千里，新媒体的应用不断丰富，作为日本传统媒体，主流媒体在媒介生产融合发展中新闻质量和媒体的专业精神并没有削弱，相反在突发事件报道中被放大出来。日本的《灾害对策基本法》、《气象业务法》和《放送法》规定：日本媒体既是可独立采访灾害情况的新闻报道机构，同时也是“灾难应急行政一体化”的防灾机构。以日本影响力最大的公共传媒 NHK 为例，NHK 始终以“我的方式传播”为第一价值，在多渠道传播中保持了独立性和公信力，即便在大灾难来临时也不曾改变，能够准确、迅速播放灾害警报、避难指示、灾害时的劝告等，表现出一流媒体的社会担当和新闻专业主义精神。

（2）传统媒体的坚守与突围

全球范围内的信息产业革命，对于有着良好读者群的日本报业来说，机遇与挑战并存。众所周知，日本的报纸在全球报纸的发行量中首屈一指。日本新闻协会曾经对一般民众的媒体意识进行了调查，结果显示：在报纸、电视、广播、杂志、网络这几大媒体中，报纸被认为是“最不可缺少的情报来源”。也就是说，报纸在日本媒体格局中发挥了重要的受众影响力。日本报纸主要分两大类，即一般性报纸和体育报。一般性报纸具体指全国性报纸、区域性报纸和省报，体育报则主要提供体育新闻和娱乐信息。全国性报纸《朝日新闻》《读卖新闻》《每日新闻》《日本经济新闻》和《产经新闻》也被称为五大报纸。在一般性报纸 7036 份的总发行量中，五大全国性报纸的发行占了报业市场的 60% 左右，其他 115 家报社约占 40% 的市场份额。其中，《读卖新闻》的发行量超过 1000 万份，位居世界首位。

随着新媒体的出现，传统媒体在日本的情况同样不容乐观。日本国内传统媒体的受众群正在发生迁移，年轻人远离报纸成为不争的事实。截至 2009 年底，日本国内运用个人电脑上网的人数为 8514 万人，占全部上网人数的 90.5%；运用移动终端（如移动电话、PHS、PDA 等）上网的人数为 8010 万人，所占比例为 85.1%，同时运用多种终端（包括个人电脑、移动电话、PHS、PDA 以及游戏机和电视）上网的人数为 627 万人，约占总数的 6.7%，而在仅仅使用其中一种终端上网者中，任何一种终端使用者的比例都不超过 20%。“oneSeg”功能的移动电话的普及率也达到了 48%。日本经济新闻社社长杉田亮毅表示：“尽管日本人一直保持着阅读报纸的习惯，但互联网带来的冲击还是很大的。日本报纸的广告收入去年同样出现了下滑，而互联网广告却在过去 10 年中增长了 230 倍。”拥有良好读报习惯受众群和本土特色发行体制的日本报业也难逃世界范围的变革之痛。受经济危机的影响，日本报纸广告收入大幅度缩水，世界第二大报《朝日新闻》出现创办130年来的首次财政赤字，部分主流报纸正在或即将面临破产局面。迫于生存压力，传统媒体不断裁员，2009年，日本通讯社、报纸从业人员首次低于17年来的5万人。同时，为了应对新媒体的冲击，传统媒体不断调整早晚刊配套发行的机制，在网络新媒体出现后，以晚刊停刊缩减成本的脚步不断逼近。全国性报纸《产经新闻》早在2002年停止了所有地区版的晚刊的发行，仅保存大阪总社发行的晚刊。为节省经费，部分报社在报纸运输和经营方面合作已经蔚然成风，并不断将合作延伸到生产领域。2008年10月，朝日新闻社和读卖新闻社之间达成了互给印刷协议，即朝日新闻社和读卖新闻社的指定印刷厂可以相互印刷报纸。同时，跨区域、跨媒体之间的合作越来越普遍，主流报纸与主流广播电视之间不断建立新闻联动的关系，媒体之间共享新闻资源。

传统媒体一边进行内部调整，一边融合新媒体业务在坚守与突围中不断探索新的发展路径，从1997年开始日本各大传统媒体就尝试着纸介媒体与互联网的结合，纷纷建立报纸网站，媒介融合成为传统媒体转型的必然阶段。从报纸简单的电子版，到网络新闻的成熟发展，报社的组织结构在不断地调整，由开始的传统媒体从业人员兼职采编网络新闻，到后来逐步设立专门的部门、调配主要力量从事新媒体内容生产。例如日本经济新闻专门设立电子媒体局负责新媒体业务，朝日新闻社有近百人从事着电子编辑工作。为了尽快地完成报业的数字化转型，日本主流报社《日本经济新闻》《朝日新闻》及《读卖新闻》组建“读卖网”。这种合作使媒介生产的内容更加充实，读者能同时阅读比较各报报道，并可以从这个共通网站移动到各报独立新闻站点，进而阅读更详细的报道，增强报纸的网络影响力和网络内容的关注度。受众不但可以通过一个界面查看三家报社的日常新闻等内容，还可以欣赏到三家报社如朝日新闻社的《天生人语》、读卖新闻社的《春秋》和日本经济新闻社的《编集手帐》等品牌栏目。随着新技术的发展和手机媒体的普及，2009年，日经一朝日一读卖网网站的新闻（摘要）、社论（摘要）和照片对苹果智能手机桌面开放，借助新媒体平台报纸的影响力得到进一步提升。

据日本新闻协会2004年统计，在其110家成员社中，共有包括《朝日新闻》《每日新闻》《读卖新闻》《日本经济新闻》《产经新闻》在内的42家媒体先后推出了手机报刊服务，总用户数达到3000多万人，占手机用户总数的一半之多。方便、时尚、便宜，使用这种通过手机发送信息的方式受到用户的欢迎，也为报刊的收费信息服务和媒介融合开辟了一条有效的发展途径。许多报纸如读卖新闻、朝日新闻等报社都积极筹建立体传播媒介群，利用立体媒介多渠道广泛、迅速地传播新闻信息成为日本传统媒体新闻传播新格局。

三、中国媒介融合发展现状

中国的媒体融合，与欧美国家的有相似之处，也经历了从单一媒介到跨媒介，再到跨地区集团发展的过程。但因为有着计划经济烙印和行政管制的因素，其间多了一个组织融合的过程。整个融合过程，起始于单个报业集团的组建。

20 世纪 90 年代，在经历了新闻体制改革和国际交流后，中国报界和理论界开始把目光聚焦到组建报业集团上。《人民日报》《光明日报》《解放日报》等多家报纸分别在各种场合，公开或半公开地表示希望将来能组建自己的报业集团。主管部门也希望通过组建报业集团，实现“控制总量，调整结构，提高质量，增进效益”[15]。

在“上下共谋”下，1996 年 1 月，中共中央宣传部同意，国家新闻出版总署批准，中国第一家报业集团——广州日报报业集团正式挂牌，这宣告了中国传媒业由单一的媒介发展向媒介集团化发展。两年以后，《南方日报》《羊城晚报》《光明日报》《经济日报》等国内有影响力的大报纷纷组建自己的报业集团。到了 2002 年，几乎大部分省市都成立各种形式的报业集团，像上海这样的直辖市拥有了 2 家以上的报业集团。截至 2004 年底，经国家新闻出版总署批准成立报业集团已达 40 家，由地方宣布成立的报业集团估计也有 20 多家。

当报业轰轰烈烈忙着合并、调整和成立报业集团时，中国的另一重要传媒产业——电视业也没闲着，各地电视机构纷纷以电视台为首联合电台、电影厂等，开始筹备成立广播电视集团，乃至广播电视影视集团，实现了广播、电视、影视等多媒介、多产业的融合。

1999 年，第一家广电集团——无锡广播电视集团成立，同年 11 月，国务院办公厅转发信息产业部和国家广电总局《关于加强广播电视有线网络建设管理的意见》，提出了“电视与广播、有线与无线合并”[16]。有了政策的扶持，各地加速了广电集团的组建，2000 年 11 月 27 日，我国首家省级广播影视集团——湖南广播影视集团挂牌成立，“电视湘军”的迅速崛起成为中国电视产业化进程中的一道亮丽风景线。山东、浙江、江苏、北京、上海等省市的广电集团随后成立。2001 年，经党中央、国务院批准，我国规模最大的新闻传媒集团——中国广播影视集团成立，旗下拥有广播、电视、电影、传输网络、互联网站、报刊出版、影视艺术等多方面业务，固定资产超过 200 亿人民币，年收入 110 亿元。该集团的成立也把单个广电集团组建推向高潮，到了 2004 年，国家广电总局原则上不再批准新的广电集团的成立。

在单一媒体融合成媒体集团过程中，伴着中国网络化进程加快和数字出版技术的提高，中国媒体产业还穿插着报网共建、电台与网站组合等形式。1995

年，教育部主管的《神州学人》杂志和《中国贸易报》纷纷创办网络版，开启了报网融合的先河，之后国内报纸相继开通了网络版。2000 年，《北京日报》、北京电视台等 9 家媒体共同成立新闻网站“千龙网”，以及上海多家媒体联合创办的新闻网站“东方网”，是传统媒体向网络媒体的进一步尝试，实现了报纸、广播、电视等传统媒体内容在网站平台上的共享。

与此同时，中国传媒资本化道路开始了尝试。2001 年 3 月，拥有以《中国计算机报》为首的 16 家 IT 专业报刊媒体的赛迪集团重组“ST 港澳”，更名为“赛迪传媒”上市交易，开始从传统平面媒介向网络媒介、电视媒介渗透。之后，华闻传媒、广电网络、出版传媒等纷纷上市，为传媒行业融资、并购、融合搭建了平台。

在中国媒体融合的过程中，出现了好几个典型案例，2003 年，上海文广新闻传媒集团(SMG)整合旗下原有的财经资源，成立“第一财经传播有限公司”，推出以“第一财经”为共同品牌的电视、电台、报纸、网站、杂志和财经指数，实现了跨媒介、跨行业的大融合。

其后，上海文广新闻传媒集团(SMG)，又再次把这种模式运用到上海星尚传媒有限公司的推广上，组建后的“星尚传媒”产业群包括传统媒体的星尚电视和杂志；新媒体的星尚网、电子商务、电子杂志、手机电视；媒体活动的星尚大典、展览、论坛、时尚文化节系列；品牌产品的星上榜、星尚报告、星尚音像、星尚书系；品牌授权的星尚专卖店、星尚影院以及星尚会员俱乐部等。

近年来，“媒体融合”的手段更加丰富多彩，出现了终端上的各种媒介的大融合，如手机电视、手机报、手机小说等，中国媒体融合正在翻开新的一页。

相信随着传播手段的不断改进和文化出版体制改革的深入，我国的媒体融合必将会取得更大的成绩。在未来，报纸、广播、电视、互联网、手机等概念可能都将淡化，取而代之的是互相之间功能的融合、无所不在的媒体[17]。

国内关于“媒介融合”的研究大多数都仍停留在对于西方的经验的讨论和引进，西方的理论和实践如何在我国传媒业应用，以及强调媒介融合的重要性等理论层面上。由于各国经济发展和文化背景的不同，我们应该做的是深刻思考：西方国家践行的媒介融合规律是否适应中国传媒市场？我国的国体和政体，文化背景、经济发展情况，文化产业发展现状，传媒的特殊属性，传媒市场的发育程度、行业体制、运行机制、管理政策等，造就了一个怎样的独一无二的中国式的传媒市场？全球化的媒介融合大潮会对我们已有的传播格局带来哪些冲击与挑战？怎样从中国实际出发，考量我国在媒介融合大背景下媒介系统内部各因子此消彼长的矛盾运动，从而建构中国媒介未来发展体系？

1. 我国媒介融合的基本特征

我国的媒介融合以集团化作为发端。1996 年，第一家传媒集团——广州日报组建报业集团成立。1999 年 6 月，无锡广播电视集团作为全国第一家地市级广播电视集团成立，2000 年 12 月，湖南广播电视集团作为全国第一家省级广播电视集团成立。2003 年开始，一批真正意义上的跨地区、跨媒体、跨行业的大型综合传媒集团纷纷成立，如一些大型报业集团如南方日报报业集团、湖北日报报业集团和辽宁日报报业集团等向跨媒体“传媒集团”的改变；地市级传媒集团的组建，如烟台日报传媒集团、红河新闻传媒集团及佛山新闻传媒集团等；再如广电跨媒体运作的典范——原上海文广新闻传媒集团的建立，及成都传媒集团、牡丹江新闻传媒集团等大型综合传媒集团的先后成立等。截止到 2006 年，国家不再批办行政性传媒集团，我国的传媒集团共有 85 家（不包括港、澳、台地区），其基本格局为：报业集团 39 家，出版集团 14 家，发行集团 8 家，广电集团 18 家，电影集团 6 家[19]。大型传媒集团的成立为我国媒介融合打下良好的基础。在此背景下，传统媒体创办网站、涉足手机媒体业务，从而将广播、报纸、电视、网络、手机等整合在一起，组成规模庞大、功能强大的大型传媒集团成为大势所趋。跨媒介集团的产生方式主要有两种：内生型与组合型。内生型即从单一媒体脱胎而来，以主媒体为主，自身规模和实力不断壮大后，创办子报刊或者专业频道，随着传播科技的发展，各媒介又创办自己的新闻网站。我国目前的跨媒介经营主要是这一种。组合型即曾经完全独立运作、企业文化和管理理念差异都很大的报纸、广播、电视台、网站通过水平整合的方式融合到一起。美国的媒介综合集团就属于这种类型。集团的要义是资源整合，重塑流程，集体作战。随着技术的发展，融合实践在我国成为传媒改革的整体趋势。2010 年，由中国媒体融合与发展高峰论坛组委会组织评选了“中国媒介融合先锋榜”。新华社、中央电视台、凤凰卫视、人民日报社、南方报业传媒集团、湖南广电集团、新浪网、上海文广新闻传媒集团、第一财经、解放日报报业集团 10 家媒体榜上有名。另外烟台日报报业集团和成都传媒集团等 5 家媒体获提名。媒介融合成了业界的新世纪以来最响亮的关键词。

纵观中国媒介融合现状，主要特点为：空间区域上的多样性和差异化融合；时间上的渐进式动态发展、螺旋上升式的融合；形态上的有限融合。

（1）空间上媒介融合的特点——区域上的多样化和差异化

我国是一个国土、人口大国，拥有 960 万平方千米的陆地，占世界的 7.15%，人口超过 13 亿，占世界的 20%。随着改革开放的不断深入，我国在世界经济体系中所处的位置不断提高，日益迈入大国之列。截止到 2008 年，我国的 GDP 总量排名世界第 2 位，仅次于美国。但由于我国地域辽阔，自然地理环境各异，地区间经济发展模式和速度不尽相同，不同地区在自然资源、区域特征、经济基础、技术实力、市场与信息状况等方面存在着较大的差异。区域发展的不均衡带来媒体发展的巨大差异。

① 不同地域板块中媒体生产的多样化发展。

根据蒂契纳等人的知沟理论，由于经济条件不同，传播技能、信息储备、相关的社会交往、对信息的选择性接触、接受和记忆差异，个体间会出现知识沟壑。在数字化背景下，这种知识沟壑演化成数字鸿沟。第一道数字鸿沟指接入沟：是指电脑和因特网接入上存在的差距。研究者把接入的概念分为四种：第一种，由于缺少兴趣、电脑焦虑和新技术缺乏吸引力而导致的基本的数字经验的缺乏，称为“精神接入”；第二种，电脑和网络连接的缺乏，称为“物质接入”；第三种，由于技术界面不够友好、教育和社会支持不足而导致数字技能的缺乏，称为“技能接入”；第四种，使用机会的缺乏以及这些机会的不平等分布，称为“使用接入”。从中国互联网络发展状况统计报告中的统计数据我们可以看到接入上的差距。中国互联网络信息中心(CNMC)发布的《第 27 次中国互联网络发展状况统计报告》显示，2010 年，从互联网普及率上看，各地区的互联网发展差异依旧明显。第一梯队：互联网发展水平较好，普及率高于全国平均水平，主要集中在东部沿海地区和部分内陆省份，包括北京、上海、广东等十四个省或直辖市。其中，北京互联网普及率高达 69.4%，上海和广东分别为 64.5% 和 55.3%。第二梯队：互联网普及率低于全国平均水平，但是高于全球平均水平，包括青海、湖北、吉林等六个省和直辖市。第三梯队：互联网发展水平较为滞后，网络普及率低于全球平均水平，集中在西南部各省和中部地区，包括宁夏、西藏、湖南等十一个省、自治区。互联网用户的分布具有两个特征，一是人口较多的省份互联网用户数量较多，二是经济发达地区互联网用户数量较多。互联网应用正在全国范围内加速普及，但是西北、西南等经济不发达地区接入互联网、应用互联网的用户数量和比例依然不足。经济发展的不均衡，带来媒体的接触与需求情况不同。经济发达地区的媒介融合呼声更大、步伐更大。而且根据不同区域的经济特点和人们的媒体需求，媒体融合的程度和侧重点不同。比如发达地区的地区生产总值大部分是靠服务业，而服务业的从业人员使用电脑的机会多，生活水平较高，所以互联网等新媒体的普及率高，他们可以上新闻网站、进网络社区、写博客。欠发达地区，虽然电视和互联网普及率低，但是手机的增长率比发达地区的高。现在农民人人有手机，可以通过手机获得天气情况、体育信息、娱乐信息等。

根据我国国务院发展研究中心在 2005 年提出的“四大板块、八大经济区”方案：将全国划分为东部、中部、西部、东北四大板块。其中东部板块是我国经济最发达的地区。该地区以占全国 36% 的人口，创造了全国 56% 的生产总值，居四大板块之首。中部的经济实力明显弱于东部，西部的经济实力又弱于中部。东北以占全国 8.4% 的人口，创造了全国 8.7% 的地区生产总值。以我国广播电视网站的受众数量分布为例，东部经济发达地区的广播电视网站建设较为广泛，部分广播电视网站甚至根据不同的业务需求创办了多个网站，再加上经济发达地区的广播电视媒体拥有更好的内容和人力资源，网站建设水平明显领先于西部地区。因此，经济发达地区广播电视网站的受众规模明显高于西部经济欠发达地区。区域在经济上的差异导致了媒体的接触机会差异，及由此引发的对于媒体的需求差异。经济发达的东部板块媒体最活跃，在新闻集团中，以央视为首的强势媒体林立，比如上海广播电视台及旗下的SMG，先后成立了“百视通”、“文广互动”等新媒体公司，在全国率先建立了立体多元的媒体产业格局；紧随其后，中央电视台对原有网络资源进行整合，成立了“中国国家网络电视台”，统一管理和运营央视的网络、手机电视等新媒体资源；而凤凰卫视也对凤凰网进行改组，成立了“凤凰新媒体”，其后又与中国移动进行合作，通过互联网和移动通信网向大陆用户拓展其节目内容和服务，全方位整合多种媒体形式、内容资源、传播渠道，实现了多媒体、跨平台、全方位的传播。同时，凤凰新媒体还与新浪视频、PPLive、悠视等 PZP 视频网站进行联播等。纸媒中如广州日报报业集团通过搭建数字技术平台进行媒体融合生产；上海《解放日报》报业集团 2006 年引入无线移动通信技术、互联网多媒体技术、电子纸显示技术以及 LED 与宽带传输技术，先后推出以四个以“i”为关键字的系列新媒体：i-news、i-mook、i-paper、i-street。其“用轻资产撬动重资产，用虚拟组织拓展新媒体项目，用新技术增值传统报业，用新媒体延伸报业产业链”等全新思维和做法，在全国报业同行中引起反响。

东部媒体背靠自己的品牌优势，不断在新媒体领域扩展业务，各大媒体都在媒介融合的大潮中重新定位，寻找新的突破点。江苏卫视、湖南卫视、浙江卫视、山东卫视、凤凰卫视，上海文新集团、南方报业集团等均开辟了一条具有地域特色的媒体发展之路。央视的国学气派、大局视角；上海的海派文化、东方视野；凤凰的全球姿态；江苏卫视坚持以“爱”为主题，以“情感”为内核；湖南卫视无坚可摧的“快乐”文化；安徽卫视持续打造文化品牌，无不显示出媒体与社会的息息相关。地方媒体的优势资源是其独特的地域文化，地域文化不同使得媒体在融合的过程中显现出不同的品质和风格。中国幅员辽阔，情况复杂，包括媒体在内的所有变革没有完全可以套用的模式，在遵循规律的基础上各自发展，发展好了，都是好模式。就像五十六个民族，五十六朵花，姹紫嫣红。

② 不同行政级别媒体的差异化发展。

我国的媒介宏观管理体制长期实行按照行政级别、行政区划进行纵向归口管理的分级垂直管理模式。在这种管理机制的作用下，形成了中央、省、市、县“四级办台”（广播、电视台）和“四级办报”（现已取消大部分县级党报，改革为三级办报）的媒介市场格局。

不同的行政级别的媒体在融合形态上存在着较大的差异。中央级的媒体呈现出两重身份，一方面，它是市场的竞争者；另一方面，它对媒体政策的制定具有一定的影响力。省级、地市级传媒在逐步成为市场竞争主体的同时，还要依法执行既定的媒体政策。央视作为中央媒体，在行政推力下，占有各种媒介发展的先机，资源优势明显。2006 年 4 月，经广电总局批准，CCTV 获得开展以 PC、手机、IP 电视为接收终端的自办点播、自办频道、集成运营等九项业务的经营许可权，随后全权独家授予新成立的全资子公司——央视国际网络有限公司。整合后的央视国际是全国唯一具有全业务资质的新媒体机构，它以图文为基础、以视频为核心、以互动为特色，采取公司化的架构、企业化的运营方式，成为多终端、立体化的传播新平台。央视网 2000 年 10 月被列入中央重点新闻网站，成为新闻媒体电视台的国家队和主力军，2009 年 12 月 28 号整体升级为中国网络电视台。凭借母体的影响力，央视网将许多重大历史事件的新媒体转播权稳收囊中。北京奥运会期间，它获得中国（不包含港、台地区）的独家新媒体视频转播权；南非世界杯期间，作为新媒体独享赛事直播权等。中央电视台原副总编辑、央视网总顾问赵立凡强调：国家网络电视台的目的就是要抢占多个制高点。第一，抢占视频资源的制高点；第二，抢占各类新媒体制高点；第三，抢占手机电视的制高点；第四，抢占“三网合一”的制高点。由于具备得天独厚的先天优势，央视如果能通过改制建立起更合理的股权和治理结构，以及激励机制，极可能在国内的视频领域中后发先制。2006 年，CCTV 利用多哈亚运会契机，联手两大移动运营商开通了手机电视业务。每天提供八套直播节目，为观众提供在线直播、点播及个性化定制等业务。2007 年 12 月，央视国际控股的央视国际移动传媒有限公司成立，以“CCTV 移动传媒”作为播出名称进军车载电视业务领域。但是另一方面，作为媒体的最高级，面对旧体制，中央级的媒体改革从来都是小心翼翼，在循序渐进中寻找突破，无论是转企改制，还是制播分离，央视一直是稳扎稳打的低调进行式。笔者在新闻中心的调研中处处感受到了央视“新闻立台”背后决策者的改革决心和智慧策略。人民日报社原总编辑吴恒权胸有成竹地在“传统媒体与新媒体互动与发展研讨会”上发表感言：“我认为，作为悠久历史的传统媒体的报纸有着自身的存在逻辑和演变路径，有着很强的适应和应变能力。至少在中国这样一个欣欣向荣的发展中国家，报纸的市场空间并未饱和，还有相当的发展潜力。”他的这番话当然是建立在人民日报社不断改革创新，在以建设为国际一流媒体的媒介融合的道路上取得一定成绩的基础上。

省级媒体改革的压力相对较小，改革做得好就一片赞扬，做不好属于是有益的尝试，可以总结经验教训以作警示，因此总体态势是阔步前进、锐意进取。目前省级媒体的改革路径根据自身媒体的实际情况千姿百态。诸如上海广播电视台的锐意进取，在全媒体集群路径上的“在播、在线、在场”战略，南方都市报全媒体集群的“平台”战术，解放日报、广州日报报业集团的全媒体生产流程再造。诸如西部媒体宁夏和青海卫视与上海和湖南卫视的大胆跨界联姻，一种跨区域双赢的合作模式正在开展。省级以上的媒体集团开展全媒体业务更多的是受到准入的限制，比如报社向广播业务、影视制作业务进行渗透，电视台开展平面业务等。准入因素是把双刃剑，一方面维护了舆论生态的平衡，限制垄断，另一方面不利于传媒的全面快速发展。

在巨大的经济利益的吸引下，我国地市级媒体对于全媒体试验的热情无比高涨。又因为其规模小，转身快，地市级的全媒体实践在业界广为人知。比如烟台日报传媒集团、宁波日报报业集团、杭州日报报业集团、佛山传媒集团、牡丹江新闻传媒集团、红河新闻传媒集团等，都在探寻一条适合自身发展的全媒体之路，地市级媒体中报纸受到网络和电视的双重竞争压力，改革的步伐显得更为急迫。各地市报业集团的全媒体探索一时间风生水起，形成一道亮丽的风景线。笔者去烟台日报传媒集团调研时，亲身感受到烟媒有大量的兄弟媒体从业人员前往，全媒体探索的成功经验正在被争先恐后地学习。另一方面，大多地方媒体的发展得到当地政府的大力支持。烟台日报传媒集团将各媒体现有成熟模式打破重建，有很大风险，因此诸多大报虽然汲取经验但是暂不敢“妄动”。解放日报报业集团的某位编辑曾经告诉笔者：现有体制下，虽然集团化了，但子媒体间的人员流动、干部变动、工薪调整乃至设岗减员等都涉及复杂人事问题，在真正的实践中融合的问题的确令人举棋难定。

在不同的发展时期，随着政策的开放性越来越强，媒体之间的跨区域、跨媒体合作形式在不停地变化，以找到更加适合发展的路径。比如湖南广电集团、凤凰卫视等一批品牌传媒集团事业的突飞猛进，使得传媒集团生产实践纷繁复杂，媒介生产融合呈现出多样性的特点。

（2）时间上媒介融合的特点——渐进式动态的发展过程

媒介融合中的“融”，与冰河融化的“融”同义，是一个生动的动态的过程，不应是简单的、粗劣的合，应该是动态的、逐渐地合在一起。不同点在于：冰河融化的关键因素在于温度的上升，媒介融合的要旨则应该是市场的需求。冰河融化由固态变为液态的过程属于物理变化，而媒介融合属于“化学变化”，牵扯到生产流程再造、体制改造、机制创新、组织结构转型及从业人员观念转变等内部结构的深层次调整。因为“伤筋动骨”式的变革，所以在媒介融合不断走向深入的过程中，必定遇到不同程度的困难和问题，有时甚至会出现历史的倒退，但整体上看是上升的。另一方面，文化产业、传媒业与资本市场的对接和融合，需要一个渐进的过程。所谓渐进，就是考虑我们社会制度特有的媒体意识形态属性、社会稳定和舆论导向功能与市场取向之间的平衡与结合，是用时间的磨合来换取发展的空间。这种改革既是渐进式的，也是"事后承认式"的。所谓的"事后承认"的特点就在于"不争论，允许试"。上海广播电视台创新的前提就是他们没有亦步亦趋地把自己束缚在一个明确的框架范围内，而是在充分利用已有体制的空间。在现实中，不同媒体的融合水平和需求都是不同的，但是事物总是从无序走向有序，逐步走向均衡。我国的媒介生产融合总体上正在经历着物理层面的整合、融合、深度融合；报业的融合之路，经历了报纸网络版、报网互动、报网融、报网融合品牌树立几个时期；视网融合随着网络电视台的发展逐步成熟起来，传统媒体与网络、手机的生产融合以千姿百态的形态出现在媒介融合大的场域里。和整个社会变革的逻辑一样，"渐进式"的传媒变革符合中国现实。如果承认目前媒介融合在生产领域里渐进改变的话，考验中国传媒界决策者的命题是：渐进的速度不能落后于时代，否则会被受众所抛弃，被市场摒弃，进而被历史遗忘。

（3）形态上媒介融合的特点——有限融合

媒介融合是一场革命，在中国现有的政治经济场域里进行媒介变革，意味着媒体体制机制的重建、媒体从业人员的重塑，意味着建立成熟的市场规则，甚至意味着对媒介属性的再确认。因此，媒介融合在技术上可以无限融合，但是在内容生产、体制机制、营销上是有限融合。

目前，我国的传统媒体在履行舆论宣传工具的功能无可非议，但是，如何面对境外媒体的竞争在市场中做强做大，尚没有与此相适应的应对措施。由于我国的传统媒介是按照行政体系设置的，不同的主管部门分兵把口，壁垒森严，做报纸的不许碰电视，做电视的不许碰出版。竖井式管理模式的缺陷和跨媒体经营的冲突在融合中不断升级。另外，目前我国的媒介市场基本都是一省一报业集团加一广电集团的模式，当地媒介集团几乎垄断地方市场，同一地区的报业与广电集团之间很少往来，媒介在行政管理体系下很难通过市场力量进行融合。另外，新媒体领域的多方监管给媒介生产融合带来诸多不便。由于网络电视兼容了电信网络渠道和电视的节目内容，其发展受到工业和信息化部、国家广播电影电视总局和文化部三部委的共同监管。在手机媒体的问题上，也存在着类似的问题。

我国深化文化体制改革自2003年中央召开了全国文化体制改革试点工作会议正式拉开序幕。2008年，李长春同志在《求是》杂志撰文指出：要加快推进国有经营性文化单位的转企改制，按照建立现代企业制度的要求，完善法人治理结构，使之成为合格的市场主体；完善市场体系，打破按部门、按行政区划和行政级次分配文化资源和产品的传统体制；推进政企分开、政资分开、政事分开、政府与市场中介组织分开。目前我国虽然在大力推进文化体制改革，但是在一些尚未转企改制的传统媒介领域，实现融合难度相对较大。媒介融合是指基于数字化技术的不同媒介之间的资源共享，各种媒介呈现出多功能一体化的发展趋势。媒介融合从本质上讲，首先是传播技术的融合，即两种或多种技术融合后形成某种新的传播技术。而真正意义上的媒介融合，必然将消除新闻出版业、广播电视业、娱乐业、信息产业的传统行业壁垒，使众多关联产业共同整合在内容产业的旗帜之下。行业壁垒的消除，意味着组织结构的转型和重构。建立在产业优化理论上媒介生产融合，要实现最少的劳动成本下，一次采集、多次加工，供给多条渠道，以有效提高媒介资源利用率，实现范围经济，增加收益率。在旧体制面前，中国转企改制的步履异常艰难，每个系统都有众多工作人员和成形的机构设置，改革必然带来这些机构和人员定位和职能的调整，影响他们的切身利益和价值。中国文化从来就是“不患贫而患不均，不患寡而患不安”，只要人人有饭，“人心齐，泰山移”是中国式不变的真理。因此，无论是长期融合还是短期融合，中国特色的媒介融合必定是有限融合。

美国密苏里新闻学院副院长莱恩·布鲁克斯教授曾经说：媒介融合是一个新闻学上的假设，其核心思想就是随着媒体技术的发展和一些藩篱的打破，电视、网络、移动技术的不断进步，各类新闻媒体将融合在一起。既然是假设应该是无限的，但是落实到非真空的传媒实践中，媒介生产融合应该是有限融合。媒介运作规律可以借鉴，模式不可以套用，媒介生产融合应该从国情出发，建立和发展具有中国特色的融合之路。国外有媒介融合，中国有“整体转换”，国外是发展丰富的内容吸引大量的用户，中国是设法争取大量的用户再生产丰富的内容，比如我国数字电视的普及，先不说效果如何，这种“整体平移”就像中国式的春运执行力一样势不可挡。既然是整体平移的方式，注定了现阶段媒体改革的有限性，在有限的范围里进行整体操作。另一方面，各种媒体毕竟是异质的，媒体之间的差异是永恒的，分中有合，合中有分，融合是一个相对概念，媒介融合是有限融合。

2. 我国媒介融合的现状分析

国内媒介经营专家王菲在《媒介大融合》一书中，从产业链角度形象地绘制了我国媒介融合的产业形态，主要表现为横向融合、纵向融合、交叉融合和系统融合。

随着三网融合的不断深入，产业链上任何一个环节都可能进行内容生产，因此，就我国现阶段的媒介融合来讲，也是以横向融合、纵向融合和交叉融合的形式出现。

（1）传统媒体与新媒体的融合现状

在传统媒体与手机媒体的融合过程中，因为电信作为一个强大的市场主体参与到竞争中来，使得问题更加复杂。在我国三网融合的政策下，电信涉足内容生产，成为传统媒体的直接竞争者。在西方国家的广播电视和电信的行政管理制度和相关法律文件中，已经允许广电与电信的对称开放和混业经营，这也是我国信息产业发展的大方向。但在我国目前的手机报和手机电视业务中，电信部门利用渠道优势把传媒的内容原创优势创收的大部分利益据为己有。传媒在与手机媒体的融合中，发挥想象的空间目前有所局限。

① 报网生产融合现状。

菲利普·迈耶在《正在消失的报纸——如何拯救信息时代的新闻业》中说："自从电子时代在 20 世纪 20 年代开始初露端倪以来，报纸就一直通过适应一长串的新技术来将其衰退减少到最低限度，这些技术破坏了它们当时的经营模式：无线电广播、电视、用于直接邮寄广告的高质量印刷术和高度专业化的印刷媒体。"可见，报纸是受新技术影响较深的传统媒体，技术发展不止，报纸的变革不息。自进入新世纪以来，随着新技术的发展速度呈指数型增长，报纸面临的危机排山倒海般呼啸而来，陷入了一场深刻的经营危机。全世界的报业人都在思索：我们为之奋斗的报业这是怎么了？中国报业经历 20 年的高歌猛进，2005 年进入"拐点"，2009 年，在经济危机的影响下，报业危机论、报业"寒冬"论此起彼伏，纸媒似乎日渐唱衰。报纸的发行量虽然 20 年来保持了持续增长，但据调查发现，近几年增长较大的主要是省、市级的地方报纸，而在网络发达的大型中心城市，报纸发行量几年来不但增长无几，更是明显出现下滑趋势。以网络为代表的新媒体新世纪以来迅猛发展，中国的媒体环境和格局发生着重大变化，报纸的年轻读者不断地流失，报纸的发行市场不停地萎缩，传统报纸的主流地位从根本上被动摇，一场"殊死搏斗"悄然上演，报界为生存而进行的改造和转型势在必行。也许是网络媒体真正刺痛了报纸的神经，以内容维权为核心的报业联盟式的自我保护显示了报界的焦虑不安和不知所措。2010 年，冷静下来后的报界回归了理性的思考，接着，我们看到是报业与网络更多不同形式的联合。迈克尔·波特指出：与其说把替代物看作是一种威胁，不如将其视为一种机会。他进一步指出："进入替代产业也许可以使某公司从替代产品与产品的相互关系（如共同的渠道和买者）中获得竞争的优势。"更重要的是，报业在与新媒体的融合中看到的不仅仅是自身传播渠道的增多、影响力的扩大、受众的回归，更重要的是报业终于可以通过涉足一直以来专属电视的视频领域。

报纸和网络在生产上的融合深度取决于网络新媒体的成熟速度。网络媒体主体地位的形成过程伴随着媒介融合一步步走向深入。互联网，在向传统媒体发力的过程中，经历了三个阶段。第一个阶段是互联网刚刚诞生时，互联网处在“话题年代”，传统媒体对它仅是有所关注。第二个阶段是互联网迅速发展时，互联网处在“课题年代”，传统媒体对它开始研究。第三个阶段是互联网成熟时，互联网反客为主，进入“命题年代”，传统媒体不得不按照互联网的命题来设置自己的命运。自报网联盟成立至今，大致经过了报纸网络版、报网互动、报网融合、报网融合品牌化四个阶段。

第一阶段报纸网络版：网络刚刚出现时，网络内容相对单一，基本上是报纸的网络版，原封不动地转载当日报纸的内容，新闻更新率低，报纸和网络保持独立。1997 年正式接入互联网的人民网，当时叫作人民日报网络版，每天用中文发布《人民日报》电子版，媒体形式仅限于文字和图片。人民网就像人民日报的影子，报纸上有什么，网上就有什么，网络的普及率低，大部分的上网行为并不是为了获取信息。这是报网生产融合的最低级阶段。

第二阶段报网互动：报网互动更多的是体现在新闻生产领域，报纸和网络两个独立的新闻生产部门之间进行新闻生产联动合作。最初的报网互动仅限于形式上的互动，比如相互做广告，报纸编辑在网络做客串访谈等。成熟的报网互动是内容上的深层互动，当遇到重大新闻事件时，报纸和网站共同策划，根据不同媒体特点进行内容编排，充分发挥多媒体报道的优势，放大新闻价值，形成舆论合力。尽管如此，互动还不是融合：它仅仅是表面意义的融合，不是深层次的；是局部的融合，不是全部的；是阶段性的融合，不是常态的。报网互动是报网融合的初级阶段，主要是报纸借力网络，扩大自身的影响力。早在 2001 年，杭州日报报业集团就开始报网互动的尝试，2006 年，报网互动一时间风靡我国传媒业，《杭州日报》与杭州网推出“报网 E 动”专栏，使报网互动有了一个常规化的操作平台。自 2008 年开始，全国报纸多数开展报网互动，在广州的报纸中，《南方都市报》的《网眼版》、《南方日报》的“网视焦点”栏目、《新快报》的《热辣网事》等，《成都商报》的《成都全搜索版》和《城市 e 闻版》。尤其是报网互动报道重大新闻成为普遍情况，例如两会报道《人民日报》和人民网推出“网友说会”栏目，《浙江日报》开设“两会视点”访谈栏目和“两会新闻眼”栏目等。1998 年，人民日报网络版有了时事报道，2000 年，人民日报网络版更名为人民网，成为独立的网站，2003 年后，人民网与人民日报的互动趋势日渐明显，报纸的内容可以以单篇或者整合等方式为网络所用，网络充分发挥渠道优势，放大报纸内容，为报纸从业人员建网络专栏、博客：为报纸提供与受众互动等。随着网络采编能力的增强，报纸不断地从网络挖掘新闻源。国内的报网互动已经形成新闻热线—新闻事件—报纸新闻—新闻跟帖—新闻论坛—报纸获取新闻资源等一整套完整的体系，并取得了较好的联动传播效果。

随着报网互动的广泛开展，各大报社对深层次的融合提出要求。2006 年解放日报报业集团成立了为解放网提供即时新闻的即时播报记者小组，从集团所属各个子报选出多名记者，要求他们既要完成报纸的写稿任务，又要为解放网即时发送新闻信息。2007 年 6 月，《广州日报》成立滚动新闻部，负责报纸、手机和网站三个部门的联动发稿。当发生重要新闻事件时，滚动新闻部派记者去第一线采访，实现新闻的滚动播报。新闻稿同时面向大洋网和《广州日报》。杭州日报报业集团原滚动新闻中心主任瞿刚介绍说：多次的滚动新闻尝试积累了经验，然而，报还是报，网还是网，新老媒体作为两个机构的客观现实使这种"滚动"仅仅成为"互动"的升级版，并没有实质性的改变。从《广州日报》滚动新闻部的实践来看，滚动新闻的确在一定程度上提升了《广州日报》的市场竞争力，但因为滚动新闻部是一个存在于报纸和网络之间的中间机构，仅是报纸和网络的部分融合，只对新闻生产起到一定的促进作用，未触及报网融合的实质和根本，因此还处于报网互动阶段。广州日报报业集团滚动新闻部主任吴国华指出："如果每位广州日报的记者都有全媒体意识，一边采访一边播报，并且意识到网络和手机只是与纸张不同的载体而已，广州日报和新媒体不再分离，真正融为一体了，那时滚动新闻部就可以取消了。"他认为滚动新闻部的最终目标是消灭自己。杭州日报报业集团总编辑赵晴说："互动不完全等于融合，报纸和网络必须合一，传统媒体才能真正拥有互联网实时、滚动、多媒体的优势，实现新老媒体的优势互补。"

第三阶段报网融合：传统报纸和互联网真正在生产实现融合，不仅仅涉及新闻采编的融合，更涉及技术融合、内容融合、体制机制融合、文化融合、利益融合和营销融合等诸多方面。目前的报业从事新媒体业务，真正做到技术和内容融合的范例比较多，但是在体制机制、文化、利益及营销等各方面真正融合的例子却乏善可陈。目前的传媒改革，体制的神经虽然不可轻动，但是可以尝试先在机制和政策上确保报网融合的切实可行。南方报业传媒集团、广州日报报业集团、宁波日报报业集团、烟台日报传媒集团等一批报业集团在报网融合中起到了示范作用。

通过定量调查显示：关于传媒媒体与新媒体在生产上的合作，媒体从业人员已经不再认可仅仅是在内容上互动，以往在报纸上刊登建议受众到指定链接去阅读网络上的相关内容，或对内容进行相互转载被认为是较浅层次的合作。34% 的被调查者认为新旧媒体间应该结成联盟，整合内容生产、渠道和终端资源，在竞合的过程中相互促进。更有 42% 的人深刻地认识到，未来的媒体发展应该进行全方位融合，生产流程再造，实现全媒体战略，例如成立一个总的新闻中心，一次采集，多次加工，通过不同媒体进行全方位报道（更深更多调查数据将在第五章中进行分析）。

当然，这种深度融合应该建立在新媒体生产能力的逐步壮大上，笔者深刻地感受到，一种新介质出现必将引起人们的关注，但是否能成为媒体，取决于它是否有生产内容的能力，即传媒生产力。当前，我国的新媒体在不断走向成熟，其生产能力在不断提高，诸多由传统媒体创办的互联网站在发展壮大。以人民网为例，自1999年以来，人民网就推出多媒体，独立参与了澳门回归、历年“两会”、国庆阅兵、奥运会等重大活动的报道。2007年后，人民网先后推出人民宽频频道、人民播客；2009年人民网新建成200多平方米的广播级演播厅，启用较高水平的远程视频访谈室，并建成使用专业水准的非线性编辑室，同年价值200万元的卫星直播车投入新闻实践，实现全媒体采、编、播统一集成。2010年3月，人民网网络电视台“人民电视”开始试播，人民网的生产能力不断地提高。笔者调研中定量考察的数据显示：仍有25%的人认为新媒体生产具有独立性和原创性，并对新媒体生产前景看好。

报网融合容易取得的成效是：共建共享信息源，共同组建一支能写稿、拍照、录像，全天候、全功能、“十八般武艺”皆精通的记者队伍，遇到突发性新闻事件，首先发几十字的快讯给手机媒体，接着连续发动态消息给网络，最后是深度报道给报纸和刊物；文字报道和照片给各家媒体，视频给网络。以上情形形象地描述了报网融合后的新闻生产概貌。比如杭州日报报业集团的模式，烟台日报传媒集团的新闻生产流程再造，都是从生产采集开始融合。杭州日报报业集团坚持“一报一网”，一个编辑部同时生产经营报纸和网络，实现新闻采编策划的一体化。烟台日报传媒集团是新闻流程再造的先行者，在“集团办报”大方向下，打通报纸生产环节，将所有的记者集中在一起，成立新闻中心。新闻中心负责新闻采编，上传至全媒体新闻采编平台，新闻素材按层级开发，一次生成，多次利用。在这种模式下，新闻生产真正实现了融合。报业必定在“边际收益递增效应”中受益匪浅，报网融合是报业立足于市场竞争，追逐利润最大化的必然需求。

第四阶段报网融合品牌化：目前，我国一些报业的先行者已经步入报网深度融合的阶段。报网一体化是报网深度融合的表现，是报业转型的科学定位。在报网深度融合中，报纸和网络充分发挥各自的优势，最大限度地挖掘了自身的生产可能性。在报网深度融合中，报纸专业的、庞大的采编队伍将使网站拥有强大的新闻渠道优势，原来报纸的新闻生产节奏焕然一新，滚动的24小时的新闻生产工作方式将深入人心。报业不仅在传播中稳固并扩大了受众群，而且在实践中逐渐找到盈利模式。更重要的是，报纸和网络践行着共同的价值取向，又根据各自媒体的特性寻求不同的传播方式，两者遥相呼应，在生产中逐渐形成默契，达成共识，形成合力。报纸的内容影响力带来的传统媒体的强势地位将全力扶持新媒体的成长，并将自身的品牌和影响力逐渐向网络新媒体渗透。随着报网融合的不断深入，报网一体化并逐渐形成统一的品牌标识。“报即是网，网即是报”的概念在受众中逐渐形成。如今提起人民日报，人们马上就会想到人民网，看到人民网就会想到人民日报。生产端的采编一体甚至组织结构转型带来了受众终端认识上的水溶交融。

② 视网融合现状。

在很长一段时期里，电视媒体因其声画同步、直观形象和现场感、时效性强而长期处于主流媒体地位，各种议程只有经过电视传播才会进入社会公众视野，甚至各大重要事件，必须有摄像机才能证明其历史客观性及重要的社会价值和意义，受众也认可电视机里的世界。但是随着新技术的发展，电视媒体作为单一的传播载体已经显露出它的劣势。同行竞争、新媒体的发展都是广电亟须变革的前提，但就现状来说，我国广电与网络的融合压力主要来自电信向传媒业的渗透。目前，电信三网融合的破冰业务融合视讯正在加紧部署。在三网融合的格局中，电信与互联网的融合因为同属一个监管部门而自然形成，因此视网融合是广电应对三网融合中的必要举措。另一方面，据中国互联网络信息中心(CNNIC)发布的《第2次中国互联网络发展状况统计报告》显示，2010年上半年，我国网民继续保持增长态势，截至2010年6月，总体网民规模达到4.57亿，其中有62.1%的网民通过网络观看视频内容。因为电视媒体与网络媒体视听兼备的特点，国家广电总局对网络视听的传播有播控权，广电在与网络融合的道路上显得更加胸有成竹。

另一方面，在受众的信息结构方面，电视的人口渗透率极高（超过了97%)，全国大部分人口是有效的潜在收视人口，因此，全国现有的4.5亿网民中，绝大多数同时是电视观众。央视索福瑞的研究发现：看电视时间多则上网时间少，上网时间多则看电视时间少。由此可见，电视媒介与网络媒介之间存在着一定的竞争替代关系，电视媒体主动与网络媒体融合发展，利用各自优势相互补充，是顺应时代潮流、维持受众的重要手段。

基于网络视频的视网融合新媒体形态包括电视台网站、网络电视台及IPTV等形式，在此笔者重点分析电视台网站和网路电视台。1996年10月，广东人民广播电台网站成立，随后，广东电视台网站开始上线运行，身处改革开放前沿的广东广电率先涉足互联网传播，拉开了我国广播电视网站发展的序幕。同年，中央电视台创办了第一家电视台网站——央视国际，随后国内其他的电视机构便纷纷追随央视建立自己的网站。1996年6月，凤凰卫视创办了最初域名为phoenixtv.com的凤凰网，走在视网融合的前端。之后，上海电视台网站、安徽电视网、广东电视网相继问世。2004年，湖南卫视创办如今已经形成品牌的金鹰网。此时的电视台网站主要借力电视，从母体中汲取大量的内容资源发展壮大。随着新技术的指数型成长和传媒格局的剧变，视网融合通过网站改版的形式一步步走向成熟。2007年11月，凤凰网改版，并将原域名

phoenixtv.com 改为 ifeng.com。2008 年后，金鹰网多次高调改版，先是添加视频新闻、视频分享、播客社区等多项视频相关版块，后又推出了“网络娱乐生活”的新概念，将电视、网络、手机更好地整合在一起。目前，湖南卫视积极挖掘网络优势，投资上亿元进军网络游戏产业。进入 21 世纪之后，广播电视网站的经营规模和范围不断扩展。据统计，截至 2009 年上半年，全国共有广播电视网站 397 家，其中包括 131 家广播电台网站、162 家电视台网站和 104 家广播电视综合网站。而以央视网、中国广播网和国际在线等为代表的一批广播电视网站，已经初具规模，形成了较强的社会影响力和受众号召力，网站排名节节攀升，并在国际上形成了一定的影响。[20] 继 2009 年中央电视台中国网络电视台上线后，上海网络电视台、湖南芒果网络电视台、深圳广电集团的独立网站全息跨媒体平台“中国时刻”等相继开播，广电势力正式成为“三网融合”的先锋军，除此之外，诸如像浙江广电的新蓝网和江苏卫视的“江苏网络电视台”也已在测试中。

在关于传统媒体与新媒体生产融合是否有利于新闻节目制作的定量调查中，结果显示：73% 的被访者肯定了生产融合在当前新闻生产中的积极作用，认为以新闻为中心利于新闻生产。新闻源空前丰富，各自媒体可以在共享库里随时提取最新，最适合自己媒体的新闻素材进行二次采编。子媒（或频道）编辑可以不用管理记者，节省出时间忙于新闻策划，不用再疲于应付各种事务性的事情，只专心编排新闻内容，使得新闻的专业性更强。同时，编辑有时会跟记者一起去采访，离新闻源越来越近，编辑的积极性得到提高。当然生产融合也对编辑提出了较高的要求，要求编辑针对版面、文字、信息、记者等资源有较强的整合能力。其中，持否定态度的从业人员占受访比例的 12%，另有 15% 的受访者对创建新闻中心后的融合生产不置可否。

电视在与新媒体的融合过程中，并没有像有的专家担心的那样，在融合中迷失或失去了自己，而是凸显了传统媒体的传播优势。中国人民大学陈力丹教授给出这样的评价：“网络较多地抢先揭露问题，传统传媒在跟进的同时，给予理性的关照。因为网上的东西真实程度和观念的理性程度均不够，需要由传统媒体给予适当的纠偏。这样的合作关系正在形成。”网络新闻可以经过电视媒体的深度调查报道使得事件的真相大白于天下，还原新闻真实。

③ 分中有合，合中有分。

以上是分别就业界实践较久的报网融合和视网融合做出的论述，现实情况是：随着大型传媒集团的成熟，报台网三者甚至更多的新旧媒体之间的融合正在发生。客观地说，我国的报台网融合在大部分传媒内部还处于探索摸索阶段，其中的问题比经验多。笔者在调研中深刻地感受到：在融合的大趋势下，人的思路和观念转变是最难以逾越的鸿沟。翻山越岭易，超越自己难，如果论证开来，这属于一个深刻的哲学命题。目前，国外有影响力的新闻网站都是报业发展起来的，我们国家的有影响力的新闻网站却是新浪、搜狐、网易、腾讯等门户网站。实践说明做新媒体要有新媒体的观念，要有新媒体的思考方式。报纸、电视做网站一定要站在网络的角度上去思考问题。推进报网融合的关键在于体制机制的创新，而观念的创新则是关键中的关键。报纸和网络是完全不同的媒介形态，做好报网融合最重要的一点就是要在观念上有所突破，解放思想，改革原有的新闻传播理念和模式，真正拥抱网络。即使在新媒体发展得足够成熟的今天，也处处可见传统媒体的影响力，比如现在 CNTV 的站内搜索必须像翻书箱一样一个一个找，这完全不是互联网的使用习惯，互联网的使用习惯是要让别人容易找到，然后看预览效果和推荐。再比如我们的国家网络电视台仍然保留“电视台”的称呼，网络上的内容划分依然称之为“某某频道”等等。[21]当然，我们不能因为名字而否定传统媒体在新媒体探索中取得的成绩。但是笔者只想说明：超越自己很难，这里的自己是大写的“自己”，是传统媒体，是旧有的思维习惯和观念。当然，改革总不是一蹴而就的，相信传媒改革会在历史的环环相扣中最终将走向新的传媒格局。

另一方面，传统媒体与新媒体之间应该相互学习，弥补自身的先天不足。比如上海第一财经王牌栏目“波士堂”的电视节目制作中，在以观众为中心的理念倡导下，竭力倡导新媒体思维，注重传受双方的互动过程。而一个由传统媒体报纸或电视传媒集团开办的网站，应该充分借助集团的影响力和品牌优势，找准自己的立足点，打造不一样的新媒体。比如湖南广电集团旗下的金鹰网，充分依托传统媒体的娱乐品牌优势，整合集团的娱乐资源，以娱乐资讯和娱乐互动为特色，创建了国内最好的电视视频互动娱乐网站之一。

更重要的一点，充分认识到各个媒体的独立性是我们讨论融合的逻辑起点。传统媒体在实践工作中，应该把握融合的有限性，不要在新媒体的技术漩涡中迷失自己。充分把握传统媒体的传播优势，以专业的惯性思维创造专业的内容。分中有合，合中有分，意味着差异化表达，整体看，这些新闻产品有差异，包括内容差异、角度差异、表现形态差异等。这些差异使各媒介定位差异得以实现。只有各个主体时刻保持融合中的独立性、差异性、原创性、专业性，不在“融合”中失去自己，才会有融合的长久性和稳定性。

让人欣喜的是，笔者调查获知：33% 的受访者认为报台网的生产融合后，生产内容更加丰富；34% 的人认为生产形态更加多样化。新闻中心之前的新闻生产中，各个子媒（或频道）都有跑不同“口”、“线”的记者，对整个媒体来说，资源浪费重置现象严重，新闻中心将记者全部集中在一起，将所有的新闻线索合理分配，既可以加大覆盖面，又可以丰富各个点的报道内容和细节。新闻源更加丰富，使得新闻生产的内容更加丰富。同时，由于各个子媒（或频道）

面对相同的新闻源，子媒（或频道）编辑要充分发挥自己的编辑思想，根据所在子媒（或频道）的特点，编辑出与众不同的新闻稿件，因此新闻生产的形态较之以前更加多样化。

（2）媒体当跨界——全媒体融合现状

目前，与国际化新闻集团相比，中国的传媒业仍然“小巫见大巫”。然而，随着以互联网为代表的新技术在短短十年内快速崛起，中国旧有的传媒格局已经被彻底打破，报纸、广播、电影、电视等传统媒体纷纷通过跨界发展寻求新路径。我国的传统媒体集团化愿景指向大型综合传媒集团。在国际传媒集团的启示下，无论是报纸还是电视都已意识到自身传播力量的单薄，伴随着产业发展在行业性和地域性上的成熟，纷纷谋求跨媒体、跨行业、跨地区多元化运营发展，向综合传媒集团转型。2006 年 11 月 28 日，成都日报报业集团与成都广播电视台合并，成立了全国中心城市第一家综合传媒集团。随后一批跨媒体、跨区域、跨行业的大型传媒集团纷纷成立，比如原上海文广新闻传媒集团、南方日报传媒集团、湖北日报传媒集团等。在我国现实环境下，一时间形成传媒界“三跨”新话题。

① 跨媒体。在传媒业，跨媒体运营一般有三个层次：一是传统媒体或媒体集团的网络化与数字化拓展；二是广电集团主办广播电视报或期刊，以及报业集团或其参股的上市公司向广播、影视剧制作行业渗透；三是报纸、广播、电视同属于一家传媒集团。“跨媒体”对于新闻传播来说，意味着报纸、广播、电视和网站的采编业务全面整合，资源共享，集中处理，然后通过不同的渠道与平台传播给受众。跨媒体运作一般在两个层面上展开：一是不同媒体之间通过收购、合并等手段，进行产权、营运、产品的整合，形成规模异常庞大的多媒体集团，开展具有规模效益的多种业务；二是统一媒体集团内部的不同媒体，发挥协同效应，使信息资源的用途多样化。传统媒体“触网”即是跨媒体之举，而时下也是业界操作频繁和热议的主要话题。新媒体代表了新技术，新技术昭示着社会发展的大趋势，排斥新媒体就是拒绝新技术，拒绝新技术意味着逆社会潮流而上，传统媒体已经深刻地意识到了这一点，目前，国内的传统媒体没有网站的屈指可数。由网络发展开来，伴随着三网融合的不断深入，传统媒体在手机领域也不断开拓疆土。2003 年 10 月，海南电视台最早推出中国手机电视业务。2006 年，中央电视台联合电信部门启动了央视手机电视业务，通过手机平台将丰富的电视节目、大型互动等呈现给用户。2009 年，中广卫星移动广播有限公司与东方明珠旗下的上海文广手机电视有限公司正式签约，在全国率先启动广电手机电视 CMMB 的商业运营。从非严格意义上来讲，在“三跨”之中，跨媒体较之跨行业、跨地域来说，属于传媒内部的整合，因此操作起来相对容易，效果也易于掌控。实践证明，传媒界内部进行跨媒体经营对媒体品

牌的塑造及延伸起到很好的作用。

② 跨区域。一批大型传媒集团积聚了大笔资金，本地市场空间接近饱和，集团的发展受到一定的限制，出于资本扩张的要求，它必然寻求跨地区发展机会。国家广电总局推进广电系统的改革不是今天才开始，只是三网融合的大背景将广电的改革由幕前推到幕前凸现出来。旧有的“四级式”的典型政府办媒体的模式，以“大跃进”的方式使中国的电视台数量顷刻间位居世界首位，解决了临时性的全国覆盖问题。但是随着网络技术和卫星技术的进步，四级式模式越来越暴露出它的不足，单一、分散的传播模式严重阻碍了中国传媒业的发展。技术飞速发展下，新媒体传播无疆界的特性提醒了传统媒体：除了纵向合并，还可以横向联合，于是跨区域整合成了传统媒体集团的期待的战略目标。早在 2001 年，央视与美国在线时代华纳公司的跨区域合作就已经开始。美国在线时代华纳公司进入中国广电市场，作为互换，中央电视台的英语频道（CCTV 9）则利用时代华纳的网络在美国播出。随后，贵州电视台受到央视的启发正式向外界宣布整合战略的“西部黄金卫视”。然而，早期卫视跨区域整合由于国内广电体制框架的严重束缚并不成功。2001 年，中宣部、新闻出版总署等颁发《关于深化新闻出版广播影视业改革的若干意见》中指出：要组建一批主业突出、品牌名优、综合能力强大的大型集团，促进跨地区发展和多媒体经营。随后期待已久的各大媒体纷纷响应：上海《东方早报》将投资主体发展到上海、南京两地，解放日报报业集团与成都日报报业集团联手的《每日经济新闻》相继创刊或推出试刊，2003 年 7 月，上海文广新闻传媒集团（下称 SMG）推出了“第一财经”这个概念品牌，并由此开始了跨媒体、跨地区经营的大胆尝试，通过资源整合陆续开办了第一财经电视频道和第一财经广播频率，并于 2004 年年底与广州日报报业集团和北京青年报社联合创办了《第一财经日报》。在中国，这种不以地方命名，广播、电视、报纸统一名称的平台，“第一财经”是第一家。2003 到 2004 年，跨区域在广播电视方面则更为普遍，广播电视本身多区域覆盖的技术特性决定了其发展中必将遇到众多竞争对手，而竞争与合作则是 2003-2004 年中国广播电视发展的关键词之一，媒介金牛市场、省级城市频道联盟、全国交通联盟、诸多音乐联播榜都是跨区域合作的产物。2010 年，青海电视台和湖南广播电视台共同组建新公司，湖南广电将全面负责运营青海卫视，而在此之前，开始先行制播分离的上海广播电视台已经与宁夏广播电视总台达成合办宁夏卫视频道的协议。电视台的跨省合作在国家广电总局的支持下正成为一种新趋势。由于我国传统媒体长期以来体制机制上的束缚，传统媒体之间跨越存在着很多现实的问题，比如当地政府的干预、区域文化的差异带来的合作停滞等。但是新媒体的无疆界特性给媒体跨区域发展提供了良机，成为传统媒体跨区域的突破口。为了开辟新的广告业务运营市场，找到新的盈利模

式，2010年5月15日，深圳广播电影电视集团、黑龙江日报报业集团等26家媒体联手组建“城市新媒体联合体”，通过资源整合，推出跨地区、跨媒体的城市联合网络电视台。新上线的城市联合网络电视台域名为Cutv.cn，将以“统一技术平台、统一业务流程、统一广告运营”的方式进行建设和运作。

③ 跨行业。为实现与资本、资产联合，以前是业外资本踊跃进入媒体，现在则是在业内资本推动下的媒体业务进入其他媒体或行业以实现价值扩张。2009年12月，淘宝网与湖南卫视宣布共同组建“湖南快乐淘宝文化传播有限公司”之后，阿里巴巴集团董事局主席兼首席执行官马云发表感言：“如果只会种自己的田，这是农民；只会种别人的田，是打工仔；能把别人请来种田，收获自己的果实，这是地主。”传媒媒介跨行业整合也成为媒体新的经济增长。湖南卫视自新世纪以来，在集团的发展中频频出新，与淘宝网的合作将整合双方资源，筹备一档电视节目，同时在淘宝网上设立专门潮流购物频道及外部独立网站，打造与网购有关的电视节目及影视剧，打通网络与电视的平台终端，创建电子商务结合电视传媒的新商业模式。值得关注的合作亮点是，“快乐淘宝”将开发多终端应用，即电视＋网络＋手机覆盖的技术创新。2009年，浙江日报报业集团确定“全国化全媒体”之路。接下来的战略部署是：先是与阿里巴巴签订战略合作协议，两大集团利用各自的优势和团队进行合作推出时尚生活周刊《淘宝天下》；紧接着与中央电视台财经频道签署战略合作协议，将业务渗透至电视，然后出资绝对控股红旗出版杜有限公司；为了发展户外媒体组建新公司，专门经营与视频新闻结合的户外大屏幕LED。因为互联网和手机牵扯到渠道问题，因此传统媒体开展网络、手机业务实质上是跨行业之典型，三网融合还没有铺展开来时，业界已经有将行业合作进行得有声有色。如上海电信和原上海文广联合运营的IPTV，双方优势互补，2009年年底用户已突破百万；杭州广电与杭州网通在资本层面深层合作，开展IPTV服务，兼顾了双方利益，确保用户发展顺利进行，2008年年底用户达30万。此外，宁夏、河南、山东潍坊和山西晋中农村地区等电信和广电之间的一些实质性的合作，也堪称典范。

在跨行业运营方面，报业主要通过收购、兼并、参股等形式，将业务拓展到非文化领域，开展与现有技术、产品、市场没有联系的经营活动或投资活动，如高新技术产业、房地产业、教育业等。上海文新报业集团则通过证券市场介入资本运作，加大对文化传播产业的投资。例如文新报业集团通过控股合并上海印刷集团，建成上海青浦印刷基地。依靠投资、控股、参股、合作，相继组建11家以音乐舞蹈、会展、动漫票务、剧场经营为特色的文化公司。2010年，文汇新民联合报业集团对旗下的新民船艇广告公司增资5000万元。

“三跨”式的全媒体生产实践多年来，出现了大批成功合作的范例，而且现实的情况交叉复杂，诸多“跨越”给我们带来许多有益的启示，“携手、合作、互补、共赢”是传媒业发展的成功之道。只讲竞争已成过去，追求竞合才能双赢甚至多赢。由此可见，媒介融合不仅仅指媒介产业内部各种不同形态的媒介之间的融合，还包括媒介行业与其他行业之间的整合，比如新闻媒介与电信产业的融合、媒介与先进科学技术之间的融合等。

第三节 我国媒介融合面临的主要问题

一、媒介融合存在的问题

长期以来形成的思维习惯保有一定的历史惯性。在我国，以报纸、广播、电视为代表的传统媒体大都有半个世纪的历史，在历史的发展中赢得了值得尊重的社会地位，从感情上来讲，在中国讲“报纸即将消亡”“电视没有未来”，有太多的东西让保守重情谊的中国人无法承受。可以想象，当新技术兴起时，为什么传统媒体会一时间端起自尊和高傲，高调布局以保护正版内容为旗号的传统媒体“自卫反击战”。但是世界范围内的技术进步席卷而来，技术本身并不吸引人，但是技术带来的贴心便利的信息服务消解了人们对于新技术的抵触甚至不屑，获得了受众的一致认可，由此我们看到了技术的渗透力无坚不摧。受众对传统媒体产生了怀疑，传统媒体开始坐立不安，反思自身发展的新路径。联合新媒体共同发展既展现了传统媒体作为资深传媒大海般的胸怀，又表明了缺乏安全感的传统媒体终于走出了被新媒体一棒打蒙的尴尬，凭借多年积淀的内容生产优势和丰厚的人脉资源重拾了自信，从容地应对传统媒体的变革。然而技术融合易，体制机制融合、文化融合、观念融合难，在媒介生产中不同的生产思路和理念在一起不断的碰撞，既有星光点点，又有火光四射。跨媒体、跨区域、跨行业的媒体发展除了需要充分发挥想象力，还要有切实可行的媒体实践经验[21]。

1. 传统媒体固有的媒体成见对媒介融合造成的障碍

技术平台的搭建容易，技能的掌握相对简单，新理念的形成比较困难。范以锦教授指出：传统媒体经营新媒体，解决理念的问题更为迫切。目前我国的众多传媒集团虽然开展了诸多新媒体业务，都在全媒体实现的道路上，在新闻生产流程、体制机制等方面进行了一定的融合改革，但是新旧媒体之间的默契，尤其是传统媒体对于新媒体的认可和尊重并没有达成共识。这既有历史渊源的原因，又与目前新媒体的发展现状有关。早在网络媒体刚刚进入国内时，决策者没有意识到网络的传播力量，因此并没有把新媒体放在与传统媒体同等重要的位置上。这从决策者将网络新媒体直接推向市场，以企业化定位可见一斑。当然，这也无形中为新媒体飞速发展创造了足够的空间。在具体的新闻生产中，传统媒体固有的媒体成见主要源于以下几个方面：传统媒体的生产优势较明显，新媒体的技术特性比较突出，新媒体的生产能力相对较弱。

（1）传统媒体的生产优势比较明显

传统媒体在长期的新闻生产中积累了大量的专业人才和丰富的从业经验，以及广泛的社会人脉资源。因此，多数基层新闻从业人员对新媒体的影响力认识不足。传媒内部的从业人员每天面对的是自己的新闻采编稿，并没有深刻意识到新媒体对自己的工作会带来更多的影响。笔者在调研中发现，传统媒体发展的危机感主要来自高层和决策层。无论是中央电视台、上海广播电视台还是烟台日报报业集团，传统媒体的新闻生产中多数受访人员表示感到变化最大的是新闻源及传播途径的多元，新闻制作过程本身变化不大，而且网络等新媒体并没有得到与传统媒体同等的重视。一位受访者道出了大部分传统媒体生产人员的共同心声：“与新媒体融合与否对我们来说无所谓，我们的新闻资源对网络、手机等新媒体无条件共享。”言语中不仅“你”“我”分明，还掺杂着对新媒体生产能力的怀疑。另一方面，部分新闻生产的从业人员习惯了旧有的“各自为战”的生产方式，不能从过去小而全的新闻生产模式中快速转型，缺乏全局理念和观念。

（2）新媒体突出的技术特性

数字和网络技术的应用是传统媒体跨越到新媒体的基础，传统传媒正在努力向数字化、网络化的方向转型，这给传统媒体技术工作带来了新的挑战。新技术被接受需要一定的时间，作为传统媒体的从业人员难免对新技术持有最初的排斥心理，从业人员的技术障碍成为新媒体被接受的重要羁绊，或者由此滋生出对新媒体的不屑情绪。新媒体虽然具有明显的技术优势，但是这种优势在我国的传媒发展中还没有得到充分的发挥，受众对于新媒体的技术特性还没有充分理解。

（3）新媒体的生产能力相对较弱

新媒体发展起步晚，新闻采访资历浅，大部分集团的新媒体从业人员以年轻人居多，多为刚刚走出校门的大学生，只有少数从传统媒体调配过来的有经验的新闻工作者。将传统的传统媒体专业知识与新技术领域相融合的复合型人才的培养还需要一段时间，因此目前新媒体的生产能力和生产经验相对较弱。这成为新媒体的地位一直得不到提升的主要问题。访谈中，笔者深刻感触到：新媒体虽然前景被看好，但社会给予传统媒体的尊贵地位，在传统媒体人的那份自信和从容中依然能够感受到。

定量调查显示，多数媒体从业人员对于新媒体的生产能力持观望态度，58% 的被调查者认为新媒体目前的生产能力较弱，主要依托作为母体的传统媒体的强大生产能力。在开展新媒体的战略考虑方面，笔者通过访谈了解到，集团的管理高层虽然对新媒体的发展前景非常看好，但是因为没有良好的盈利模式，所以大部分媒体仍然处在“跑马圈地”阶段，“大家有，我也有，免得以后落后”是一种普遍心态，国家网络电视台副经理问永刚的话道出了传统媒体从事新媒体业务的阶段性尴尬：“什么新业务都做，现在最想知道不该做什么，这也许是所有传统媒体人的困惑。”无论是央视的国家网络电视台、上海广播电视台的网络新闻台，还是烟台日报传媒集团的水母网，其从业人员少部分是从传统媒体调派的，大部分是市场选聘的，以大学刚刚毕业的年轻人居多。目前，国家网络电视台整个团队已有 700 多人，平均年龄 28 岁。大家对新媒体热情和积极性是有的，但是媒体经验尤其是新媒体经验以及传媒生产运营实践显得有些单薄。因此，在具体的生产中，内容生产依然依赖于作为母体的传统媒体。例如国家网络电视台的视频数据库是亚洲最大的，库里储存着中央电视台历年 50 万小时的节目镜像，还有现在每天央视的节目（还包括世界各地的视频平台以及现在 41 个上星卫视新增加的视频资源）。据调查了解，央视新闻中心的新闻全部对国家网络电视台免费共享，其他媒体如出一辙。对于传统媒体来说，需要多想想网络新媒体的优势和自己的弱势，这样才会有谦和平静的合作心态。所谓“成人达己”，报纸成就了网站，网站会带给报纸更美好的未来；网站成就了报纸，报纸会为网站提供更有竞争力的内容。新媒体是技术的产物，但它带来的变革远远超出了技术的范畴，涉及广播影视生产方式、服务方式、盈利方式、管理方式、体制机制等各个层面。

人民日报社社长张研农在接受《媒介》杂志记者采访时说：传统媒体与新媒体并非“冰火两重天”的对立关系，而是“你中有我，我中有你”的共生伙伴关系。借助新兴媒体，传统媒体的声音得以增强，融合新兴媒体，传统媒体将从单一走向多元，从平面走向立体，再创活力与生机。

2. 传统媒体条块分割的现状对媒介融合造成的障碍

我国媒介监管情况比较复杂，首先，不同的媒体分属不同的管理机构，长期以来形成的格局是：新闻出版总署及地方出版局负责平面和印刷媒体，包括图书、报纸、期刊等；国家广播电影电视局及地方各级广播电影电视局负责电视媒介的管理，主要包括广播、电影、电视等；国务院新闻办公室及地方各级政府新闻办公室负责数字媒介，主要指互联网等。其次，电信行业经过重组后已经形成三大运营商格局不同，广电行业内部是一种划区域而治，国家、省、地市和县四级办广电的格局。分业种管理和分级垂直管理的特点相结合使中国媒介的宏观管理形成了特有的“三纵四横”的“井”字管理结构。“三纵”是指依照三种媒介形态形成的分业种管理格局，“四横”是指依照四级行政级别形成的分级垂直管理格局。近年来进行的“三级办报”、“两级办台”的改革虽然通过减少层级在一定程度上减少了资源浪费，提高了管理效率，但这种“井”字管理结构并未发生根本的变化。因此，新技术下的传媒变革首先是对“井”字的拆分，拆分的难度不亚于重建，甚至难于重建。媒介融合并不存在技术障碍，最大的障碍来自社会政治、经济和文化等众多领域。

3. 跨地区——内容生产偏离本土化

目前电视台的跨省合作在国家广电总局的支持下正成为一种趋势。继先行制播分离的上海广播电视台与宁夏广播电视总台达成合办宁夏卫视频道的协议之后，2010 年，青海电视台和湖南广播电视台共同组建新公司，湖南广电将全面负责运营青海卫视。跨区域整合，可以实现媒体资源共享合作、共存发展的目的，发展相对落后的青海电视台可以充分利用湖南卫视的品牌资源、内容资源、市场运营和人才技术等各种电视资源优势，提高自身的知名度，在西部地区扩大自身的影响力；湖南卫视也可以利用西部优秀的民族文化充实自己，不断实施“走出湖南、走向省外、走向海外”的总体战略。而在上海广播电视台和宁夏卫视的合作中，上海广播电视台则巧妙地“借壳上卫”，从而扩大落地覆盖，增强自身的影响力。作为强势的湖南卫视和上海广播电视台从中受益匪浅，但是作为青海卫视和宁夏卫视，应积极开发地域资源，提高本土化节目的制作能力，避免变成别人的内容输出渠道。

在中国，本土化还牵扯到一个重要课题：如何处理与当地政府的关系。“四级办”的政策使大大小小的广播电视媒体分别归属每一层级的党委和政府，当合作跨区域媒体阻碍了地方媒体的发展时，就有可能受到地方保护主义的掣肘。当某些重大政治意义事件以及突发事件发生时，跨地区报纸的存在使宣传统筹、舆论控制的可操作性出现了不确定性。当地政府对于跨地区办报的态度，被认为是合作成功与否的因素关键之一。

在全球化时代，区域经济是传媒发展的动力阀，强调本土化式传媒，尤其是地方传媒发展的主要方向。根据电视媒体的竞争范围和影响力，陆地教授将中国电视媒体的发展定位分为四种类型：全球型、全国型、区域型、地方型。

除中央级媒体和新华社等中央级具有影响力的传媒外，其他传媒都应该注重加强本土化传播来促进自己的发展和转型。本土化传播的价值在于建构地方政治、经济、文化的影响力和品牌号召力。

在全媒体框架下，应重视在细分市场深耕细作的能力。因为本地新闻作为新闻媒体的命脉，往往受数字化传播环境的冲击最大，而全媒体手段则可为每一个消费群体、为每一个时间节点、为每一个市场长尾提供挖掘工具，现有市场的巩固和新增长点的开掘都可由此延展开来。另外，由于我国地域辽阔，共可分为数十个文化区，每个文化区的经济发展水平和文化理念存在着巨大差异，受众的观念也呈现区域性差异。跨区域合作中媒体生产的内容既要有地域特点，契合当地受众的品味，又要有跨文化的特色，这是跨区域合作中媒体生产的重点和难点。

4．跨行业——资本运营放大化

众所周知，传媒具有事业和产业双重属性，传媒既要生产精神产品，维护公共利益，又要在市场中参与竞争，获取生存的资本和空间。说到底，传媒由各种生产要素构成的、具有意识形态属性的经济实体。作为经济实体，传媒参与市场竞争，主要包括两方面的内容：传统传媒经营和传媒资本运营。传统媒体经营是指与传媒直接相关的广告、印刷、发行等方面的经营。传媒资本运营主要包括产业参与和行业介入的多样化、产权组合与经营形式多重化，以分散资本运营的风险，保证最大限度的增值。随着信息传播环境的剧变，新老媒体加速融合，传统媒体进军数字化领域，资金成为关键因素。于是，部分传媒重心发生迁移。

首先，部分传统媒体的工作重心不再是研究如何制作内容，而是如何吸引广告投放。主任、编辑们开选题会，讨论更多的不是如何更好地做新闻，体现新闻价值，而是如何运作一个商业性的选题。新闻从业人员为市场所左右。其次，以报业为例，在目前发行成本居高不下、市场份额不断缩小的情况下，报纸依靠传统业务经营已经很难筹集到充足的发展资金。故此，在新媒体资本运作的成功启示下，许多传统媒体在转企改制的过程中加大资本投入，一场真金白银的资本运营大战在部分传媒中正硝烟密布，跨行业成为传媒资本运营的潮流，许多传媒积极寻求上市融资。国内报业中最成功的例子就是北京青年报的“北青传媒”在香港挂牌，一次融到 9.5 亿港元。之后，国内各种媒体八仙过海，通过各种渠道谋求上市。现在，国内已有多家报业集团通过各种渠道，成功将自身的部分资产上市融资，为报社的多元化发展筹集了大量资金。广电领域继中视传媒与凤凰卫视进行大规模项目合作、成都商报借壳四川电器（现名博瑞传播）、赛迪传媒控股 ST 港澳（现名赛迪传媒）之后，陕西省广播电视信息网络有限公司通过股份划转将成为ST黄河科技的新控股股东。传媒买壳、借壳上市等名目翻新的运作手段在传媒界一时间层出不穷。跨行业、上市融资是有效的资本运营手段，一旦随波逐流被放大化，带来的是传媒生产能力的趋弱，最终舍本取末，传媒发展将竹篮打水一场空。张大钟提出了“国内的新媒体是否需要验明正身”这样的质疑。他认为现在有很多新媒体的传播模式在仓促间抱着概念去做，甚至是带着上市、资本的冲动去做，会背离为客户提供新型服务模式的要求。据研究表明，目前，由于机制、体制和市场环境等多种因素的影响，媒介上市公司普遍存在“可持续发展力力度不够”的问题。公司业绩分化较为明显，高增长、一般增长和经营退步的企业几乎各占三分之一。电广传媒、新华传媒、时代出版、广电网络、华闻传媒等增长较快，但增长的原因不是通过非传媒业务获取高额收益，就是通过收购或整合资源获得的外生性增长；东方明珠业绩增长甚至主要依靠出售股权。书严三九教授指出：如果把资本运营仅仅定义在这样一个狭隘的范围之内，最危险的就是可能使企业不安心对于实业的开发，不把资本用在生产经营上，看不到资本运营的最终实现成果必须通过生产经营才能得到。如果把资本运营仅仅定义在这样一个狭隘的范围之中，许多产业就会因此不能得到发展，我们所提倡的资本运营如果仅仅是炒卖股票，证券、产权，其结果就会使资本运营业成为一种追求泡沫经济的行为。

5. 跨媒体——内部竞争被削弱

传统媒体“三跨”要注意：跨地区不要丢掉自己的区域特色，跨行业要有理有利有节，跨媒体要资源互补，避免内部竞争被削弱。据笔者的调查数据显示，在被访者中，认为跨媒体生产不利于形成内部竞争或者对此不置可否的人占74%。其中原因不尽相同，诸如中央电视台和上海广播电视台的跨媒体生产主要是因为相应激励机制的滞后，由此少部分是精英，少部分甘愿落后，大部分处于完成自己分内工作的中庸状态，从而导致内部竞争被削弱。其中34%的被访者明确表示跨媒体式的多元化生产不利于在媒体内部形成良好的竞争，相比原来生产模式中内部多形态和多层次的竞争，现在的竞争略显单一和乏力。以报业为例，国外传媒格局一般是一省一报，而我们国家一座城市多家报纸共存，一个报业集团内部报纸同城竞争现象非常普遍。比如济南，同时存在大众日报集团拥有的大众日报、齐鲁晚报、生活日报等十一张报纸和济南日报。对中国传媒业来说，报业集团的集中化跨媒体生产战略具有巨大的发展潜力。但反观国内一些传媒集团跨媒体生产经营，内部竞争没有被激发，反而在不断被削弱，子媒体内容生产同质化严重，有些企业甚至丢弃自己多年经营的传统优势和特色。不少传媒企业在各领域内涉足多元化生产经营，但因为没有制定适合自身的发展战略而面临着严重的生存问题。跨媒体生产不能盲目跟风，需要理清传媒企业自身发展的诸多相关问题。

二、媒介融合的认识误区

1. 新媒体不是媒体，新媒体生产只有资本运营

产生此误区主要有两方面的原因，一是新媒体生产对资本运营过于依赖，二是新媒体生产模式不确定，生产能力相对较弱，影响力尚未形成。

新媒体发展对于资本运营具有强的依赖性，可以说新媒体的发展成在资本，败也在资本。新世纪之初，风险投资商看好中国国内传媒市场，纷纷转投中国新媒体。新浪、搜狐、网易从发展之初到实现盈利，其成功说到底是资本的胜利。而分众媒介等诸多新媒体的大起大落，也印证了传媒领域专家的一句戏言：当市场的大潮退去以后，裸泳者必然会显露出来。

新媒体发展速度飞快，建立新媒体网站，获取国际风险投资，纳斯达克股市上市，成为新媒体奋斗的三部曲。2005 年，盛大网络的股市市值超过 18 亿美元，网易也有 16 亿美元。新媒体的商业模式的建立、技术研发、平台搭建、培育市场等需要大量资本，新媒体在经历了发展之初依靠 VC 融资疯狂烧钱阶段之后，于 2010 年的下半年迎来了新媒体上市的浪潮。凡是能够进入纳斯达克股市、获取业务突破的新媒体公司大多为非国有文化企业。而国有文化新媒体企业几乎没有上市的，仅限于集团国有资本的支持。传统媒体凭借自有资本投入新媒体业务并非易事，相比社会资本的大投入如九牛之一毛。传统媒体中无论是凤凰卫视发展旗下的凤凰网，还是湖南卫视投资金鹰网无一不是社会资本的胜利。新媒体生产似乎与资本先天不可分割，因此给人的印象是，新媒体生产只有资本运营。

另一方面，新媒体生产模式不确定、生产能力相对较弱影响力尚未形成，也是人们产生认识误区的主要原因。新媒体的生产模式和商业模式仍在探索中，有大量的基础建设工作亟待进行。同时，我国新媒体节目内容的创作生产也存在现实的局限。其表现在以下方面：一是概念大于平台，围绕新媒体的探讨多、概念多、说法多，相较而言，概念远远大于平台，以 IPTV 和手机电视为例，从现实来看，只有几家获得了执照资格；二是平台大于内容，有限的平台基本上是传统的内容，适合新媒体的内容还远远没有生产出来，也就是说平台存在，但是内容比较陈旧，并没有完全适应新媒体的要求；三是内容大于需求，有限的内容远远不能满足受众的需求，它并没有引发更广泛的群体对这些内容的强烈需求。传统媒体的影响力已经形成，人们对于传统媒体的认可具有历史厚重性。传统媒体一度是新闻真实和舆论公正的化身，而网络，常常因为言论的自由、观点的散乱而被看轻。但今天，随着新媒体的发展，当网络承担起如“两会”召开、“奥运盛典”、“世博报道”等重大新闻的发布任务的时候，我们

可以得出结论：新闻的真实与否在于新闻自身，而不取决于技术载体。对于重大事件的成功报道是中国网络新媒体获得认同的基础。从“草根”走向“主流”的网络媒体角色嬗变，标志着网络媒体的日臻成熟，进一步体现了新媒体的媒介功能与社会责任的融合，标志着中国网络媒体经过了十余年的发展已经开始步入成熟。范以锦教授在评点 2010 年传媒事件时指出：传媒事件，是指媒体自身变革引发的舆论关注，或媒体报道后引发舆论震撼的相关事件。以此勾勒 2010，我们发现，如果没有微博，2010 年的传媒图景或许会大不相同。2010 年，“手机＋拇指”组合在一系列社会聚焦中异军突起，狠狠补了传统媒体与网络的短。有人说，它真正拉开了“公民报道”的帷幕，让每一次围观都有了价值。

2. 传统媒体与新媒体是取代关系

有人误认为传统媒体与新媒体是取代关系。少数保守派认为，新媒体是新技术发展的阶段性产物，终会作为渠道为传统媒体所利用。而相当大部分的传统媒体人面对新媒体的快速发展，诚惶诚恐地认为新媒体终将取代传统媒体主流媒体的地位。保罗·莱文森从技术发展的角度分析指出：媒介演化是一种人性化趋势，是人对技术和媒介做出的理性选择，但是新媒体对于已有媒体并不是简单的替代，而是对已有媒体某种媒介功能的补救和补偿，这是一种技术的融合。如果简单地将传统媒体与新媒体的关系界定为取代关系，显然是缺乏思考的，是一种优势地位遭到威胁后的自我保护反应。喻国明教授指出：新媒体的崛起的确引发了传统媒介中人的某种危机感，有人则把传统媒介在其发展进程中所遇到的种种困难归咎于新媒体的攻城略地，誓言要断绝新媒体在内容依存上的免费午餐；而在新媒体方面，也存在着同样的误区：把新技术特性的开发与传统媒介的全部价值对立起来，刻意打造另类的、与传统媒介功能互不衔接的新媒体模式。而这样做的结果导致的恰恰是新媒体所面临的缺少有效的盈利模式的问题症结所在。同时他进一步强调：“尽管目前我们看到的更多的是传统媒体与新媒体之间的竞争，但产业和市场越发展，我们便越能注意到一种相反的趋势，就是它们之间联手的趋势，这便是所谓的媒介融合。”传统媒体与新媒体的融合不断加强，报网融合、视网融合及合作开办诸如《天下淘宝》栏目，借以打造新的立体多元化商业模式的传媒融合实践不断推向深入，传统媒体的媒体品牌影响力和专业化生产优势随着新媒体的发展壮大，在趋弱中被无限放大来。《芝加哥论坛报》公司总裁杰克·富勒在《信息时代的新闻价值观》一书中一语中的地指出：“每一种媒介都有自身的优势与劣势，也会将这些强加在所携带的讯息上。新媒介通常并不会消灭旧媒介，而只是们只是将旧媒介推到其具有相对优势的领域中。”

纵观人类传播史，任何新媒介的产生都不可能完全取代已有的旧媒介。著名传播学家罗杰．费德勒在《媒介形态变化》中说："新媒介并不是自发的或独立产生的，而是在旧媒介的形态中逐渐产生的。当比较新的媒介形式出现时，比较旧的形式通常不会死亡，而会继续演进和适应。"因此，"你中有我，我中有你"的融合形态和格局才是传统媒体与新媒体发展的最终落点。

3．生产需要融合，经营可以不融合

媒介生产的根本点在于建立良好的商业模式。在目前的媒介生产融合中，各大传媒都对生产方式进行了有效的调整，具备了全媒体生产能力和全介质传播能力。但是传媒产业的核心是具备全媒体、全方位的运营能力，即如何通过打造的全媒体平台进行整合营销，从而最大限度的赚取利润。传媒的公益性要靠资金的投入产出。

笔者通过调研得知，中央电视台作为中央级媒体意识到了这一点，在整体战略布局把中中央电视台的电视黄金资源与网络同步销售，在整合营销中获取利润最大化。为了改变广告部门和节目部门长期分离的状态，2005 年 8 月，上海广播电视台广告经营中心组建了整合营销部。其目的在于满足不断变化的市场需求，整合集团内部内容资源的优势，为广告主提供完善的广告投播方案。整合营销部的成立标志着整合营销传播理念在 SMG 广告经营中的正式导入。2007 年，原上海文广副总裁张大钟在集团广告招商会上表示："多频道、跨媒体的整合营销将成为文广广告经营战略的重点，集团为广告主提供的不再是简单的时段，而是整合的广告方案，即整合多频道、跨媒体的传播平台，使客户的投入在产业价值链上不断地进行循环增值。"SMG 旗下地诸如第一财经等部分全媒体形态的子公司，在全媒体运营上也可圈可点。烟台日报报业集团对新闻生产流程进行了再造，传统媒体和新媒体在生产达到高度融合，但是其媒体运营仍然各自为战。网站等新媒体希望依托报纸进行品牌整合营销，但是作为传统媒体的报纸认为整合营销对于增强自身价值意义并不大，反而会被网络分得一杯羹。中国传媒大学广告学院院长黄升民教授认为当前的传媒全媒体运营能力是缺失的，而未来传媒的竞争，在人和技术都上升到一定的层面之后，必定是商业模式之争。在技术不成熟时，生产易受制约，因此会从技术角度来构建商业模式，待技术成熟后，传媒的生产依靠自身获取利润最大化来决定商业模式的成败，而今天的传媒业发展处在一个大产业背景下，以用户为核心的商业模式正在被构建和完善。

新旧媒体的生产融合体现在新闻策划、报道采访、节目制作、媒体发布、广告营销等各环节。新闻策划要统筹各种媒体形式，报道采访要为所有媒体采集资源，节目制作要面向异质媒体开发异质节目，媒体发布要充分利用各个媒体渠道，广告营销变为多种媒体并以最佳方式组合打包售卖。而在实际操作中

难以真正融合，传媒业在经营领域的“碎片化”是媒介生产融合的发展短板。

4. 媒介“融合”与“专业化”是对立关系

有人担心融合会泯灭不同传媒的传播特性，导致传媒专业化的丧失。这种担忧显然对媒介融合的认识只限于字面的理解，“融合”与“专业化”不是非此即彼的关系，也并非相互对立的两个方面。

从一定意义来讲，媒介融合突出了产品异质的重要性，融合是优势的相互借鉴，但是内容却不会因此变得单一或缺少创意。在媒介融合的导向下，多样化的生产主要来自两方面因素：一是生产主体的增多；传统媒体专为“点餐”用户制作“精美菜肴”，提供高质量的内容，带给用户高品质的视听盛宴享受。新媒体的内容海量，质量良莠不齐，是“自助餐”，用户都可以从中按需自由选取。“自助餐”是新媒体中受众参与信息生产带来的新体验。二是产业链的重构形成生产分工的精细化。生产的多样化和分工的再强化，有利于每一个环节的生产质量的提高。以新闻生产为例，媒介融合无论是对记者、新闻本身还是对受众，意味着更好的选择。融合使记者的视野更加开阔，从单一媒体中解放出来，在更大的坐标上考量自己的位置，有意识或无意识地选择最适合自己的媒体做节目；不同的新闻不同的媒体，以不同的报道形式进行报道；受众则选择最适合自己的媒体接收信息。美国密苏里新闻学院博士章于炎等人通过调研绘制了从媒介融合到优势竞争的发展轨迹图，以探究一系列媒体现象的发展轨迹，从媒体融合到优质新闻业务理论、规模经济和范围经济，媒体组织由此获得更多盈利，从而具有竞争优势。另外，在日趋复杂的多元化生产背后，是受众在“信息海洋”里对于适合自身的高品质多样态内容的选择，因此，传媒“内容为王”的传统不但未曾颠覆，反而注入了新的内涵，融合带来的是生产的专业化和多元化。

第四节 我国媒介融合发展的建议

一、加强媒介融合的科学化管理

在新技术浪潮的推进与市场竞争的压力下，传统新闻媒介纷纷迈出了数字化转型和跨媒体发展的步伐，媒介融合的新时期已经到来。对于所有媒体企业来说，随着融合步伐的不断加快，越来越多的媒体企业经过传播技术、所有权的整合逐步发展成为拥有多种媒介类型的全球巨型传媒集团，使传播渠道与信息载体越来越多元化化。媒介融合后，媒介集团不但要充分利用原有企业各自的固有优势，也要发挥融合体的独特作用，成为高水平的内容提供商，而且还必须考虑信息资源、生产成本、利润收益等方面内容。这些必将带动媒介集团组织结构及其角色和功能的变化，其内部资源和内容的组织整合也必定需要相应的调整[13]。

2006年11月2日，美国最大报业集团甘奈特集团的首席执行官Craig Dubow在一份备忘录中宣布，集团旗下的所有报纸都将设立崭新的“信息中心”，全面取代已有的新闻编辑室，让原先的报纸读者可以在任何时候、任何地方，通过任何他们喜欢的平台接收新闻和信息。甘奈特信息中心不再采用新闻编辑室的原有部门设置（如城市、经济、体育等新闻采编部门），而是将其分为7个功能部：数字部（以数据库为基础快速搜集新闻和信息）、公共服务部（媒介监督）、社区对话部（原评论专栏的延伸，帮助实现传—受交流和受—受交流）、本地新闻部、内容定制部（为小众市场定制专门信息）、数据部（发布生活类“有用”信息）以及多媒体内容制作部。

专门的媒介融合中心力求对信息资源进行创造性的重组和“研发”，负责协调新闻产品的制作、宣传和在报纸、电视、网站三种不同的媒介平台上发布信息，虽然信息资源的背景是相同的，但是最终却能够优化设计出最符合这三种媒介介质特性的不同的新闻产品，方便受众通过这三种不同的媒体，接收不同风格的信息；而这些信息彼此关联，相互交叉，深入浅出，满足不同层次受众的需求。这样，同样的信息通过不同的报道角度、报道方式等，被包装成适合不同媒体的产品，供消费者选择，实现了一物多用，也相应地扩大了市场。新闻工作者在同一工作室共享新闻资源，是同一集团内不同媒体内容的互动和整合，使媒体资源用途多元化，在资源优化配置的前提下获得传播效果的最大化。

媒介集团的各子媒体分享新闻线索等新闻资源，合作进行新闻报道，合作开设新闻栏目，报纸新闻报道在网络上延伸扩展，报纸新闻被改造成网络形式发布，报纸选载博客，报纸利用网络征集线索收集信息等各种传播渠道的扩充发展，通过各媒体之间的相互支持、回馈和促销，达到了相互造势和增值的目的。可以说，子媒体不仅是自身媒介内容的包装者、发布者与推广者，更成为同一集团下其他子媒体的宣传窗口，利用各自的优势传播技术，拓展传媒集团的信息传播途径，强化信息传输渠道的多元化。同一集团内部不同形式的媒体之间相互协助，实现了传媒集团的运营成本，避免了信息资源的重复利用，防止了受众的视觉疲劳和审美疲劳，使稀缺资源得以最优化配置、最大化利用，实现了规模效应。

媒介组织结构的合理调整，可以发挥协同效应，使媒介集团的组织行为卓有成效，合理有效地组织整合资源和内容，获得规模效应和范围效应，以相对节省的成本获取较大的收益，产生巨大的经济效益，实现融合过程所追求的最佳实际应用效果。将来，传媒公司逐步走向全球巨型传媒集团，媒介集团在享受各种机遇的同时，所面临的挑战必定也会非常严峻，所以它们必须掌握并运用层出不穷的新技术新手段，突破传统的媒介理念、采编机制和业务技能的约束，顺应潮流进行组织机构与生产流程的重构。所有这些都将极大地影响媒介集团的生存能力及市场竞争力。未来的媒介融合应该是如李奇·高登(Rich Gordon)所说的“媒介组织结构的融合”，即并不只是宏观层面的媒介合并，以及媒体所有权的更改和转换，而是在全球巨型传媒集团层出不穷的背景下，统筹规划、交叉共享所涉及的信息传播大产业形式的优势资源，节省人力、物力、财力资本，扬长避短，优势互补，将整个传媒集团的优势竞争力发挥到极致。

二、完善媒介从业人员培训制度

随着媒介融合进程的不断加快和深入，媒介集团为了继续发挥融合优势，保持顽强的生命力和市场竞争力，除了进行组织机构与生产流程的重构等管理上的策略改变外，即调整设计合理有效的内部组织结构，整合分配内部资源与内容外，还必须同时开展对现有媒介从业人员的技能培训。媒介集团通过加强其从业人员技能的多种培训，让他们掌握多项技术和多方面的知识，不断地提高业务素质及专业素养，进而提高企业的生产效率和其产品及服务的质量，在市场上占据一席之地。

媒介融合后对媒介从业人员的技能要求将会越来越高，要求其不仅保持原有的媒体技能，还必须具备新的技能，如媒体策划与设计能力，更强的团队协作能力，掌握多方面的知识而成为复合型人才等。媒介融合趋势下的媒介从业人员培训应该包括两类：即高层次管理人才的培训和一般从业人员的培训。

对于第一类人员的培训，应该使其具备信息内容生产、高新技术应用、发展战略策划等各种素质，并使其能够以高屋建瓴的视角统筹集团内部多媒体对媒介产品生产、发布、营销过程中所用资源整合共享和交叉互动。

对于一般的媒介从业人员而言，媒介融合不断深入，最大的改变不是强化其发现和采集新闻的职能，而是强化其加工新闻和信息的职能，也就是要通过对新闻与信息的整合，提升内容产品的品质和价值，使新闻与信息传播进一步延伸到知识与服务领域，并不断通过裂变与聚合，形成新的内容产品，从而促进媒介集团中产品链和价值链的生成。为了在媒介融合的环境中生存，媒介从业人员必须提高自身素质，具备为多种媒体平台制作新闻内容的能力。所以，对于这类人员的培训一个方面应该是同一媒介集团内部其他部门相关技能的培训，另一方面是跨媒体技能的培训。

例如，随着新闻来源和信息渠道的剧增，在多种媒体融合的新闻编辑部中，记者的主要职能已经不是采集新闻，而是对浩如烟海的新闻和信息进行筛选和重新组合，关注和欣赏多媒体环境，写作并了解新闻价值，使这些杂乱的信息，并转化为知识。

编辑一般比新闻从业者工作更久，但他们相对缺少多媒体平台的经验。随着越来越多的新闻公司步入媒介融合的进程，要求编辑以多媒体平台的经验开展业务。如果新闻公司的工作是每天在多媒体平台上生产新闻内容，那么编辑比记者更迫切地需要跨媒体的培训。

媒介集团开展对现有媒介从业人员的技能培训，是对整个传播过程的拓展和深化，使这些人员在生产媒介产品的过程中扮演多岗位、多职能的生产者角色。新闻从业者的工作也因此在某种意义上成为知识生产与管理的工作。

或许，以前的媒体企业普遍都期待员工无须培训和补贴就能够获得新技术。但是在媒介融合的这一大趋势下，媒介集团的执行官们必须明白，他们的组织文化正在发生颠覆性的转变，旧式的编辑室已经被多媒体的办公桌、照相机、数字信息以及更技术性的理解、主动的受众所代替。因此，媒介集团必须创造额外的补贴预算，用于对员工的技能培训。如果媒介集团站在原地，拒绝对分配的内容进行调整，忽视对员工的技能培训，那么其很可能无法享受由于其员工技能的提升而产生的巨大效益，甚至会在激烈的市场竞争中被其他对手击败而被淘汰。所以，在未来的发展中，媒介集团将越来越注重对媒介从业人员的技能培训。

三、构建高校媒介融合教育及课程体系

在媒介融合的环境中，当我们用新的方法接近和使用媒介时，媒介从业人员的教育者们也会感受到学校教育发生的巨大变化。新闻教育正在开发一些兼具网络的前景课程或者修补课程，以建立一个正在融合的媒介世界。一个关于学校教育课程的典型例子就是印第安纳州的美国鲍尔州立大学的电子通信项目，该大学收到了 Liny 资助的 2000 万美元将其作为媒介融合教育和培训的基金。该资助计划用于电子通信设备和器材的更新，以及教育和研究领域的支持，包括为学生营造拥有 5 个电视工作室、14 个录像编辑室、1 个视觉图像实验室、1 个多媒体教室、1 个配备电子新闻编辑室和远程电信会议设施的电脑实验室的学习环境。在这个项目中，学生不仅在校园里制作广播节目，还通过电缆为当地社区制作节目。无疑，这样的教育将为毕业生提供强有力的市场竞争优势和实践技巧。

1. 媒介融合教育的必要性

高校教育者必须看到媒介融合对其教学产生的影响，他们必须决定是否有必要设立媒介融合的课程。据 Criado 和 Kraeplin 的调查，95% 的报纸和 83% 的电视台实现了媒介融合的合作关系，90% 的高校管理者认为有必要在他们的高校教育课程中组织交叉媒体的培训，因为媒介融合在媒体运作中越来越普遍，那么在具体运作中对于技巧的需求将不断增加。而且对于受教育者来说，受过多于一种媒介的培训，对于他们求职将十分有利，他们将比一般的毕业生更具实际工作的技能基础。

可见，在日益深入的媒介融合运行中，新闻从业者将被要求拥有多项技能。学校教育不能只为了“现在”而教，要为学生毕业及实践做准备。因此在高校教育中开设媒介融合的课程是十分有必要的。学生应学习如何在各种媒介平台上写作，以便在日后的工作中灵活地加以选择，进而在自己完全精通的领域中发挥优势。

从大学的角度来说，一些学校已经开始设置媒介融合的课程或者在课程中教授如何使用媒体技术，以保证未来的记者们在融合的媒介中游刃有余。如从 1998 年至 2002 年，约有 60% 的美国新闻院校，为学生参加多媒体平台的实践

活动重新设置了课程或开发了新的课程。但是新闻院校在实践中存在各种困难，主要有：缺乏融洽的课程，缺乏经费，院校之间缺乏配合，缺乏经验或兴趣，甚至教授没有时间开设媒介融合的课程。它们还没有足够的实践和资源开设媒介融合的课程，或者做出媒介融合课程的重大变动。

2. 媒介融合教育的课程设置

随着媒介融合呈上升趋势，传授多媒体新闻知识将是在该行业的自然产物，在新闻教育中设置包含一些媒介融合方面课程的趋势将会越来越明显。既然确有必要在高校教育中开设媒介融合的课程，那么，这些课程需要包含哪些内容，推进媒介融合课程的最佳途径有哪些?

美国西北密苏里州立大学认为有必要开设多媒体的课程。其一位成员强调，课程设置应该注重理论性和概念性，而不应该仅仅是技术上的。因此，该学院召开了无数次会议，广泛征求了业界专业人士的意见，并考察了其他院校的课程设置，最终关于课程设置达成了一致意见：其 8 个学院教授 4 个方向——广播、报纸新闻、广告及数字媒体设计。

学校应该向学生提供最好的新闻教育，必须深入研究、充分准备，为开设媒介融合课程不断地寻求最合适的模式，这个过程不是建立在假设的基础上，而是试图去理解课程如何帮助学生在多媒体的环境中迅速成长。但需要注意的是，无论怎样设置课程，写作方面的基本技能以及新闻判断和价值取向都是不可动摇的基石。因为无论技术如何改进，媒介如何融合，编辑和新闻从业者无不认为，如何撰写好故事仍然是排在技能学习的首要位置，而且写作是新闻从业者需要具备的一项基本技能。

3. 新闻院校该培养专家还是通才

一般情况下，学生在许多新闻院校专攻的是一个系列中的某一领域，如新闻编辑、杂志、新闻摄影、广播电视等。那么，新闻专业的教育应该是专业化教育还是通识化教育呢？答案应该是对于交叉媒介的教育培训比专业化教育更为重要，当然，这样的教育并不能忽视专业化教育。也就是说，在学校教育中，新闻专业的学生要学习多项基本技能，如写作、编辑、电视节目制作、数字摄影、报纸设计以及网络出版等。以前，新闻从业者拥有多项技能是非常理想化的，将来，随着通识化教育的不断推行，将有越来越多进入就业市场的新闻毕业生会同时拥有多项技能，不但能够解决他们自身的就业，也可以满足整个媒体行业的需求。

新闻专业的教育不仅是为了帮助学生更好地找工作，还为了在媒介融合的环境中满足媒介集团及整个媒介行业对复合型人才的需求。学生应具备扎实的职业技能，并准备好在不断变化的媒介融合环境中行走自如。总之，立志于传媒行业的青年如果想要获得到成功，就应该准备好扮演多种角色。最成功的新闻从业者，是那些乐于承担任务，乐于自我学习，通过培训在多媒体环境中不断成长的人。新闻的专业化仍然被强调，但是在媒介融合的潮流下，跨媒体的职业能力将更加被青睐。

4. 平衡批判性思维和技术技能的教育

毫无疑问，新闻专业的学生，都应当具备技术技能，如网上信息搜索和网页设计等，同时也必须具有批判行的思维和职业道德，并熟悉媒体领域的法律法规等。新闻专业的毕业生需要拥有广泛、良好的全面教育；他们应该是一位拥有批判性思维的思想家；他们有能力把新闻写清楚，拥有一个严肃的工作伦理态度；他们具备良好的专业技能，在多媒体平台上游刃有余地工作，为多种形式的媒体做出贡献。虽然，技能技术对于今天的新闻职业生涯是举足轻重的，即使是印刷媒介的记者都需要具备专业技能，其他电子媒介更需要大量的计算机知识以及其他技术知识。但仅仅掌握技术技能并不会让你成为一名好的新闻从业者，批判性思维不仅与职业有关，还与整个人生有关，如果你的判断力和评判力不能提高，你就会成为社会的牺牲品。所以未来的学校教育应该在批判性思维和技术技能教育之间取得平衡，即强调批判性思维的同时，并不忽视技术技能的重要性。

对新闻专业的学生来说，学校是研究媒体的各个方面并掌握基本技术技能的最佳地方。而那些只能在工作中学到的技能，实习则是最佳方法。所以，新闻院校的教学应侧重于培养批判性思维，让学生了解新技术，并为学生制订一个综合的实习计划，让其既学习知识，又培养交叉媒体的技术技能。

5. 媒介融合教育最需要的教育内容

① 多媒体制作：为报纸、电视、网络编辑和制作新闻，为不同的媒体重新制作同一则新闻。

② 新技术：运用软件技术编辑视频、网页、图片、报纸、杂志等，熟练的操作电脑。

③ 良好的写作技能：以专家的视角进行写作，让人们记住并采取行动。

④ 批判性思维：用批判的眼光看新闻，了解新闻行业的法律法规，在报道中体现深入的见解，善于运用统计数据。

⑤ 电脑辅助报道：善于在网上进行专业信息检索，熟练地运用数据库。

⑥ 出镜报道：报纸记者要像新闻主播那样在相机面前进行新闻报道。

⑦ 视听制作：报纸记者应掌握牌照技术，电视记者应掌握摄像技术。

⑧ 第二语言：掌握一门外语，能够阅读并流利地对话。

⑨ 时间管理：善于掌控时间，乐于团队合作。

四、提供国家法律法规层面的支持

一直以来，虽然媒介集团在不同的市场中同时拥有多种媒介是被允许的，但跨媒介所有权在同一个市场内受到严格的限制，这是为了确保在一个市场内存在不同的声音。从20世纪末开始，媒介融合成为世界媒介产业发展的趋势，由于在同一个市场中拥有多种媒体可以覆盖更多的受众，大型媒介集团要求本国政府开放媒介所有权的呼声越来越高，各国似乎都在经历一场媒介规制的变革。

例如美国早在《1996年电信法案》通过时，就解除了对电信和媒体之间跨业经营的限制，即允许电话公司和有线电视业务领域的相互渗透。在过去一段时期内，为了防止媒体垄断，美国政府对一家公司所拥有的各种媒体的数量有所限制。但近20年来，美国政府对传播业的管制有一个深思熟虑的转向，那就是为了美国传播产业的全球化发展而放松管制政策。目前它仍然在积极推进对媒介所有权的规制改革。2006年FCC的新提案中将跨媒介所有权限制的市场下限降低到6家电视台。草案撰写者认为，6家或6家以上商业电视台的市场具有足够的竞争力，跨媒介所有权不会威胁到媒体的本土化和多元化。

由于近年来美国媒介集团对欧洲市场的冲击很大，欧洲各国也逐渐开放商业媒体，积极开展媒介融合管制的改革。来自市场的压力最终推动了媒介规制的变革，2000年7月，欧洲委员会采纳了欧盟执委会资讯署的《融合立法提案》，并最终于2002年由欧洲理事会批准为《电子通信和服务的管制框架》。依据2002年欧盟的管制框架指令，英国对其通信产业管理体制也进行了重大变革。2003年7月，英国议会批准了《2003年通信法》。该法在跨媒介所有权限制方面，特别是对商业媒体而言有所放宽。此外，大多数国家都顺应媒介规制变革的潮流，积极推进改革进程，放松管制。

由此看来，媒介融合的政府管理问题不在于政府是否放松管制，而是该在何时放松管制及放松的尺度该如何。如果媒介规制改革得以通过，一些大型媒介集团便会收购小型市场内的地方媒体，小型媒介集团也会联合起来，在集团内推行媒介融合。如此一来，不仅地方市场的媒介资源将得到整合，而且媒介集团的规模效应也得到极大的发挥，其新闻传播能力也会进一步提高，产生诱人的经济效益。

资本的自由流通需要宽松的政策环境，媒介规制的变革乃媒介融合的必要前提。而且媒介规制改革得越早，媒介融合的发展就越迅速。国内有不少媒介集团已意识到媒介融合能够提高传播效率，更能抢占市场先机，但大都苦于政策瓶颈难以推行改革。如此看来，中国要真正做大做强媒介产业，扭转与外国媒介集团竞争中的不利地位，规制改革势在必行。一旦政府管制放松或解除，跨媒介所有权得以开放，媒介集团显然会比其他媒体具备更强的市场竞争力，而且还能够适应社会发展的多元化、全球化潮流。

五、积极引导和培育媒体消费者

在媒介融合的背景下，受众角色将由单一线性演变为多重交叉。

在新媒体时代，各种形式的媒体已经无处不在，受众对信息的分割式消费已经向集合式消费模式转变，他们很可能会在同一时间一边浏览电子书或者阅读新闻，一边查找股市信息，一边听着音乐，和好友视频聊天，在论坛上发帖，还要不停地回复手机短信，同时，他们还可能将自己所掌握的信息传播给其他受众。所以，他们同时扮演着观众、听众、读者、参与者、用户等多重角色，与媒介形成高频率的接触，而受众对各种媒介的接触是相互交叉、互为补充的。

媒介融合就是通过交叉渠道向受众提供优质、高效、独一无二的信息产品，将这种高频率的接触转化成一种良好的传受关系，形成互动的、内在的联系。根据“需求一满足理论”，受众会主动地选择自己所偏爱的和所需要的媒介内容和信息，不同的受众可以通过同一媒介讯息来满足不同的需求，并达到不同的目的。同一类受众可以通过任何一种媒体，对该信息有不同程度的了解和认识，激发受众阅读、视听、参与等习惯的关注焦点相互交叉，并集中于媒介集团的整个媒介产品链，实现信息资源的最优化利用，以更完备的媒介获得新的受众，传媒集团的信息利用能力不断加强，信息产品整合、连贯，提高了传媒竞争力的要素水平。

媒介集团利用其规模优势，将可能扮演不同角色的受众最大限度地收归囊中，媒介融合则强化了这种角色扮演的程度，提高受众对整个媒介集团的偏好与青睐度及忠诚度。媒介融合交错复杂的媒体业务网状结构，具有极大的联动效应，加大了受众接触同一媒介集团下其他子媒体的可能性，从而带动受众在进行其他信息传播角色行为时与传媒集团任何子媒体之间的关联。如此，媒介集团将读者、观众、听众、网民，以及手机用户等全部吸引到媒介集团中，作为集团的核心受众群体，形成集团竞争力的终端优势要素。

此外，融合新媒介的出现，将使普通公民获得从未有过的参与新闻传播的能力，他们可以借助手机、博客、播客、BBS 等发布新闻、表达观点。虽然专业媒介组织在新闻传播中依然占据主导地位，但不能否认的是，融合后的新媒介正在改变大众传播的面貌，个人对个人、个人对多人、多人对多人的传播网络已经形成，传者受众一体化将成为新闻传播的主体特征。新闻播主体在由职业新闻工作者独家垄断转变为职业人员与社会公众共同分享，来自普通民众的新闻和言论在新闻传播中占据越来越大的比重。受众将逐渐开始扮演起“草根记者”的角色，并在重大突发事件现场发布的新闻中一次次产生轰动效应。

受众角色的多重交叉不仅站在受众细分、针对性策略的背景之下，更将受众对媒体的作用和影响发挥到极致，如前所述的美国甘奈特集团设立甘奈特信息中心，不但利用受众资源发表更多由受众贡献的内容，使内容更加丰富、更贴近受众生活，而且还在与受众的互动中进一步发挥受众的舆论监督作用，提高产品的质量。

面对互联网、无线通信、直播卫星和4G通信技术等层出不穷的传播新技术、新媒介的蜂拥介入，数字化和多媒体的传播潮流势不可挡。而随着市场竞争的加剧，各种传播媒体都希望自身变得更加强大，以便在激烈的竞争中处于有利地位。于是，越来越多的媒体企业正在扩张，并使用新的途径传播信息，媒介融合就成为媒体竞争加剧过程中涌现的时代新潮，媒体正是在这种各种各样“需要”的系统中，相互合作、相互协调、生死与共。

整合联动的结果将是诱人的，网站的点击率不断创新高，报刊的发行量也保持相对平稳，广播电视的收听收视率仍然保持优势等等。融合之后，媒介集团的管理将更加合理，它们不断地调整内部组织结构，并整合了资源。而各取所需的人们，角色将由单一线性演变为多重交叉，他们不仅仅只是媒体的消费者，还是媒体的供养者。新世纪媒体的相互依存、相得益彰，展示了传播业共赢时代的新前景。

媒介组织为了适应他们各自的市场，将继续进行融合或者增加多媒体的内容演示。超级记者或者超级融合的媒介组织将不是重点，目标应当是为受众创造内容和产品的传播渠道。每个融合的组织将以客户为主导，并适应其特殊的市场及受众需求。无论什么样的市场或需求，信息、新闻或者娱乐都要容易被获得，并使受众得到附加值。

媒介融合仍然是未来的媒体行业中必不可少的一部分，而且其融合形式也将不断多元化，报纸与电视媒体融合，网络媒体与电视媒体融合，移动网络媒体、有线数字电视与宽带网 IPTV 融合等。而媒介融合以后如何操作将仍然为分析家们、行业执行者们、学者们以及批评家们所关注。经验主义的研究将帮助探知媒介融合在哪些方面正在发展壮大以及在哪些方面正在衰落。批评家们将会警觉地看待业界和学术界，提出集中所有权所产生的影响以及公共领域多种声音的问题。

参考文献

[1] 刘扬 . 媒体融合环境下市级电视台发展对策研究 [D]. 中南大学，2010.

[2] 潘元金 . 融媒时代摄影记者的机遇及挑战 [J]. 新闻爱好者，2009，24.

[3] Stephen Quinn， Vincent F. Filak. ，媒介融合： 跨媒体的写作和制作 [M]. 任锦鸾，译 . 北京： 人民邮电出版社， 2009： 2.

[4] Rich Gordon.Digital Journalism： Emerging Media and the Changing Horizons of Journalism[M]. New York： ILowman& Littlefield. 2003： 57-73.

[5] 蔡雯 . 从“超级记者”到“超级团队”——西方媒体“融合新闻”的实践和理论 . 中国记者，2007，1，81.

[6] 陶喜红 . 论媒介融合在中国的发展趋势 [J]. 中国广告，2007，6，160.

[7] 张海鹰，赵凯 . 电子报纸的形态和发展方向 . 新浪网：http： //iask.sina.com.cn/b/7052300.html，（2009 年 12 月 12 日）.

[8] 魏辉，王志刚 . 当前国内媒体融合的几种形式 [J]. 青年记者，2009，14：71.

[9] 陆小华 . 新媒体观： 信息化生存时代的思维方式 [M]. 北京： 清华大学出版社 . 2008： 157.

[10] 杨成 . 三网融合下的边界消融 [M]. 北京： 北京邮电大学出版社 . 2011： 1.

[11] 陆桂生， 邹迎九 . 我国媒介组织结构的设计及其发展趋势 [D]. 桂海论丛 . 2007，3： 90-93.

[12] 金珠 . 媒介融合时代广播媒体发展策略研究 [D]. 华中科技大学，2012.

[13] 徐沁 . 泛媒体时代的生存法则—论媒介融合 [D]. 浙江大学，2008.

[14] 张恒 . 媒介生态中新兴媒体与传统媒体的融合之道 [D]. 上海戏剧学院，2010.

[15] “九五”我国报业发展回顾，http： //www.pac.org.cn/htm/nianjian/2001/95/03.asp.

[16] 陈正荣 . 集团之后, 广电体制向何处去, http: //www.80075.eom/qiyeguanli/200807/30-301452.shtml, (2008 年 7 月 30 日).

[17] 桑翔 . 中国媒体融合的现状、模式和趋势研究 [D]. 华东师范大学，2009.

[18] 陈力丹 . 西方新闻传播产业化的进程 [J]. 现代传播，2001，6：22-25.

[19] 朱春阳 . 现代传媒集团成长理论与策略 [M]. 上海：上海人民出版社，2008.12-13.

[20] 曾静平 . 三网融合中的广电生力军——中国广播电视网站发展现状解读 [J]. 中国广播电视学刊，2009，12：19-21.

[21] 杨娟 . 中国媒介生产融合研究 [D]. 华东师范大学，2011.

Part 4　新媒体数字化传播

第一节 数字新媒体

一、数字新媒体的内涵

相对数字新媒体，业界更多地使用“新媒体”这一说法。实际上，在对新媒体进行定义的时候，很多专家都明确说明是建立在数字技术基础之上的，如：清华大学新闻与传播学院熊澄宇教授：“在计算机信息处理技术基础之上出现和影响的媒体形态”；新传媒产业联盟秘书长王斌：“新媒体是以数字信息技术为基础，以互动传播为特点、具有创新形态的媒体”；中国传媒大学黄升民：“构成新媒体的基本要素是基于网络和数字技术所构筑的三个无限，即需求无限、传输无限和生产无限”。

安徽大学蒋宏的《新媒体导论》：“新媒体是指 20 世纪后期在世界科学技术发生巨大进步的背景下，在社会信息传播领域出现的建立在数字技术基础上的使传播信息大大扩展、传播速度大大加快、传播方式大大丰富、与传统媒体迥然相异的新型媒体。就其外延而言，新媒体主要包括光纤电缆通信网、都市型双向传播有线电视网、图文电视、电子计算机通信网、大型电脑数据库通信系统、通信卫星和卫星直播电视系统、高清晰度电视、互联网、手机短信和多媒体信息的互动平台、多媒体技术以及利用数字技术播放的广播网等。”这是综合了相关概念论述后从技术角度给出的一个比较全面的定义。

根据这些定义和媒体的实际应用，笔者在本书中将“数字新媒体”与“新媒体”不再加以区分。

当然，对于“新媒体”的定义，专家学者们各有见地，至今没有定论，其主要原因就是新媒体的发展速度太快，形式太多。一些传播学期刊中设有“新媒体”专栏，但所刊载文章的研究对象也不尽相同。除了上述学界专家的定义，实务界也从不同的角度给出了不同的定义：美国《连线》杂志对新媒体的定义是：“所有人对所有人的传播”。BlogBus. com 副总裁兼首席运营官魏武挥的定义：“受众可以广泛且深入参与（主要通过数字化模式）的媒体形式”。

分众传媒 CEO 江南春：“分众就是区分受众，分众传媒就是要面对一个特定的受众族群，而这个族群能够被清晰地描述和定义，这个族群恰好是某些商品或品牌的领先消费群或重度消费群。”

阳光文化集团首席执行官吴征：“相对于旧媒体，新媒体的第一个特点是它的消解力量——消解传统媒体（电视、广播、报纸、通信）之间的边界，消解国家与国家之间、社群之间、产业之间的边界，消解信息发送者与接收者之间的边界，等等。”

当然，对“新媒体”的定义还有更多的解释与演绎。

虽然不同的专家从不同的角度给出了不同的解释，但他们对“新媒体”内涵的理解在本质上是一致的：新媒体是建立在数字技术和网络技术基础上的各种媒体形式，是对大众提供个性化内容的媒体，是传播者和接受者融会成对等的交流者、无数交流者之间又可以同时进行个性化交流的媒体。“新”最根本体现在技术上，同时也体现在形式上，有些新媒体是崭新的，如互联网；而有些是在旧媒体的基础上引进新技术后，新旧结合的媒体形式，如数字杂志、数字报纸、数字广播、手机电视、数字电影、数字电视、移动电视等。

以笔者之见，报纸、杂志、广播、电视是公认的四大传统媒体。除此之外，其他各种新兴的或杂糅的形式都可以称之为新媒体。这是本书采用的新媒体定义，并以此为依据进行论述。当然，这种用排除法的圈定无法构成准确的定义，但是，在业界专家尚莫衷一是的情况下，却可以让人们不再陷于定义之争，而集中精力和创意去“扩大”新媒体的范围。

二、数字新媒体的发展里程

从历史发展的角度来讲，新媒体的产生往往带动一个新兴产业的出现，或为传统产业提供新的发展空间，可以说传媒产业的每一次升级都与新媒体的产生直接相关，勾勒出传媒市场在每一次新媒体冲击下的重构过程是新媒体形态研究的关键。

整个新媒体产业链是由多个个体组成的，这里面有内容提供商（内容的制作者和提供者。新媒体的内容提供者主要包括专业的内容提供商、企业主和个人）、软件及技术提供商（新媒体整个产业链的运作中业务、资费、管理等环节的软件和技术提供者）、网络运营商（拥有骨干和核心网络资源，通过建立虚拟网络来进行运营服务，为平台提供商提供网络支持，如无线网络运营商、固网运营商、数字广播网络运营商等）、平台提供商（内容呈现平台，指为网络分享、交易等服务提供网络空间、技术支持、服务支持的计算机网络系统的网络运营者，如国内知名 C2C 网站淘宝网、视频直播网 PPLive、播客网站我乐网等）、营销机构（根据信息发布者需求，提供营销活动前期调研、营销方案制订、方案执行监督及效果评估等服务，如广告公司、PR、SP 公司等）、终端提供商（新媒体传输的最终环节，是新媒体传给受众的实现工具，如电脑、电视、手机）、受众（信息的接收者，新媒体时代的受众是具有信息接收者和信息生产者双重身份的人）、检测机构（提供效果评估的机构，对广告的传播效果、到达效果、用户行为等指标进行综合评估、分析，为下一步企业主营销计划提供参考）和企业主（使用新媒体进行营销活动的发起者，新媒体营销服务费用的提供者）等组成，整个产业链中每个个体都有各自的作用且环环相扣，形成了一个有机的整体 [1]。

2005 年，在北京国际广播电影电视设备展览会 BIRTV2005 上，中国第一届数字新媒体高峰论坛成为一大亮点，该论坛围绕数字新媒体的机遇与挑战进行了探讨，对新媒体的相关业务在融资、资本运作方面也做了一些分析。此后，每年的 BIRTV 上都少不了对数字新媒体的探讨。BIRTV2009 于 2009 年 8 月 26-29 日在北京国际展览中心举办，第五届数字新媒体高峰论坛也于 8 月 27 日同步举办，论坛结合广电的发展方向，围绕 BIRTV 组委会“CMMB/ 网络电视 IPTV/ 新电视”三大展会亮点，就“新媒体与三网融合、地面数字电视推广、CMMB 手持电视新进展”三大主题展开了深入交流和探讨，综论数字新媒体产业政策、标准、技术与运营，以促进我国数字新媒体产业的发展，推动“三网融合”的进程。

近年来，我国的数字新媒体产业发展迅速。

2005 年，我国有线数字电视取得突破性进展，数字电视用户达 439.3 万。2005 年，各地车载移动电视发展迅速；同时，IPTV 成为业界瞩目的热点。

2006 年 1 月，央视高清及上海文广“新视觉”两个高清电视频道正式播出；2006 年 3 月，AVS（Audio Video Coding Standard，我国具备自主知识产权的第二代信源编码标准）视频部分获批成为国家标准。

2006 年 4 月，高清电视终端标准出台；高清电影频道开播；央视获得第二张 IPTV 牌照；2006 年 8 月，地面数字电视标准公布；2006 年 9 月 6 日，北京人民广播电台开通 DAB 广播式手机电视业务，除转播 12 套北京人民广播电台节目外，还首播中央一套及北京一套的电视节目（三者的融合包含了电视内容丰富、手机携带方便和广播覆盖面广、可移动接收的多种优点，有利于扬长避短）。

2006年10月，发布“中国移动多媒体广播系统”行业标准。

2006年，基于3G及广播电视网络的手机电视业务蠢蠢欲动，3G的数据传输速度有了大幅提升，能够处理图像、音乐、视频流等多种媒体形式，提供包括网页浏览、电话会议、电子商务等多种信息服务。

2008年，我国开展地面高清晰度电视广播和卫星移动多媒体广播业务。2008年在奥运城市都有地面数字电视广播（包括高清晰度电视和车载移动电视广播）和卫星地面移动多媒体广播。

2008年，中影集团启动了“新媒体视听节目制作计划”。参与该计划的合作单位包括新浪网、土豆网、中国移动手机电视、空中网、腾讯网等多家新媒体。目前已推出《扁豆先生》、《众里寻她》等20部新媒体作品在视频网站上免费试播。在未来几年内，中影集团将借助网络、手机等新平台，联合一些民营公司，将推出近千部针对网络的电影短片；

2009年1月7日，中国工业和信息化部发放了三张第三代移动通信(3G)牌照。中国移动获得TD-SCDMA牌照，中国电信获得CDMA2000牌照，中国联通获得WCDMA牌照。

2009年7月5日，我国研制出新媒体手机数字平台，人们在手机上“看”原版报纸，将很快变成现实——经过一年多的努力攻关，我国科技工作者日前研制出一套能在手机上原版再现报纸的新媒体手机数字平台。

这款名为“报讯通Newnews3G1.0”手机数字平台，5日在京通过了技术成果鉴定。专家们认为，“报讯通”意味着我国首次在手机上实现了对报纸原版的阅读，技术上具有创新性。

当时全国有6亿多手机用户。随着多媒体技术的发展，手机正继网络之后成为最新的媒体终端。发展手机报，也已成为许多媒体尤其是纸质媒体的必然选择。目前的手机报多以彩信方式接收，能否以原版方式在手机上阅读报纸，成为人们的一个梦想。当天，新华社刊发《我国研发出手机原版阅读技术》文章，中央电视台等多家媒体也相继播出，在国内引起强烈反响，该技术开启了中国传统媒体数字化传播的先河，并有力推动了新旧媒体的融合发展。

2009年，虽然金融危机给全球经济带来了很大冲击，但我国的新媒体产业仍在继续稳步发展，高清电视、电视台内数字化网络化改造、有线电视数字化向NGB演进、无线广播电视数字化、CMMB移动多媒体广播电视和网络广播电视等新媒体产业都在有条不紊地进行。

2009年9月28日，中国9家卫视（中央一套、北京卫视、东方卫视、广东卫视、深圳卫视、浙江卫视、湖南卫视、黑龙江卫视、江苏卫视）借新中国

60华诞将临之际隆重推出全新高清版电视节目，拉开了我国数字高清时代的序幕。

2009年12月28日，酝酿了近一年的中国网络电视台正式开播。在“国家网络电视台”诞生前夕，12月18日，湖南广电集团宣布芒果网络电视启用独立域名，成为省级卫视当中率先进入网络电视的媒体。不仅如此，湖南卫视还将触角伸到了电子商务和影视制作等新媒体领域，分别与盛大和淘宝网合作，通过产业链的延伸来实现赢利模式的拓展。除了湖南广电之外，上海文广投资组建的东方宽频推出了“上海网络电视台”，浙江广电旗下新蓝网上线测试，云南“爱上网络”网络电视台正式挂牌，江苏网络电视台也已测试上线，阳光媒体集团入股PPLive，共同打造中国第一女性网络电视平台。此外，凤凰卫视等都在准备推出网络电视台。

从《中国传媒产业发展报告》历年发布的统计数据就可以看出，传媒产业的产业结构正在发生巨大变化[2]。“从一定意义来说，网络等媒体产业的生存能力取决于‘内容’的创造和消费，取决于与广大消费者的日常生活、工作和娱乐、休息的联系。”[5]新媒体技术促使媒介产业实现产业结构升级和调整，内容的创意与生产逐渐凸显出愈发重要的作用。这一变化已经在电视的制播分离、网游的开发与运营、动漫节目制作等领域明显地显现出来，并成为创意产业的重要支柱领域。此外，从产业角度来说，新媒体的出现加速了资本的投入。原本国家控制非常严格的新闻媒体行业，也开始引入外资和民营资本，除分众传媒和新浪网、搜狐网等商业网站外，比较著名的还有“中青网”以及一些民营的影视制作机构等。新媒体改变了媒介产业的价值链。

三、数字新媒体的研究现状

近10年来，新媒体逐渐成为很多传播学研究学者关注的热点。根据对相关文献的整理，可以发现对新媒体的关注有两种取向：第一种是从整体上考察新媒体的历史、社会影响、演进规律和政府规制等；第二种是分别研究各种新媒体的相关议题。第二种研究取向的文章数量更多，可能是因为其符合传播学研究传统而且更加明晰、便于操作。其中又以网络媒体的论文数量最多，成果最丰富。但是由于新媒体都具有数字化传播的特点，在技术上有可能实现信息的一元化处理和网络化传播，所以对其进行整体探讨也是一种非常必要、有效的研究思路，如有学者提出“融媒”、“整体的传播系统”等概念。创新扩散理论以及使用与满足理论在新媒体研究中也发挥了很强的解释力，但仅仅依赖这几个传统传播理论并不足以解释新媒体发展所引发的众多理论和现实问题。所以新范式、新理论和新概念的导入无疑是一项非常重要和基础的工作。国外的新媒体研究给了我们很多启示，对他们研究的理解和吸收无疑将有益于我国新媒体研究的推进[4]。

现代意义上的"新媒体"诞生于何时？法国学者弗兰西斯·巴尔和杰拉尔·埃梅里合著的《新媒体》一书认为“新媒体”问世于20世纪70年代之后；日本东京信息大学教授桂敬一在《多媒体时代与大众传播》中提出“80年代初出现新媒体热”的说法；美国哥伦比亚大学新媒体中心主任约翰·帕夫利克教授的《新媒体技术》一书在“回顾历史”的章节里加上了一个副标题——“千年之交的媒体”，这个时段有较大的伸缩性。尽管各家说法很不一致，但将新媒体崛起看作数字化网络技术普遍应用的结果却能够获得共识。

至于“新媒体”概念的提出，学界虽然已有不少相对具体的说法，但存在明显的矛盾之处。例如，有一种观点认为，美国CES（哥伦比亚广播电视网）技术研究所所长即NTSC电视制式的发明者P.戈尔德马克(P. Goldmark)是“新媒体”概念的首创者。他在1967年发表的一份关于开发EVRC电子录像商品的计划中第一次提出“新媒体”一词。1969年，美国传播政策总统特委会主席E.罗斯托(E. Rostow)在提交尼克松总统的报告（即著名的“罗斯托报告”）中更是多处使用了“新媒体”概念。由此“新媒体”一词风行美国并很快蔓延欧洲，不久以后便成为一个全球化的新名词[5]。

这种颇为流行的说法其实并不确切，“新媒体”概念至少可以追溯到20世纪50年代。例如，1959年3月3日，马歇尔·麦克卢汉应邀赴芝加哥，参加全美高等教育学会举办的会议。会议的主题是“与时间赛跑：高等教育新视野与要务”。麦克卢汉讲演的题目是“电子革命：新媒体的革命影响”。在这次听众逾千人的大会上,麦克卢汉宣称 从长远的观点来看问题,媒介即是信息。因此社会靠集体行动开发出一种新媒介（比如印刷术、电报、照片和广播）时，它就赢得了表达新信息的权利。印刷术把口耳相传的教育一扫而光，这种传授方式构建于希腊—罗马时代，靠拼音文字和手稿在中世纪流传下来。几十年之内，印刷术就结束了历经2500年的教育模式。今天，印刷术的君王统治结束了，新媒介的寡头政治篡夺了印刷术长达500年的君王统治。寡头政治中，每一种新媒介都具有与印刷术相同的实力，传递着相同的讯息。麦克卢汉所说的“新媒体”虽明显是一个历史性概念，他所罗列的“印刷术、电报、照片和广播”无一不是我们今天所说的“传统媒体时代的‘新媒体’”，但他敏锐地看到，凭借电子手段，各种文化和各个媒介发展阶段的并存使我们从媒介的感知奴役中解放出来；媒介在各个发展阶段的特定倾向对人的感知都是一种奴役。麦克卢汉的讲演为我们认识“新媒介”的本质提供了一种历史眼光和普遍联系的洞见。

即使从麦克卢汉关于“新媒介的革命影响”的讲话算起，“新媒体”研究至少也有近半个世纪的历史。当然，麦克卢汉的概念，与我们今天所说的“新媒体”已经存在巨大的差别。

毕竟，他生活在一个以报纸、广播、电视为主导媒体的时代。巴尔和埃梅里在《新媒体》开篇就试图解答这样一个问题：“新媒体‘新’在哪里？”“它是指某一种酒是‘新’的，还是指‘新思想’那种意义上的‘新’，因而是在为某种最近才第一次出现的事物定性呢？还是像人们说某种艺术、某种风格、某种语言是‘新’的那样呢？就是说一种未见过的、新颖的、创新的东西，与传统的、固有的相反呢？是否更应该认为‘新’这个形容词仅仅指状况的变化；各种媒体只是在它有不同的作用或追求不同目的时才成为‘新’的呢？电视文字广播和星状结构的有线网络这样一些通信系统，从更完全的意义上来说是‘新’的：它们实际上允许人与人之间或人与机器之间实现前所未有的通讯，与迄今已知的和试验过的通讯是根本不同的。”纵观上文众多新媒体的概念界定，我们看到，它们主要是从媒介技术的层面上来定义，从传播学的视角来审视。

第二节 数字新媒体的特征

一、数字新媒体的传播特点

从文字传播时代开始，人类就开始了体外化传播的过程，文字的普及使文化传承能够更加稳固地保存下来，而印刷术的出现又使这种传播走向大众化，再到后来的电子传播时代，实现了信息远距离快速传播，传播范围进一步扩大，时间进一步缩短，形式也变得多种多样，受众可以根据自己的习惯和兴趣来选择适合自己的媒体。这种选择权在数字新媒体时代变得更加个性化，受众在媒体发展史中所体现的主体性越来越强，媒体也在跟随者受众的需求来不断改进自己的传播形式，优化传播技巧。

1．“中心”转移与“非中心化”

在传统传播环境中，大众传播和人际传播泾渭分明，两者的最大区别是大众传播的信息单向流动、人际传播则是双向互动。而数字新媒体传播将两者融为一体，模糊了它们的界限。

与传统媒体相比，新媒体最大的特点在于传播形式由一点对多点变为多点对多点，同时拥有人际传播和大众传播的优点。信息的采集不再被专门机构垄断，人人都是信息的接受者，也是信息的采集者，进行大众传播，几乎不受身份、经济和技术等因素的影响，不论是出版者、传播者，还是消费者，对内容拥有对等的和相互的控制。这种变化一方面激发了受众对于传播的主动性，提高了受众在整个传播过程中的介入程度和地位，并促进了群体意识的生长；同时，也使受众更趋于“小众化”、“分众化”甚至“碎片化”。在传统的传播理论中，被动的、弱小的信息接收者（在传统媒体中受众的反馈形式单一，并受到把关人的严格控制）完全可以借助新媒体等新技术形式和信息平台形成一定话语权，完成一次完整的信息传播（在传播过程中可能绕开人为把关，最大限度地防止信息衰减），有时甚至还会产生很大的传播效果。广播、电视、报纸不再是中心话题的全部和主流信息的唯一渠道，受众自己也可以成为议程设置者。比如非典时期的博客传播和手机短信，就打破了传统媒体的舆论封锁，从时间上和传播流程上超越了传统媒体的反应和幅度。

在新媒体传播中，没有绝对的权威，也没有绝对的中心。人人都可以在虚拟的网络空间中发表言论和观点，任何权威的观点和声音都有可能遭到别人的攻击，可以说“处处是边缘，无处是中心”。

2. 双向性与实时传播

随着传播形式的改变，传播的过程也发生了根本改变。传统媒体传播过程中虽然也有双向交互和信息的互动，但由于受到技术条件的限制，在时间和空间上是“剥离”的，在传递的顺序上是有先后的，存在一定程度的时间成本；在信息资源采集方面，存在天然的稀缺性，而受众的选择权也是相对有限的，最重要的是受众的介入并不会改变原有传统媒体的传播模式和节奏。但在新媒体时代，新技术强调的准交互性和实时传播，使受众的反馈与信息同步传播。比如天涯社区、强国论坛等社区形式的出现。传播者和受众之间的界限被模糊和消解，传受合一在未来可能完全实现。这种个性化需求的膨胀也导致了信息资源的丰盛，时空打破，各取所需。这一方面赋予了受众民主和话语，但同时容易形成舆论的盲从，真相的被淹没，甚至造成“沉默的大多数”。

互动和实时是提高媒体用户粘着度和忠诚度的可靠途径，受众方与信息发布方的互动还可以更深入地挖掘信息的内在价值，了解需求方所思所想，为日后改进信息形式和质量提供有益建议，逐步实现按受众要求定制信息，按讨论沟通信息，按反馈修改信息。

目前传统媒体已经逐步提高了时效性，如报纸的加印特刊、广播的访谈栏目和电视台滚动播出的即时新闻,但受制于传统媒体技术和采编播方式的约束，新媒体仍然可以在互动和及时两个层面上大幅领先于传统媒体，比如网络、手机新闻可以全天候 24 小时发布；网络和手机聊天室可以深度参与，互动交流。

3. 数字化与网络化技术革命性应用

美国传播学家丹尼斯·麦奎尔认为：“真正的‘传播革命’（communication revolution）所要求的，不只是信息传播方式的改变或者受众注意力在不同媒介之间分布上的变迁，其最直接的驱动力，一如以往，是技术(technology)。”数字技术、计算机网络技术和多媒体技术的技术系统融合在一起构成了新媒体发展的技术平台，并为新媒体兼容各种新信息技术提供了基础。传输通道和编码解码的数字化技术促进了媒体融合与人机交互，计算机网络技术具有对共享数据资源集中处理及管理和维护的能力，多媒体技术让文字、语言、图形、图像等信息形态更符合个性化的要求。这些技术最大限度地实现了新媒体无成本约束和开放式生产，使传输终端日趋人性化、互联性，特别是一些“傻瓜式”的设计，降低了使用媒体的技术门槛，也在一定程度上消解了传媒机构的权威性。另一方面，技术的进步使信息及时、有效、方便、快速地传播，满足了受众日益扩张的立体动态需求，增强了信息的绩效和长期生命力。

4. 内容资源的不足

传播上的无限化、需求上的个性化和时间上的即时性、沟通上的互动性，正是基于数字新媒体的这些传播特点，才会在短短的几年间新媒体就取得了令人瞩目的成绩，给我们的生活带来深刻的影响，并在未来的发展中继续扩大这种影响。

然而，媒体是平台，内容是附着在平台之上的应用和服务，依靠平台生存和传播。目前大众的兴趣点在新媒体新终端的信息传播，无可厚非，但决定谁胜谁负的关键不在这里。只要标准和制式统一了，成本下降了，谁都可以方便地利用新媒体新平台进行信息服务，站在同一起跑线上，媒体之战谁能脱颖而出呢？其实，不管是新媒体，还是传统媒体，归根结底都是内容当家，内容才是媒体吸引受众的根本要素。“内容为王”的提法由来已久。在这一点上，数字新媒体明显处于劣势。

多年来传统媒体不断挖掘新的资源，拥有一大批专业从事内容开发、制作的优秀人才，与运营商建立了一条完善的产业链。传统媒体内容的成熟度、信息来源的构架化、品牌的权威度都是新媒体所无法比拟的。如互联网上的视频网站，主要靠网民上传和心照不宣的所谓“避风港”原则，一旦影视集团开始照顾自己的“嫡系”而将版权“惜售”，则很难为继下去。“2009 年整个行业的状况是，视频公司之间争抢内容，哄抬物价，导致版权购买的价格越来越高，原来电视剧一集几百，现在涨到几千，贵的甚至到了一万元，独家的话两万一集都有”，风行网 CEO 罗江春曾对此问题发表过自己的看法。近两年对手机电视的研究也多集中在如何开发节目内容上，技术上的融合最终将打倒“渠道为王”的媒体垄断源泉，“内容为王”才是未来媒体多元化格局下的真正掌控点和制高点。

二、数字新媒体的主要优势

首先，在信息传输的质量上，数字信息是“0”和“1”的编码，在接收时不是“复制”而是“再生”，因此只要基本的“0”和“1”的编码能够被识别，原始信息就能够被还原，信息的质量与原来的没有任何差别。这一点是模拟信号传输所无法比拟的。在模拟系统中，信息的“复制”传输只能不断增加噪声，使信息的质量越来越差。例如，如果将一盘模拟信号的音乐磁带翻录到另一盘上，然后再拷贝到另外一盘上，结果就会使信号的质量降低，出现噪声，而数字系统可以一次又一次地复制完美的拷贝。

其次，数字新媒体在信息传输的数量上大大增加。采用数字编码的信息可以被压缩，这样，在一个频道上就可以传输多个信息，这在以前是无法想象的。例如，视频压缩技术可以实现在以前一个节目的频道上同时传输 6~8 个节目；数字无线通信可以采用码分多址或时分多址的方式共享一个传输频道，这样一个频率就可以保证多部手机同时通话，并且通话质量不会受到任何干扰。另外，不仅更多的数字信息内容可以被压缩到现存的频道空间中，而且频道本身的数量也大大增加了。频道丰富了，在一个频道上传输的节目内容成倍增加了，就可以实现媒体点播。

再次，在传播的模式上实现了互动。数字新媒体允许信息在发送者和接收者之间双向流动，这是传统大众媒体所无法做到的。即使是施拉姆的 SMCR 模式注意到了大众媒体的反馈机制，但是传统大众媒体从根本上说还是一对多的传播，仍然谈不上信息的发送者和接收者之间的互动。计算机互联网的出现，使这一点变为现实，媒体点播也意味着互动性成为媒体发展的一个方向。

早在 1960 年，“地球村”的比喻就已经深入人心，人们认识到，随着交通工具和信息交流变得更加快捷，地球已经变得越来越小，好像一个村落。但是从媒体传播的频道，用户可以根据自己的实际需要选择其中的一部分；另外，V 芯片作为一种新的技术，可以自动屏蔽掉电视中出现的暴力或色情镜头；计算机互联网上的内容五花八门，为了使孩子免受不良信息的危害，家长可以通过给计算机编程来为孩子过滤节目；如今一些网页中也有新的编码，不仅能够帮助我们过滤掉那些我们不想看的广告等内容，同时也能帮助我们找到想要的内容。总之，数字新媒体给用户提供了更多的选择自由和选择主动权。媒体不再只是人为把关的媒体，更大程度上变成了“我”的媒体。

2010 年 4 月 7 日，中国互联网络信息中心（CNNIC）发布《2009 年中国网民网络视频应用研究报告》中显示：有 66.8% 的网络视频用户表示，与以往相比，观看电视的时间明显减少，其中有 23.7% 的用户表示现在基本不使用电视收看电视台的节目；56.7% 的网络视频用户认同对互联网的依赖要超过电视，其中有 26.9% 的人对这一描述非常认同；截止到 2009 年底，网络视频用户规模达到 2.4 亿，其中近 4000 万用户只在网上看视频，成为网络视频独占用户。在用户选择观看网络视频的原因中，突破了传统视频消费形式从内容到收看时间上的局限性、自主性更强成为最主要的原因，占到68.2%。在这个“我”的媒体时代，按受众兴趣或信息需求提供个性化服务的受众定制服务模式是新媒体的一大优势。传统报纸、广播、电视的信息扩散方式一般是统一制作节目然后面对所有人群发放或播出，即使有目标受众，也仅是分为不同节目内容，有特殊需求的观众需要自己对所有接收的信息进行筛选。

进入信息大爆炸的时代，信息获取方的需求方式发生了改变，人们普遍希望收到的信息就是自己需要的，而这可以通过对人群进行受众细分，采取信息定制服务的方式实现。正是由于未来受众越来越倾向于主动获取定制的信息，传统媒体发散式、填鸭式的信息传播方式逐渐式微，需要由供给推动型传播方式转变为需求拉动型传播方式。

第三节 数字新媒体与传统媒体的关系

一、共生共存

传统媒体虽然存在一些传播劣势，但其仍然是一段时间的主流而难以被取代，因此新媒体的发展必须建立在对传统媒体的继承基础上，毕竟内容优势短时间内不可动摇，而受众对传统媒体信息质量的信任也是电视、广播、报纸能长期受大众青睐的根本原因。

在中国，电视媒体仍占据着统治地位。3.84 亿的网民、2.33 亿的手机网民和 977 万的 3G 用户加起来也不到电视观众的数量，考虑到其中的重合部分，新媒体的受众覆盖率不到我国总人口的 50%，这跟 90% 以上的电视覆盖率不可同日而语。再考虑到中国人的生活习惯，很多网民和手机用户也习惯于在电视机前消磨很多时间，因此电视是当今中国民众接触最为广泛的传播媒体，传统媒体的势力不可小觑。一项美国的调查显示，在 18~34 岁的人群中，44% 的人至少每天上网看一次新闻，相比之下只有 19% 的人每天通过报纸或者电视获取新闻资讯。在欧美，网络覆盖率已超过了 70%、手机覆盖率也达到 90%，大多数信息来自于网络和手机，电视已经作为休闲补充媒体而出现，新媒体的大众意义非常明显[6]。毋庸置疑，随着新媒体的发展，中国的传统媒体生存空间也会逐渐缩小。

为了延续传统媒体的生命力，新媒体的传播特点也开始对传统媒体有所渗透，适当对网络和手机特点的借鉴和移植有利于电视、广播和报纸在信息时代更好地生存和发展。如新媒体的互动性，电视和广播均可以通过插播热线或制作专题来实现，即使互动性最差的报纸也可以将读者有奖提供线索的热线新闻作为社会栏目的组成部分，还可以引入读者直接参与的评论栏目。传统媒体更高的信息公信力和权威性，可以适当弥补信息传播时效性差和互动不够深入的弱点。

分工有序或许可以成为新媒体与传统媒体未来的发展方向。目前新旧媒体均花费了大量的精力建设各自领域的内容和通道，但受“木桶短板效应”的制约，未必能在两个领域都取得理想的效果。比如传统媒体建设的网站可能流量偏少，而新媒体的网站流量较大，但内容可信度不高。更失衡的情况是，新媒体以极低的价格甚至不支付成本就可获得传统媒体花费大量人力、物力、财力制作出的内容，传统媒体则要承受广告和受众双重流失的苦果。一个典型的例子是 2005 年法新社对 Google 的起诉。后者被指控在一直免费抓取并未经许可擅自在其 Google News 上引用法新社新闻标题、摘要以及照片，被要求赔偿至少 1750 万美元。其后美联社和东京时事社也提起类似诉求，这些指控迫使 Google 把数以千计的照片和新闻报道从 News 频道中删除。

我国在 2006 年 7 月 1 日施行的《信息网络传播权保护条例》中明确规定，任何组织或者个人将他人的作品、表演、录音录像制品通过信息网络向公众提供，应当取得权利人许可并支付报酬。因此，一种可行的思路是传统媒体与新媒体根据各自优势，各负其责，分别做好内容与传播的工作，在保护知识产权及合理利益分配的前提下对媒体进行产业链分工。在网络及通信渠道内，由传统媒体提供原创内容，由新媒体提供传播通道，受众通过新媒体的通路而寻找到传统媒体的原始信息，这不仅有助于传统媒体实现原创价值，也可以增强新媒体的影响力。当然，合理的利益分配是需要事先考虑周全的。

2015 年 5 月 5 日国家互联网信息办公室公布可供互联网站转载新闻的单位名单，为中央新闻网、中央新闻单位、部位网站，省级新闻单位及地方新闻网站。

二、交叉融合

新媒体和传统媒体在其独立发展之外，又是交叉融合发展的。一方面传统媒体将自己的触角延伸到网络空间使自己更为强大，通过网络传播进一步提高自己在传统领域的内容优势，如央视网、新华网。另一方面，一些新的媒体形式也由此诞生，电视与网络结合即出现了网络电视，手机与电视结合即出现了手机电视。由于各种媒体各具特点和优势，因此多种媒体的互补可以实现强强联合。如传统媒体与手机的结合可以有效细分受众群，获得较高的回报。在全新的商业模式下，手机电视可能带来较单一媒体更优越的流量和盈利增长。

因此，在提到数字新媒体时，并不能将其与传统媒体彻底对立。在新媒体时代，介质与传播形式将发生变化，传播的途径和手段会得到多样化的丰富，但传播的性质并没有改变，数字新媒体将取代传统媒体的说法是一种错误的理解。

三、共同信息传播

传统媒体与新媒体的结合，更显示出媒体的巨大影响力。2008 年，北京三环路部分坍塌，北京交管局通过手机短信提醒市民绕行；上海、南京、杭州等城市也有管理部门用短信提供公共信息的事例。这说明手机等新传播手段正发挥越来越大的作用。重庆市“钉子户”事件，先是由传统媒体报道，然后网络跟进，引起大批网民的声援，形成力量，支持屋主抗争，最终圆满解决。

新媒体与传统媒体的结合对于增加传媒影响力比较全面的体现是 2008 年对于“5.12 大地震”的报道。新媒体方面的主要讨论集中在各大 BBS 和百度贴吧上。新媒体的社区性和交互性在这次事件中表现得淋漓尽致。白云黄鹤的学子版在线人数超过 300，而水木清华的特快版在线人数更是一度超过 5600。博客对地震事件也纷纷发表了原创的资源（视频、图片等）。总之，新媒体的声音非常全面、新颖、及时、细致，但是大量冗余信息使新媒体发出的声音让人觉得不舒服。过滤系统亟待完善，而这些也是新媒体在社会上备受指责的最重要原因之一。传统媒体方面，电视广播倒是表现得非常“专业”。不过传统媒体毕竟资源局限，CCTV 新闻频道的消息仍然是以文字信息为主。相比互联网上的“五花八门”“各执一词”，传统媒体的信息报道非常严谨。这也使互联网上的各类应用发挥了更大的优势，让观众方便地了解更多情况。值得一提的是，两种媒体并非完全孤立：央视的主持人就表示自己下午也在网上搜索了相关信息；而互联网上论坛社区里面也有不少网友表示自己在电视里获知了什么消息。而最近改版的央视新闻也增加了从互联网中获取的信息与评论。

总之，传统媒体与数字新媒体的融合发展是媒体发展的一大方向，传统媒体在内容生产、品牌传播方面独具优势，新媒体凭借技术和渠道优势也占据强者地位；在新的竞合环境下，两者之间是一种相互依存、相互借鉴、共同发展的互补关系。

第四节 数字传播技术推动新媒介融合

一、前融合阶段：模拟传播技术时期的跨媒介协作

1. 模拟传播技术时期的跨媒介协作

前融合阶段是一种笼统的提法，它指代的是人类大规模使用媒介之后数字媒体出现之前的媒介发展时期。这个时期的传播技术并非和模拟传播技术完全对应，例如早期的印刷技术就不是模拟技术。然而从历史的角度来看，传播媒介在近代迅猛发展和模拟技术的突破关系密切，其中模拟电子技术对大众传播媒介的影响尤为明显。

传统媒体中，广播和电视是由模拟电子技术的发展而出现的媒体，它们对模拟电子技术的依赖是与生俱来的。报纸虽然不是直接有模拟电子技术推动，然而媒介技术体系进步促使报纸也利用模拟电子技术来提升传播能力扩展传播功能，电报技术帮助报纸更快更全面地获得新闻信息就是报纸媒体对模拟技术应用的典型例子[7]。

模拟技术在一定时期内对媒介发展起到了主要推动作用，然而受众需求、媒介变革等方面的变化使模拟技术呈现出一定的技术限制。由于媒介种类的日益增加，媒介竞争日趋激烈，而媒介之间的竞争主要集中在对内容的掌控、传播响应速度以及传播空间覆盖能力上。单纯依靠单一的媒介采编与传播系统已经很难在竞争中获得优势，为了获得更好地传播效果，跨媒介协作成为重要手段。跨媒介协作是不同的媒介通过机构合作，在传播目标和传播效果方面各自侧重、相互补充、共享资源从而形成传播合力的简单描述。

2. 跨媒介协作的操作方式——以内容资源交换

跨媒介资源交换在模拟传播技术的支持下存在“先天”困难。下面以报纸从广播电视媒介获取信息的过程为例，简单解释模拟传播技术环境下的媒介实现跨媒体内容资源交换的步骤。

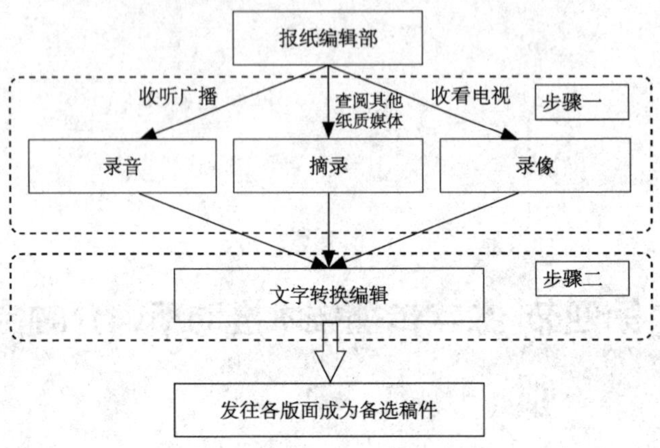

图 4-1 基于内容资源交换的跨媒介协作

从图 4-1 中可以看出，报纸要想利用广播和电视媒介的内容要经历两个主要步骤，步骤一主要完成寻找信息，步骤二主要完成信息转换。而在模拟技术的支持下，这两个步骤都存在一定难度，或者说要完成这两个步骤所需要付出的成本比较高。

步骤一是报纸媒体从其他媒体搜集内容信息的过程。传统媒体各自使用不同的发行系统，导致信息搜集的时间周期较长、成本较高。从图 4-1 中可以看出，报纸要共享新闻信息可以从广播、电视或其他纸质媒体中获取。从其他纸质共享新闻信息需要人工大量阅读记录；而从广播和电视媒体共享新闻信息则不仅需要大量的人工浏览广播和电视内容，还需要相应的记录设备辅助，例如录音机、录像机等。由于独立经营的媒体众多，想要全面掌握新闻内容对于模拟条件下的媒体来说是需要投入巨大的人力资源和财力资源。简单来说，在模拟技术条件下，由于各种不同媒体使用各自独立的发行系统，导致媒体之间的信息共享存在明显的壁垒。

步骤二是报纸媒体将从其他媒体搜集到的内容进行文本格式化的过程。从其他纸质媒体获取的内容需要经过重新录入、排版的过程才能被使用；而从广播、电视媒体获得的内容则更加复杂，需要通过对所得音频或视频信号的人工理解转化为相应的文本内容。简单来说，在模拟传播技术的支持下，各种媒体的内容符号载体差异，使媒体之间的内容交换共享必须经过格式转换的过程，而这个转换过程同样需要大量的人工体力和脑力的投入，会给媒体经营者带来巨大的成本负担。从对以上两个步骤的分析不难看出，模拟技术虽然扩充了传播媒体的传播功能和能力，但也成为制约媒体更好发展的因素。

3. 模拟传播技术对媒介融合的限制

跨传媒协作可以提高媒介传播效益，提升媒介竞争能力。然而，这种跨媒体间的协作往往伴随着较高的合作成本，根据合作效益原则，这一时期的媒介协作往往伴随的是传媒集团化，将外部协作转化为内部合作。即便是将不同的媒介捆绑在同一集团下，模拟传播技术支持下的不同媒介在内容生产、传播渠道和终端之间还是存在较大的技术壁垒，条块分工明确，媒介之间只能发生表层关系（物理关系），而无法深入融合（化学关系），即模拟传播技术体系限制了媒介融合的可能性，使跨传媒协作成为时代的选择。

二、融合阶段：数字传播技术支持下的媒介融合

互联网出现以后，业界和学界都在关注在互联网的冲击下，各种媒介如何发展。早期的很多学者提出了媒介泡沫论，即互联网将导致传统媒介，尤其是传统电子媒介（电视和广播）化为泡沫。然而人们对互联网最初的热情逐渐被随后的冷静取代的时候，我们可以更加清醒地认识新媒体对传统媒体的影响，即前文提到的媒介发展是传播技术体系演进的问题。本节将主要论述现阶段传统媒体和新媒体的相互融合。现阶段的媒介融合是指不同类型媒介相互借助原本归属性很强的资源实现自身更好发展的行为，主要表现为传统媒介融入新媒体内容生产技术、传播渠道以及终端；新媒体融入传统媒体成熟内容生产能力以及业务模式。

1. 传统媒体借助互联网拓展发行渠道

上一节提到了媒介发行渠道的问题，所谓发行渠道即媒介流通的传递系统。本节将分别论述传统媒体和网络媒体发行渠道的特点和传统媒体对网络发行渠道的借助。

有代表性的传统媒体的发行渠道包括报纸发行渠道和广播电视发行渠道。报纸的发行渠道基本经历了两个阶段：邮发合一阶段和自办发行阶段。邮发合一阶段，邮局是独家承担报纸发行工作的机构，报纸的发行渠道基本和邮政网络重叠；自办发行是报社根据自己的特点组织发行渠道的做法，其基本投送方法和邮政投送相似，区别在于自办发行的投送组织和人员由报社统一管理。除了上述两种发行渠道，报业还采取联合发行、委托发行等方法。然而从本质上说，这些方法都是通过人力和交通运输工具将报纸从印刷厂传递到报纸读者手上的过程。报纸的发行要遵循一个基本的规则，即报纸是将内容信息承载到印刷物上的实体媒介产品，它必须通过相应的物流措施才能被读者获取。如此，

报业系统的发行范围就受到很大限制，由于交通工具的传递速度有限，而人们对新闻时效性的追求不断加强，使没有计算机网络支持下的报纸发行渠道所覆盖的范围非常有限。

由于广播电视媒介采用电磁波作为内容信息的载体，广播电视媒介相对于报纸媒介的空间传输性能有了质的提升。以电视媒介为例，源自希腊语的英文Television有远距离传送声音和图像信号的技术性质。传统电视媒介的发行渠道主要借助无线电传输、有线传输和卫星传输三类技术，同时还要借助接收技术系统。虽然无线电技术帮助广播和电视实现了远距离信息、传播，然而这种发行渠道也存在模拟电子技术带来的先天问题：渠道对媒体内容存在适应性。所谓渠道对内容的适应性是指媒介渠道和所能承载的媒介内容存在对应关系，不能随意变化，例如报纸只能承载印刷的文本和图片，无线电波只能承载声音信号和图像信号等。这种渠道和内容的对应关系成为当前媒介扩大发行的障碍，因此众多传统媒介开始注意新技术，以便扩展自己的发行能力，形成更好的市场覆盖。

自1998年国际社会认可网络作为一种新媒体的身份，网络媒体正以极快的速度聚敛大众的注意力。集中于网络媒体上的庞大注意力资源为传统媒体的发行渠道提供了新的扩展空间。一时间报纸广播电视纷纷创建自己的网络版，希望通过网络版扩大自身的传播覆盖面和影响力。网络媒体发行渠道比传统媒体发行渠道在内容承载性方面具有明显的技术进步性。

从技术特性上说，网络传播当前的最大特点是多媒体，以往泾渭分明的媒体形态在以计算机为组成单元的互联网上都可以被制作、存储、传播和表达，而处理这些媒体形态只需要计算机里面的两种状态“0”和“1”。基于网络的多媒体特性，以往的传播媒体的内容形态在网络上都可以被兼容。当然目前网络媒体在内容形态的兼容性上也不是万能的，按照麦克卢汉“媒介是人体的延伸”的理论，传播技术的发展是对人体本身感官能力的扩展。网络媒体虽然可以兼容传统媒体的内容形态，然而这种兼容主要体现在视觉和听觉上，并非所有的人类感官媒介。正因为如此，目前的计算机系统只能被称为“多媒体系统”而不是“全媒体系统”。

从管理制度的角度来说，网络传播拥有相对比较宽松的制度环境，其传播覆盖能力相对于以往的报纸广播电视要强大得多，传统媒体的渠道覆盖能力除技术上的限制，还很大程度上受到制度的限制。传统媒体的这种缺陷在卫星电视上特别明显，单纯地从技术角度来说，卫星电视完全可以覆盖广阔的地域，然而由于国家体制、意识形态等问题，各国都会对其他地区的卫星电视节目进行限制，以至于多数卫星电视节目都只能在本国范围内收看。此问题在网络媒体领域改善了很多，虽然各国对互联网传播的内容也会进行适当控制，但相对传统媒体，这种控制的力度是较弱的，同时由于互联网具有“冗余通信”的特点，很多针对网络传播的控制都难以做到“密不透风”。一个简单的例子，我国大众无法收看 BBC 电视台的节目，然而却可以轻松访问 BBC 的网站。

从媒体经营的经济角度来说，传统媒体的跨区域传播需要较大的经济投入。电视媒介跨区域传播要借助卫星等先进的通信设备，而租用这些设备的费用往往比较昂贵；印刷媒介跨区域传播责需要在异地开设印刷机构，组件发行团队；广播媒介跨区域传播的主要手段是短波，然而短波信号不稳定，且广播的主要受众都使用调频立体声，因此，广播媒介要实现跨区域传播必须租用异地的调频频率资源或者和当地广播媒介合作，这些操作方法都需要较高的费用。相对于以上传统媒介跨区域发行的高投入，网络媒体跨区域传播边际成本基本为零，即网络传播的经营成本和其传播区域的大小没有关系，因为对地球表面而言，网络传播是“等距”的。

网络传播制造的“地球村”正是得益于其内容的兼容性和传播的等距性，然而目前的网络传播渠道也并非完美的。网络传播渠道的局限性除了上面提到的非全媒体，主要体现在受众群体规模不足、终端设备壁垒、地区基础设施建设差异三个方面。

CNNIC 的中国互联网调查报告显示，截至 2008 年 6 月底，中国网民数量达到 2.53 亿，网民规模跃居世界第一位。但是普及率只有 19.1%，仍然低于全球平均水平 (21.1%)[8]。从发展速度来说，网络媒体受众量的增长十分迅猛，然而对比传统媒体，网络媒体受众的绝对规模仍然不足，远不能和电视以及报纸媒体相比。这也造成目前传统媒体在利用网络媒体扩大发行渠道的时候往往将网络媒体作为一种辅助工具，甚至有些媒体利用网络仅是一种时髦的形式。

网络传播渠道局限在于网络终端设备的普及对受众接触互联网产生了壁垒作用。受众要接触互联网必须通过相应的终端设备，目前能够接入互联网的终端设备主要是个人电脑和高端手机，而相对于广播媒介的收音机、电视媒介的电视机，使用网络终端设备需要较高的知识水平，同时目前网络终端设备对于很多人来说是高级消费品。总而言之，技术和经济投入的要求构筑了网络终端设备壁垒，使很多人无法接触网络传播活动。

地区基础设施建设的差异性也使网络传播渠道存在局限。由于网络基础设施建设投入巨大，而且设备更新频率高，经济发达地区的网络基础设施建设往往好于经济落后地区。对经济发达地区而言，传统媒体借助网络传播渠道可以达到较好的传播效果，而对于经济相对落后的地区，网络传播渠道则难以辅助传统媒体的发行工作。

2. 传统媒体借助数字传播技术强化内容制作能力

媒体内容制作主要在于采与编，以报纸和电视媒体为例，传统媒体的内容采编已经逐步进入了数字化时代。

内容制作技术转向数字传播技术主要表现为采访数字化、编辑数字化、发行/播放数字化、存储数字化、内部管理系统数字化。内容制作技术数字化之后的媒体在内容制作能力上得到了长足的发展，例如计算机编排技术、激光照排技术对报纸媒介的推动；计算机非线性编辑技术、多媒体数据压缩存储技术对电视媒介的推动等。这些问题在第一章中笔者已经讨论，这里不再赘述。

当然，这里存在一个逻辑问题，传统媒体通过引入数字化传播技术提升内容制作能力是否说明传统媒体在向新媒体渗透，毕竟技术不等于媒体。以往有关传播技术研究的成果中，经常将某项技术和某种传播媒介形成固有对应关系。笔者认为，在当前数字传播技术阶段，不能再将技术和媒介简单对应。这里将传统媒介在内容制作上数字化的进步看作是传统媒介向新媒体的渗透，主要是因为在数字传播技术应用上新媒体先于传统媒体，且在新媒体的定义中，数字传播技术主导是重要的新媒体属性。

3. 网络媒体借助传统媒体内容拓展传播业务

当前新媒体的主要代表网络媒体虽然具备很多优势，业务扩展也很迅猛，然而毕竟诞生时间不长，相对传统媒体还存在很多不足，尤其在媒介的传播内容制作上，网络媒体和传统媒体还有很大差距。以我国网络媒体为例，其传播业务不仅受制于人力资源和经营水平还受到政策层面的限制。这里以商业网站为例，说明网络媒体借助传统媒体扩展自身传播业务。

信息海量化是网络媒体的典型特征，在没有自身制作内容能力和权限的情况下，网络媒体的信息主要来自两个渠道：受众渠道和传统媒体渠道。以网络社区、个人博客为代表的网络传播模式是为网络媒体提供内容的重要渠道，虽然这部分内容的制作者是普通的网络用户，但却并不逊色于专业媒体内容的影响力。这一问题将在后面的章节中详细论述，此处主要论述网络媒体从传统媒体获得内容支撑而开展的各种传播业务。

网络媒体诞生之初，很多人将其称为“报纸电子版”，虽然当时的网络媒体内容并非全部来自报纸，也有从广电媒体转载而来的内容，但网络新闻主要以文本形式为主，因此，称之为“报纸电子版”也不无道理。然而，网络媒体借助传统媒体的内容绝对不是为了成为报纸的附属品，在传统媒体内容的支撑下，网络媒体扩展了自己的传播业务，并逐渐跻身主流媒体的行列。一种没有内容制作环节的媒体如何被称为“主流媒体”？笔者认为，这可以用社会的信息总量和受众接收信息的能力之间的平衡以及信息消费的个性化趋势来解释。

没有人会否认当今是信息爆炸的社会，受众淹没于信息海洋中，多数学者认为当前媒介传播信息泛滥。受众面对海量信息会表现出无所适从的状态，此时对于受众更为重要的是如何从海量信息中选择适合自己的信息。从传受双方的角度说，传播者呈现给受众的信息量应该和受众能够接受的信息量保持平衡，两方之间的平衡是保证传播效率的重要基础。从这个角度来看，网络媒体的基本传播业务与其说是转载，不如说是选择和过滤。为了实现更大的市场影响力，网络媒体会根据自己的受众定位，按照受众的需求选择传统媒体中受众价值最大的新闻信息进行传播。这种对海量信息的选择和过滤大大提高了受众获取新闻信息的或然率，受众通过网络媒体既无须为过滤海量信息中的低价值部分付出较大的代价，又可以获得相对价值较大的新闻信息。媒介批判学者们认为，网络媒体对传统新闻的选择和过滤是存在“立场”的，而这种立场并不一定和受众的立场相吻合。笔者认同这一观点。由于市场竞争和行政管理的压力媒介对新闻的选择必然带有自己的立场，然而在网络媒介领域，受众在新闻传播活动中并非被动的，而是体现出明显的个性化信息消费特征，网络媒体采用的RSS技术为受众提供了按照自己意愿选择新闻信息的权限。RSS是在线共享内容的一种简易方式（由于目前尚未形成统一的RSS标准，对其定义主要有两种，一种叫“聚合内容（Really Simple Syndication）”，另一种叫“丰富站点摘要（Rich site Summary）”这种技术由网景公司首先推出，但在初期并未得到发展，近年来为应对博客等新型网络传播业务的迅速膨胀，RSS技术重新得到重视，并由戴夫·温那(Dave Winer)的公司userLand接手，继续开发新的版本。对于受众，RSS可以起到的作用简单说来就是“订阅新闻信息”。你不用再一个网站一个网站、一张网页一张网页地去寻找自己需要的新闻了，也不用受制于网络媒体为你筛选的新闻。只要这将你需要的内容订阅在一个RSS阅读器中，这些内容就会自动出现你的阅读器里，你也不必为了一个急切想要得到的消息而不断地刷新网页，因为一旦有了更新，RSS阅读器就会自动通知你。

除了上面提到的新闻选择过滤和个性化新闻聚合，网络媒体也利用链接技术将相关的新闻信息进行有机组合，形成网络新闻专题，成为议程设置的有效方式。相对于传统媒体新闻专题，网络新闻专题的容量限制小，集成性好，制作灵活。在"5.12地震"灾害发生后，我国网络媒体通过对传统媒体报道的相关新闻整合而形成的网络新闻专题发挥了重要的舆论引导作用，有力配合了抗震救灾工作的顺利进行。

传统媒体的“使用与满足理论”说明受众接触传播媒介不仅为了获取信息，还包括获得娱乐等其他目的。虽然网络媒体与传统媒体的“使用与满足理论”并非完全相同，然而在娱乐功能方面，网络媒体相对于传统媒体则显得更强势。网络媒体的受众中有相当部分是从接触计算机游戏而对网络产生兴趣的。

目前网络媒体的娱乐功能已经从单一的计算机游戏扩展到了各种娱乐行业，以PPlive为代表的网络视频点播技术将传统广播电视节目整合到网络上，并以自由点播的形式给予受众更大的选择权，其传播内容虽然多来源于传统媒体，但却比传统媒体更具娱乐性。

虽然网络媒体自身的内容制作能力在不断提升，尤其是在web2.0技术的帮助下，大众制作业务得到了长足的发展，甚至有赶超编辑中心制作的趋势，然而，和传统媒体相比，目前的网络媒体的内容还略显贫乏，只有充分和传统媒体合作，网络媒体才能够获得足够的内容支撑，实现更多的传播业务功能。

4. 新旧媒体共享数字通信网络和终端

第一章中笔者用体外化、机械化和电子化概括了传统媒介技术长期的发展过程。按照麦克卢汉“媒介是人体的延伸”的理论，人类的媒介发展是人类的感官机能不断外化的过程，这种感官机能外化并非是平衡的，而是将几种感官分化独立扩展，例如印刷媒体是对人类视觉能力的扩展而广播媒介是对人类听觉能力的扩展。经过长期磨合发展，各种传统媒体形成了对人类感官的不同要求，也就形成了各自的信息载体，不同的载体也就决定了媒介使用不同的发行渠道和媒介终端。

数字传播技术的出现让传统媒体的信息载体出现了另外的可能，传统媒体无论是传播渠道还是媒介终端上的唯一性成为历史。数字通信网络和计算机（包括所有具有信息处理能力的个人信息设备）不仅是新媒体专属的工具，传统媒体同样可以使用这些新渠道和终端。相对于新媒体的很多未知性，目前的传统媒体将自己的内容进行数字化处理便可以通过数字通信网络和终端送达媒介受众。新媒体和传统媒体对数字通信网络和终端的共享实质就是媒介融合的一种先期形态。

5. 数字传播技术推动媒介内容融合

市场营销学中有个著名的USP理论，也叫“独特销售理论”，也就是给产品一个买点或恰当的定位。USP理论使商业领域认识了差异化竞争的力量。内容产品的生产是媒介的主要任务，也是二重销售的根本，内容产品的竞争力直接决定了媒介的生存问题。按照USP理论，不同的媒介在内容生产上应该体现出自己独特的优势，即和其他媒介有明显差异。这里的差异有两个层面：同样的媒介不同媒体机构之间的差异、不同媒介之间的差异。相同媒介不同机构之间的内容产品差异化更多是从商业竞争的角度展开研究，本文不做过多论述。而不同媒介之间的差异则更多的是由媒介本身的特征决定的。为了获得更多的受众资源，充分发挥媒介优势，制作差异化的内容产品是媒介市场竞争的主要手段。这里所谓媒介特征是指由媒介技术差异带来的不同媒介之间的区别，从历史维度观察不难发现，随着传播技术进步，媒介在市场竞争中所体现的特征也在发生变化。早期的报纸是以消息传播作为主要内容，因为在当时，印刷媒介是传播速度较快范围较大的媒介，而当无线电技术发展促使广播电视媒介出现后，报纸媒介传递消息的速度就显得落后了，于是报纸开始利用受众对印刷媒介阅读的投入程度较高特性注重对新闻的深度挖掘。经过长期的媒介竞争与磨合，当前的新闻媒介在内容生产上已经形成了各自的核心竞争力。

数字技术使媒介内容生产、传播的鸿沟消失，各种媒介之间的内容形态归属开始模糊，媒介内容形态的变化可以用表 4-1 来解释：

表 4-1 各种媒介

印刷媒介	印刷品（文字、图片）
	电子出版物（文字、图片、视频、动画……）
广播媒介	模拟无线电发射（声音）
	数字网络传播（声音、视频、图像、文字）
电视媒介	模拟无线电发射（视频）
	数字网络传播（视频、文字、图像、动画）
网络媒体	数字有线网络传播：文字、图像、声音、视频、动画
	数字无线通信：语音、图像
	新一代数字无线通信：语音、图像、视频、动画

从表 4-1 中可以看出，数字传播技术的兼容性打破了媒介内容形态之间的藩篱，使原本归属清晰的媒介内容形态不再具有归属性，传统意义上的各种媒介均可以制作、存储和传播多种形态的内容产品。

前数字传播时期的媒介协作和目前的媒介渗透可以看作是媒介融合的物理时期，媒介协作强调的是不同媒体之间的合作，而媒介渗透则强调不同媒介之间相互模仿和学习。在没有数字传播技术支持的条件下，不同媒介之间泾渭分明，只能通过机构与机构间的协作来获得更好地传播效果和经济效益。在当前数字传播技术支持下，传统媒体和新媒体在传播渠道、内容制作、传播业务、传播终端等方面呈现出交叉现象，这种依赖数字传播技术的媒介渗透在一定程度上已经对原有的传播媒介划分方式和媒介功能产生了挑战（这一点在第三章中已经做出相应论述），但媒介渗透可以更好地发挥不同媒介之间的合作效果，实现更有效的传播活动。媒介渗透一定不是媒介数字化发展的最佳形态，笔者认为，媒介形态统一是媒介融合发展的主要方向。

三、全面融合阶段：综合数字传播平台下的媒介形态统一

1. 形态融合是媒介融合的高级阶段

在数字传播技术的支持下，虽然当前的各种媒介已经呈现出众多交叉点，表现你中有我、我中有你的特征，然而不同媒介之间的分界依旧存在，我们可以迅速判断出媒介的种类。许颖认为，媒介融合的理想阶段具有“你不是你，我不是我，你就是我，我就是你”的特征，是对以往传媒形态划分的彻底颠覆。随着媒体整合的深入和传媒科技的发展，数字化将成为未来各个媒体平台共同存在形式，最终可能出现网络、媒体、通信三者“大融合”，打造出全新的融多种媒体形式于一体的数字媒体平台[9]。笔者也持有相同的观点，认为媒介融合发展的下一阶段应该是形态融合阶段，即“你就是我，我就是你”的阶段。

作为工具的媒介是从人类的机能中发展出来的，而在人类的自身感官系统中，所有感知是交融在一起的，很容易理解的是我们在观察周围的环境和事物的时候往往是各种感官的综合而非某一种感官的独立判断。在媒介技术发展的过程中，人类通过科技的帮助把各种感官独立出来并进行延伸，让人类的感知能力扩展至更大的范围和更久的时间段。延续麦克卢汉“媒介是人体的延伸”的理论，媒介形态是对人类感官的模仿和扩展。当人类把媒介技术的时间和空间性能扩展到相当的高度后，对不同媒介综合传播效果的要求导致各种媒介相互协作完成传播活动，这便是上面谈到的媒介的前融合阶段。数字传播技术尤其是数字通信网络出现后，媒介之间的合作空间更加广阔，出现了利用数字技术相互渗透的现象，如图 4-2 所示。笔者认为，无论媒介向何种方向发展，其最主要的功能是帮助人类更好地进行传播活动，而人类的感官系统是融合的系统，媒介发展必然要符合人类感官的习惯。因此，延续上面提到的媒介发展轨迹，我们认为，各种媒介形态的融合是媒介发展的必然趋势。

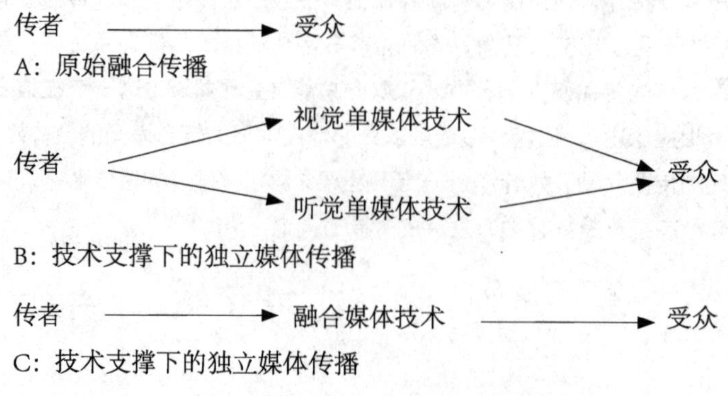

图 4-2 传播技术发展基本轨迹

不同类型的媒介形态统一是媒介全面融合阶段的基本特征，传统媒体与新媒体的界线完全消除，形态上殊途同归，各种媒介汇流到一个巨大的数字媒体平台中。这样的数字媒体平台拥有众多的内容供应者，内容容量巨大。数字信息存储不再受传统新闻版面和时间的限制，存储成本越来越低；这些内容可以通过各种数字终端呈现，比如计算机、手机，电视、电子书报，甚至是一种集上述终端功能为一体的个人信息终端；数字媒体平台中的内容更新可以随时进行，有着完美的传播时效性。同时，这个平台具有非常容易实现的互动性，终端设备既是接收设备也是发送设备，其信息传输是双向的，受众既可以接收信息，又可以反馈信息，并且由受众自己决定浏览的内容、顺序和时间。

这样的数字媒介平台将传统媒介和新媒介融合成了一个“大同媒介”。

2. 媒介形态融合的技术前提

研究媒介融合的技术前提要从媒介信息产品的生产传播和接收环节入手。香农一韦弗提出了一个"传播过程的数学模式"，从通信技术的角度解释了信息传播过程，这种传播模式提出了三个主要观点：首先，将媒介细分为发射器和接收器两个部分，我们只要想想电视台和电视机之间的区别，就不得不承认香农和韦弗思维的精密性。其次，这个模型提到了信息转变为信号再转变为信息的过程，这反映了传播中常见的编码和译码的过程。例如，电视媒介的这个过程表现为将声音、文字、图像信息转变为电磁波发射出去，然后电视机接收到这些电磁波信号，再通过译码将电磁波信号还原成声音、文字、图像信息。再次，这个模型的一个重要作用在于导入了“噪音”的概念，表明了传播不是在封闭的真空中进行的，过程内外的各种障碍因素会形成对信息的干扰。例如，广播传播过程中受到电磁波干扰，接收不清楚[10]。

把香农一韦弗模式放在媒介融合的视角下解读就不难发现，媒介融合的技术前提在于信息的制作与存储、信息的传播渠道、信息的接收与反馈三个关键技术环节。三个技术前提中媒介内容制作目前已经成为现实，数字化的内容制作系统保证了各种媒介内容制作的同等能力，以计算机为代表的数字设备已经普及到媒介内容生产领域，多数发达地区的媒介内容生产已经实现了数字化，数字化传播技术带来的多媒体新闻已经成为媒介内容生产的基本产品。然而，目前的媒介内容制作上并没有出现融合的现象，媒介内容生产依旧存在明显的归属性，笔者认为信息传播模型中的后两个技术环节信息传播渠道和信息接收设备的差异是导致媒介内容生产差异的原因。因此，媒介融合的技术前提不能简单地用数字化来概括，而应该是媒介内容生产技术能力的平等，强大的综合数据传播网络的形成，个人综合业务数据终端设备的普及。从单纯的技术层面来看：综合数据传播网络尚未形成，虽然互联网具备较强的内容兼容性，但受限于带宽不足，互联网的数据传播能力还不足以支撑所有内容生产机构的传播要求；个人综合业务数据终端设备目前也存在技术缺陷，包括显示屏幕过小、数据处理能力不足，与其他终端设备兼容性差等。除了单纯的技术不足，数字传播技术发展中，商业运作模式不成熟、受众使用习惯难以迅速改变等也是目前媒介融合过程中需要解决的问题。

3. 媒介形态融合背景下的媒介运作模式设想

本部分是笔者根据媒介当前发展的状态以及媒介技术发展轨迹做出的设想，在媒介融合的背景下，传播媒介将改变现在的横向划分格局走向纵向划分。所谓媒介机构的横向划分是指每个具体的媒介机构都是一个独立的传播运营体，从内容的采编、把关、制作到传播渠道的运作与受众市场竞争都由机构独立完成，所以每个媒介机构都被划分为数个职能部门，每个部门负责媒介机构的一项工作。而纵向划分则是指按照信息传播的轨迹进行媒介机构设置，如图4-3所示众多的内容信息生产者成为信息源，这些生产者包括政府、商业信息调查机构、个人等，他们从提供社会需求的信息中获得利益；信息生产者提供的信息将交由一个强大的综合数据通信网络来传播，运营这样的通信网络耗资巨大，往往只有少量的运营商承担这样的工作，他们为媒介信息生产者传播其信息产品，为受众提供接入服务；受众通过个人综合业务数据终端设备接入综合数据通信网从而获得信息生产者提供的信息产品，同时个人综合业务数据终端也具备信息传播能力，这就使受众既是信息消费者又可以成为信息生产者。按照这样的设想，媒介全面融合阶段将现在的媒体分为三个系统：内容制作系统、内容传播系统、内容接收与反馈系统，它们都是媒介，但又不能按照产品形态将其进行划分。从经济学的角度来说，这也符合当今社会化分工的发展趋势。

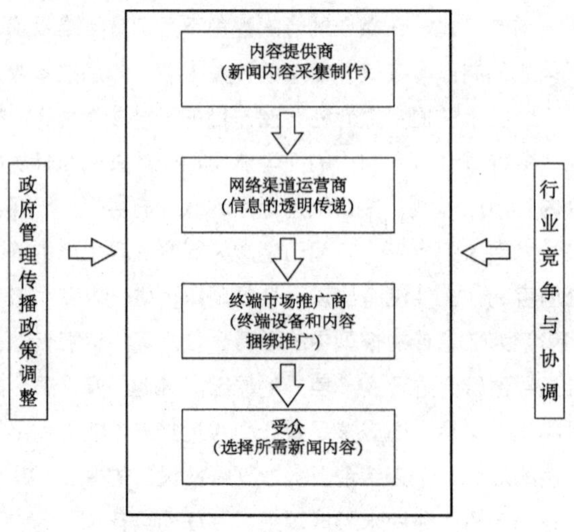

图4-3 纵向媒介运营模式

这里我们所设想的数字媒体平台的实现还需要时间的考验和技术的进步，但这应该是未来媒体形态发展的大趋势。应该注意的是，在中国，由于媒介基础落后而发展速度十分迅猛，媒介融合的进程不会像上面所说的那样分明，媒介融合的几个阶段并不完全是先后承接的关系，而更多的是在同时发生、各自推进。

参考文献

[1] 第八届全国互联网与音视频广播发展研讨会（NWC2008）. 中国传媒大学的孙强等所做报告 . 北京：2008.

[2] 崔保国 . 中国传媒产业发展报告 [M]. 北京：社会科学文献出版社，2005.

[3] 金元浦 . 中国文化产业评论 [J]. 上海：上海人民出版社，2004，2：125-128.

[4] 尹良润 . 新媒体研究的新范式及核心概念——欧美新媒体研究述略 [J]. 东南传播，2007，10：1-5.

[5] 蒋宏 . 新媒体导论 [M]. 上海：上海交通大学出版社，2006.

[6] 荣建华 . 新媒体技术对传统媒体公信力的影响 [J]. 青年记者，2010，3：26- 27.

[7] 鲍立泉 . 数字传播技术发展与媒介融合演进 [D]. 武汉：华中科技大学，2010.

[8] 中国互联网发展状况统计报告 [J]. 中国互联网信息中心，2008，7.

[9] 许颖 . 互动·整合·大融合——媒体融合的三个层次 [J]. 国际新闻界，2006，7：32-36.

[10] 郭庆光 . 传播学教程 [M]. 北京：中国人民大学出版社，1999，61-70.

Part 5　传统报业的媒体融合转型之路

第一节 传统报业媒体融合的背景

一、理论背景

1. 媒介发展的“人性化趋势”要求报业进行转变

纵观媒介的发展史，媒介的发展经历了从简单到复杂、从符号到机械再到电子的发展过程。而这一发展过程从根本上而言，是从人本身出发，最终向着人需要的方向演进和发展。正如麦克卢汉所说“媒介是人的延伸”，媒介是人感觉能力的延伸或扩展，每种媒介的使用都会改变人的感觉平衡，每种媒介都是从人的某种具体功能出发，借助外在的事物来达到延伸人体功能的目的。

但是就媒介与社会发展的关系而言，后来者保罗·莱文森对媒介发展的“人性化趋势”理论（Anthropotropic）比麦克卢汉的媒介决定论更具说服力。1979年，莱文森在他的博士论文《人类历程回顾：媒介进化理论》中首次提出这个理论。他认为，人类技术开发的历史说明，技术发展的趋势是越来越人性化，技术是在模仿甚至是复制人体的某些功能，同时也是在模仿或复制人的感知模式和认知模式。在这种观点下，信息技术、媒介发展都包含了人类的意志，媒介的进化是人类选择的结果。“人性化趋势”理论是从达尔文的自然进化论中得到灵感，它仿效达尔文的选择理论，认为人好比是“自然环境”，人们选择技术和媒介，用以维持生存、发展自我、认识世界及改造世界，在此过程中又根据需要不断地去选择和改进媒介，使之适应更新的需要。同时，莱文森用另一个重要理论——“补偿性媒介”理论(Remedial Medium)来说明人在媒介演化中进行的理性选择。简单地说，他认为，任何一种后继的媒介，都是一种补救措施，都是对过去的某一种媒介或某一种先天不足的功能的补救和补偿。换言之，人类的技术将越来越完美，越来越“人性化”。

从这点上看，报业也一直在朝着人所需要的“完美”和“人性化”方向演化和发展：15 世纪中叶，德国人古登堡发明近代金属活字印刷术，大规模印刷报纸成为可能；1860 年，报纸印刷开始采用铸版术，浇注的铅版使图片、标题及广告等不再受分栏的限制，更符合人类阅读习惯的水平版式开始逐渐取代垂直版式；1897 年，霍根发明了照相铜版印刷术，使新闻照片开始代替美术家手绘的图片，更生动形象地展示了事件场面，满足了人们需求；1893 年，彩色印刷机出现后，色彩斑斓的报纸更具可看性；随后，先进的电子排版让编辑对版面元素的运用几乎达到了随心所欲的地步，卫星传输使报纸能更快更清晰地到达读者手中。报纸一次又一次经历着从内容、版式到技术上的实质性变化，不断地满足着人们变化的需求。

但是今天，从现实来看，报纸似乎已经将印刷在纸上的出版业推向了极限，甚至许多印刷媒介的专业人员也不得不承认，将来很难再出现更新的设计、更好的内容改进或更先进的彩色印刷。但人们对媒体的完美化需求并未停止，比如人们要求媒介的信息传输更快速，甚至与事件同步传输，更具互动性、娱乐性、可选性、个性化及大容量等，显然这已经让作为平面媒介的报纸无力满足了。

此时网络及手机等的出现给报业提供了一个新的契机。从某种角度看，网络和手机就是一个“补偿性媒介”，在满足了人们在报纸上无法达到的信息需求的同时，也为报业的信息传播提供了新的硬件平台（不是传播的主体，真正的主体是使用这个设施进行信息生产、处理及传播的人或组织）。报业要做的，就是利用这个技术平台，突破几百年来印刷媒介的限制，进行形态的变化，实现质的飞跃，使新媒体成为报业发展的新空间，满足人们对媒介的新需求。

2. 报业进行媒介融合符合媒介形态变化规律

美国著名新媒介技术专家罗杰·菲德勒提出的考察传播媒介形态变化的基本原则，为我们理解报业的媒介融合提供了另一个角度：从媒介发展的趋势来看，各类媒介是共同生存、共同演进，汇聚并走向融合的。

首先，根据“共同演化和共同生存”原则，一切媒体都是共生的关系。一切形式的传播都是紧紧交织于人类传播系统的结构之中，而不能在我们的文化中彼此独立存在。每当一种新的形式出现和发展的时候，它就会长年累月地和程度不同地影响一切其他现存形式，共同演进与共同生存，而不是相继进化和取代[1]。所以新媒体的兴起必然会逐渐影响报业的发展，但是它们并不是替代与被替代的关系，而会在传播生态环境中互相依存、共同演进。

其次，根据“生存”原则，旧媒介会被迫发生适应性变化。一切形式的传播媒介，为了在不断改变的环境中生存，都会被迫适应和进化，否则就只有死亡。所以新媒体不但不会取代传统的媒体，反而会使传统媒体被迫改进，找回自己的优势，更好利用自身媒体的特性来适应新的环境，并不断地向前发展和完善。正如杰克·富勒所说："每种媒介都有自身的优势与劣势，它也会将这些强加在所携带的信息上。新媒介通常并不会消灭旧媒介，它们只是将旧媒介推到它们具有相对优势的领域。印刷报纸还将存在很长一段时间，这不仅仅是因为人们的习惯改变得很慢，同时新媒介让我们看到了之前所从未意识到的纸上传播的优势——便携、易储存、便于浏览等。"[2]

再次，根据"增殖"原则，新出现的传播媒介形式会增加原先各种形式的主要特点，即走向"融合"。随着传播技术的发展，多种技术的融合产生了某种新的技术，新的传播技术创造出的媒介既具有原来各种媒介的特点，更有其独特性，同时融合而来的新媒介的功能实际上要大于原有各媒介简单相加的总和。同时，就原有媒介而言，其特点也相对有了改变，既坚持了自己原来的特性，又进行了变革。总体而言，是一种螺旋上升式的发展。

3. 报业进行媒介融合符合历史规律与实践检验

回顾媒介发展的历史，无论是印刷媒介，广播、电视媒体，还是网络媒介的出现,每一种新传播形式的兴起都不可避免地对旧有的媒介产生影响和冲击，但是旧的传播形式并未在冲击中消亡，反而互相促进互相融合，形成了今天多元化的传播格局。媒介共生(Media Symbiosis)理论已经告诉人们：媒介之间只有相互依靠才能共生共荣。在传媒科技飞速发展的时代，每一种旧有的传媒，都会通过与新科技的"共生"关系，发展出自己的传播手段，创造出一些"优势形态"，从而加强自己的竞争力。所以面对新媒介的冲击，报业不会灭亡，而是将与新媒一起走向"媒介融合"，这一点已达成共识。

报业界早已经开始了实践，积极利用技术创新，在新的传媒格局中寻找着适合自己的融合模式。美国佛罗里达州坦帕市的"媒介综合集团"(Media General)第一个迈出了传媒行业关于媒介融合的跨时代步伐，它设置的新闻中心（媒介融合中心）负责协调新闻产品的制作、宣传及在报纸、电视、网站三种不同媒介平台的发布。新闻工作者在同一工作室共享新闻资源，优化设计出最符合这三种媒介介质特性的不同新闻产品,方便受众通过这三种不同的媒介，接收到不同风格的信息内容。实践很快证明了媒介融合的诸多优势：一方面，可以使媒介统筹规划，交叉共享稀缺的资源，节省人力、物力及财力，扬长避短，优势互补，将整个媒介内部的优势竞争力发挥到极致；另一方面，媒介融合后生产出的信息彼此关联、相互交叉，可以满足不同层次受众的需求，在资源优化配置的前提下获得传播效果的最大化。所以继坦帕"媒介综合集团"成功进行媒介融合尝试之后，不少传媒集团纷纷跟进，如纽约时报集团、甘乃特公司等，它们通过收购、合并等手段，从产权到产品、从经营理念到业务流程进行了一系列的变革与融合，为将来运用新媒介争夺市场打下基础。

综上所述，无论是从媒介发展历史与媒介变化规律上分析，还是报业发展的现状与实践结果来看，都证明了“媒介融合”是报业的一条可行之路，它不仅可以挽救报业危机，更能拓展报业新一轮成长空间。但我们想要在新媒体的冲击下实现媒介融合，就要充分细致地考虑到传媒自身特点，正确地对传媒自身产业结构和经营模式进行调整。鉴于此，我们有必要从报业的角度对“媒介融合”进行更仔细地分析与探讨。

二、现实背景

自从20世纪60年代加拿大媒介理论家和哲学家马歇尔·麦克卢汉(Marshall McLuhan)提出媒介生态的理论，人们逐渐学会用生态学的思维去认识和思考媒介，“媒介并不是孤立存在的，它也是一种社会子系统，是社会的有机组成部分，它与其他子系统存在着密切的关系，这种关系的总和即媒介的生态环境”。

媒介生态系统的基本构成要素是媒介系统、社会系统和人群，以及这三者之间的相互关系和相互作用。媒介与个人之间的互动构成了受众生态环境；媒介系统与社会系统之间的互动关系构成了媒介制度与政策环境；媒介与媒介之间的相互竞争构成了媒介的行业生态环境；媒介与经济界之间的互动关系则构成了媒介的广告资源环境。

媒介生态环境对媒介发展具有决定性影响，因为它不仅决定着媒介制度，又决定着媒介的发展水平，还决定着媒介的行业规范、职业理念和运作方式。

媒介是不断发展和变化的，如文森特·莫斯可所言：”当今社会是传播与社会相互构建。”媒介变了，环境变了，媒介与社会、个人之间的相互关系和相互作用也将发生变化。媒介生态系统的变化会影响到媒介的工作方式和受众的接受方式，媒介生态系统变化也会导致社会生态系统的一系列变化 。在传媒面临重大转折之时，报业的生态环境也随之发生了巨大的变化，主要体现在技术环境、制度与政策环境、资源环境和竞争环境上。

1. 传播技术环境的变化

新的传播技术为受众带来便利的同时，也为传统报业带来了困境。

传播媒介的技术手段的发达程度直接决定着社会传播的速度、范围和效率。网络技术的完善使互联网成了各类媒体延伸的触角，网络媒介平台异军突起，带给受众海量的信息；无线通信技术的发达，让人们可以在手机上收看电视以及上网；电子终端技术的发展，使电子报纸不再是梦想，彻底改变了人们的阅读习惯。技术手段的发达让信息以更快捷的方式到达受众眼前，更先进的设备也给传媒工作者带来更便利的条件，但对传统报业而言，技术的改变也给报业发展带来了很多困惑，作为印刷媒介的报纸越来越无法满足处于电子媒介技术包围中的受众的需求，报业在渠道多元化的时代处于一个尴尬的地位。

2. 媒介制度与政策环境的变化

制度的完善为媒介发展创造了良好环境，但媒介政策的宽容使媒介开放性竞争更为激烈。

科技的改变使得过去泾渭分明的行业界限日益模糊，相关的政策法规也必须做出相应的调整。例如 1996 年美国修正并通过了新的电信法规，解除了对传播产业跨业经营的限制，用开放竞争的策略来应对新科技所带来的新的传播环境。此法颁布后，美国传媒公司之间通过收购、合并等手段，进行了产权、营运及产品上的整合，形成了规模庞大的多媒体集团。在我国，目前由于传媒产业形态发生了变化，政府管理部门相关的产业政策也在发生变化，文化体制改革正在进一步深化，传媒领域的政策法规也在逐步确立，整个传媒产业制度面临很多新的形态和问题，可以说制度也是在探索中发展。2005 年 9 月颁布的《报纸出版管理规定》中废止了施行了多年的《报纸管理暂行规定》，将是未来一段时间内报纸行业的“根本大法”。政府与媒介的良性互动，是媒介发展和生存的重大影响因素，政府政策的倾向和针对方向对媒介有着导向作用。

3. 报业资源环境的变化

报业的资源环境包括信息资源、受众资源以及广告资源，在新的形势下这三者都有了很大变化。

首先，信息资源的海量与同质化，使报业内容价值降低：对于一个已进入海量信息的社会，媒体可以传播的内容资源多如牛毛，而对信息的筛选和过滤则成了媒体的主要工作；互联网等新媒体低廉甚至无偿地转载报纸内容，最大限度地实现了信息共享，但也最大限度地弱化了报纸内容的稀缺性。从经济学意义上讲，产品因稀缺性而产生价值。报纸的内容不再是稀缺的资源，因此价值降低。

其次，受众资源的细分化和碎片化使报业越来越难以满足受众的多元化需求：当传播技术革新的同时，信道的数量、规模及质量发生爆发式增长的时候，报业不得不面临新的困惑，这就是人们对报纸这一信道的依赖程度下降所带来的困境。数字化技术催生的分众化趋势越来越明显，受众资源被细分化和碎片化，受众面对着忙碌的都市节奏，不仅要求信息有最大的选择空间，以最短的时间，最简洁的表达方式，传递最多最有价值的信息，还要求媒介承担更多功能，比如提供他们娱乐与休闲，来缓解大城市巨大的工作生活压力。但作为平面媒介的报纸显然越来越难以满足受众多元化的需求，使近年来报纸读者不断流失，尤其是青睐互动型媒体的年轻读者流失更为严重。

再次，广告资源分流，使依靠单一广告赢利模式的报业越来越难以维系繁荣：随着网络等新媒介的用户群不断增长，广告商们的注意力也越来越难以集中到报纸上。网络广告、户外广告、广播广告、楼宇广告、电梯广告、直投广告等不断瓜分、蚕食着报纸的广告份额；加之长期以来报业的广告资源结构单一，大部分集中于药品、房产、汽车等几个行业。而近两年国家对这几个支柱性广告行业的调整力度不断加大，造成报业的广告收入全面下滑，很多报纸越来越难以维系生计，甚至倒闭。

4. 报业竞争环境的变化

虽然作为传统媒体的报业仍占主导地位，但是迅猛崛起的新媒体依然抢夺了很多利润。

由于制作传播技术的不断跟进、长期形成的成熟稳定的赢利模式、受众接受习惯尚不可以替代等原因，报业依然占据媒介主导地位，但新媒介利用其成本低廉、方便快捷、互动开放等吸引力迅猛崛起，并对传统媒体形成冲击，报业首当其冲。正如中国传媒大学广告系主任黄升民教授在接受《经济参考报》的采访时所说：“报纸所处的是以采编环节为利润重心的完整价值链，但现在被拉长了，利润向外围发生转移。譬如，报纸内容被门户网站、搜索引擎等新兴媒体转发、整合、再开发，报业内容生产和传播的链条拉长，利润重心悄然下移，报纸在某种程度上沦为了身处网络传播链条最低端的内容提供商”。

第二节 传统报业与新媒体的融合发展

一、新媒体技术对传统报业的挑战

1. 新媒体分流了传统报业的受众群

新媒体对传统报业最显而易见的冲击是改变了读者接受信息的方式，从而也就改变了传统媒体的读者结构。在新媒体的冲击下，报纸的读者结构发生了很大的改变，35 岁以下的年轻读者大量流失，转投新媒体门下，相对地，报纸的老年读者在缓慢增加，在新媒体网民不断年轻化的另一面是报纸受众老龄化的趋势加强。一项针对北京市场的调查结果显示，北京地区综合性报纸读者的平均年龄已经超过了 41 岁，传统报纸读者的老龄化趋势变得日益严重[3]。新媒体对报业的冲击是历史性的，影响深远。众所周知，读者是报纸生存的关键，只有获得了一定量读者的认同，报纸才得以生存下去，但是如果报纸的读者不断减少，那报纸的发行量也成为燃眉之急。新媒体对报纸的影响首先正是从对报纸读者的分流开始的，而且分去的主要读者是最具购买力的 35 岁以下人群。在 2001 年，报纸的读者规模是 70.2%，从 2001 年开始，报纸的读者规模逐渐开始萎缩，从最初的 70.2% 到 69.1%，再到 68.8%，2006 年，已经降至 65.5%，直到 2007 年降至最低的 61.1%，2007 年之后，报纸读者规模才基本稳定在 61.1% 的水平[4]。电脑、手机、互联网、3G 这些日益成熟的技术，使得人们可以随时随地获得信息，即便在户外也是如此。网络传播信息以及更新信息的速度更快，时效性远大于报纸，可以满足人们想要第一时间获得事情动态的心理和需求；海量信息和自由检索功能满足了受众更多的自主要求，受众开始成为信息的使用者，充满自主性，而不单单是信息的接受者；多媒体、超文本、超链接的表现形式，突破过去媒介相对单一的表现方式，可以集文字、声音、视频及动画等于一身，增强受众的真实感和沉浸感，扩大了宣传效果。网络的另一个特点就是有很强的互动性，人们不再想做“沙发上的土豆”，只是一味地接受信息，而是想获得与传播者同等的地位，发出自己的声音，网络注重与受众的互动，能够与受众进行双向的传播与沟通。

由于新媒体信息发布的快捷性、内容的全面性、与受众的互动性，吸引了越来越多的读者，特别是喜欢接受新事物的年轻群体。新媒体更了解受众的需求，能更多、更合适地提供受众所需的内容，同时具有更高的受众黏性，新媒体依据这些特点，不断地瓜分着传统报纸的受众。据中国人民大学舆论研究所的研究显示：报纸的阅读率呈现明显下降趋势；过去人们主要依靠报纸和电视获得信息，但是现在人们一天中接触报纸的时间越来越多地被网络瓜分，从前读者平均每 54 分钟看完一份报纸，现在却进入了“读图时代”和“快餐文化时代”，使得人们在报纸上的注意力越来越少。整个报刊市场印刷量每年以 7% 的降幅下滑；2010 年下半年，美国《新闻周刊》、《商业周刊》纷纷告急，甚至以仅仅一美元出售；与此同时，日本第二大报《朝日新闻》在近 10 年以来，也首次出现亏损。这也告诉我们，新媒体对传统媒体的冲击像雪球一样，已经越滚越大了，不仅影响了日报，还延伸到周刊，从美国扩散到日本乃至全球。

传统媒体大有被正在兴起的网络媒体所取代的趋势，之所以这么说，主要原因就在于受众的年龄、层次、体验及习惯的改变，加上新互联网时代以人为本的特征，它们共同构成了导致传统媒体行业颠覆的最深层次的原因[5]。如何把传统报纸流失的具有购买力的年轻读者再次吸引过来，这也是传统报纸需要思考的重要问题。

2. 新媒体分割了传统报业的广告收入

在新媒体出现之前，报纸已经基本形成稳定的商业运行模式——两次销售，第一次的销售是把报纸出售给读者，依靠报纸来吸引消费者的购买，但是鉴于报纸采编和发行成本较高，这一环节的销售基本处于不盈利状态；第二次销售是将报纸的版面出售给广告商，依靠报纸的发行量、读者忠诚度等一系列因素来吸引广告商对报纸投资，用这部分的利润来弥补第一次销售的利益缺口。由此可见，广告收入对报纸的重要性，它决定了报纸的经济命脉。但是新媒体的出现，对具有强大购买力的受众吸引力曰益增加，同时广告发布形式多样、成本低廉、广告传播效果更优胜，新媒体凭借这些优点，开始分割传统报纸的广告收入，这无疑对传统报纸的发展产生了极大的威胁。

新媒体分流了报纸大部分 35 岁以下的读者，这也是最具有购买力的读者群，也是被众多广告商所青睐的潜在消费者。新媒体吸引了具有较强购买力的受众，这也就使得广告商把广告费倾斜到新媒体，因为这样广告的潜在消费者才会和媒体的受众较高程度上的吻合。于是在分流了传统报纸读者的背后是新媒体开始蚕食鲸吞报纸的广告份额。

媒介传播其实就是以一定的符号系统来传达特定的意义，比如报纸借助文字；杂志借助图片；广播借助声音；电视声画合一，同时配有必要的文字；网络则是兼具了文字、图片、声音及视频等各种符号，多媒体的传播手段，使得传播效果最大化。同时又可以巧妙地利用技术手段，将海量的信息通过策划、加工、整合成为易于理解和接受的图表，改善了传播的效果，使传播不再那么枯燥和乏味，使受众在享受的心情下获得信息。虽然新媒体在新闻的获得和权威性方面不如传统报纸优势明显，但是它可以把报纸生产的新闻拿到自己的网络平台上播放，利用自身的传播优势来吸引眼球，利用传统报纸的内容来分割传统报纸的受众和广告份额。新媒体的这一举动不仅为自己带来了盈利，同时拉长了整个报业生产和传播的链条，改变了以往利益分配的格局，报纸在一定程度上成了网络信息的提供商，身处网络信息传播链条中的下游，失去一定份额的利润，而新媒体则坐收渔翁之利。

这些优势都在不断放大新媒体的传播效果，也使广告商更加青睐新媒体，从而把更多的广告费从传统报纸撤出而转投新媒体。虽然目前来看，在中国，报纸广告的总量远远超过网络广告，但网络广告的发展势头已经十分迅猛，连续数年都保持高速的增长。

在传播模式上，以网络媒体为代表的新媒体具备一些传统报纸所无法比拟的优势。由于传统报纸对广告收入具有高度的依赖性，它的盈利模式相对单一，与数字化技术充分适应的生产组织和管理模式尚未建立。与此对比，更加突显了新媒体发展势头的强势，而传统媒体则显得非常被动，传统媒体在受众突然流失，发行和广告均有下滑的情况下有些不知所措，这也正是报业当前困境的主要内在因素。

二、新媒体技术为传统报业带来发展契机

新媒体的出现为报纸的发展带来了前所未有的机遇，但同时在市场占有率方面，又抢了报纸的蛋糕。网报互动[6]是很多媒体都正在尝试的新做法，建立区域性的门户网站，寻找媒体盈利的崭新模式。新媒体技术给报纸的创新和发展是深远而巨大的，下面主要可以从对新闻传播的影响、对受众的影响、对报纸本身发展的影响这三个方面加以简要叙述。

1. 为新闻传播带来的机遇

报纸融合新媒体技术的传播模式，在整个新闻传播史上，意义和作用都是空前的，它开创了媒体传播的一个崭新时代。

（1）拓宽新闻传播空间

传统的纸质媒体，简单地说是一种一对一的发行方式，更加乐观地估计，几个人浏览同一张报纸，即一对多的发行。但即使这样，它的阅读人群和影响力也极为有限，容易造成资源的浪费和不合理使用。新媒体融合下的报纸则截然不同，其传播方式已不仅仅是传统的通过邮局投递，同时也通过电子互联网络，实现了发行渠道的多元化和现代化。传统纸媒的发行受地域远近等多方面的限制，很多区域性的报纸，不可能送达全国各地，新媒体时代则不同。由于新的网络技术不受时间、地点等诸多方面条件的限制，只要下载相应的客户端软件，就能第一时间看到新鲜的新闻信息。

（2）丰富新闻传播手段

随着传播手段日趋多元化。单靠文字、图片来传递新闻的这种单一、枯燥的传播方式将逐渐被更多形式取代。无论是新鲜的视频，还是动感十足的动态制作，都被用来为读者提供更好的服务。新闻传播手段日渐多样化，传播效果便不言而喻。

（3）改变新闻传播理念

受众对于新闻采写的印象，一直局限在媒体记者的一支笔和摄影记者的摄像头中，认为新闻必须由报社记者采写刊发，然而，所有新闻的发生现场，记者不可能都第一时间到达。新媒体时代，全民皆记者，只要在现场捕捉到第一手有价值的新闻信息，都可以通过各种手段迅速传播到世界各地。另一方面，纸质媒体由于受报社截稿时间的限制，在截稿至新闻见报的一段时间里，新闻也在时时处处上演，这样的话，这段时间的新闻只能在下一天才能见报，读者看到的可能是前两天发生的事，新闻时效性较差。报纸融合新媒体时代，这种关于时效性的担忧不攻自破，新媒体可以及时发布第一手的新闻信息，而不用有截稿时间地担忧。

（4）提供新闻传播多方位互动

报纸融合新媒体技术，实现了对新闻的多方位、多层次地开发。由于网络具有双向互动性，对于同一新闻事件，网民可以进行及时地跟贴和评论，媒体能通过这一平台和受众进行互动。对于和新闻报道相关的信息，经过编辑的筛选和整合，信息能全方位更好地呈现，这样，受众看到的不再是单一的新闻事实，会更加具体实用。

2. 为受众带来的机遇

融合新媒体技术的传统报纸，最直接最主要的影响便是对“人”即受众的影响。受众是新闻传播的作用对象，一贯习惯于读报的读者，在报纸融合新媒体技术的冲击下，其浏览新闻的方式也做出了一些转变。

（1）改变受众的阅读习惯

从纸上阅读到掌上阅读方式的转变在新媒体时代尤为明显。纸上读报时代，浏览信息主要从固定的版面上获取信息，热衷于做剪报的还需要用剪刀从报纸上剪下来收集到一起；新媒体时代，人们读报已不局限在纸质的媒介中，更多的是通过手中的移动媒体和电脑点击链接来获取新闻，从纸质到屏幕的读报方式，是报纸融合新媒体最直观的影响所在。

（2）为受众带来便利

左手办报右手办网，网报一体成为许多新闻媒体探索发展新方向的途径。网报一体并不是单单地将报纸上的新闻原封不动地搬到网络上，而是除了具有报纸上的信息之外，有很多报纸不曾具有的附加性功能。以微信为例，只要读者轻扫二维码便可加某媒体的官方微信，一手的信息都会及时送达，而且不仅仅局限于本地新闻，国内国际都有涉猎，当然也不局限于新闻事件本身，健康、旅游、汽车等专栏也都是受众关注的重点。每一家新闻门户网站都有自己独特的新闻定位，如网易的“有态度”，很多地市级网站更是立足于本市的实际，乐于做各种吃喝玩乐、衣食住行攻略。事实是，这样的媒体在其读者圈里很受追捧，发展自己的同时也大大地方便了受众的日常生活。

（3）丰富受众的选择

当前我国大大小小的报纸不可胜数，各类新闻网站也名目繁多，就不可避免地出现媒体质量参差不齐的现状。同样，媒体都有自己的个性和风格定位，目标人群逐渐细化，所以，不同的媒体其目标受众群也各异。《河南商报》和《河南青年报》这两家媒体来说，《河南商报》着重本土新闻的同时，更侧重于“商”，《河南青年报》则立足于河南的同时，更倾向于把受众群定位在“青年”，这样一来，其目标受众群体就更加清晰明朗了。除了本地报纸之间的竞争之外，整个国内报纸之间也存在不可或缺的竞争关系，这都与媒体的目标定位、版面设计、语言风格是紧密相连的。

3. 为报纸带来的机遇

融合新媒体技术对报纸自身发展带来的影响是巨大的、具有建设性的。不论做出怎样的选择和方向，目的都是在新媒体冲击下促进纸质媒体能够取得长足发展。传统报纸采用新媒体技术，两者之间合作共荣长期发展，是改革的出发点也是目的。理清思路，认清媒介发展规律，科学合理地利用新媒体技术，不论是对当前的传媒业，还是对传媒的长期稳定发展，都是一件不可多得的好事。

（1）发挥报纸的资源优势，拓宽发展空间

报纸作为一种传统纸质媒体，在受众群体中有较高的权威性和认可度，在挖掘深度新闻、报道系列选题上，是读者信得过的媒体。相对而言，网络上的信息零散冗杂，碎片化倾向比较明显。如何整合报纸和网络的各自优势，实现二者双赢呢？[7]网络具有信息资源极为丰富的优势，从网络入手来为报纸寻觅新闻选题，挖掘公众议程，再集中报纸的优势围绕选题来做全面深入地报道；通过报纸的影响力将网络上的热点议题进行整合，使其更加系统化，引发受众关于该热点问题的大讨论，形成一股强大的社会舆论。这样，选题的作用更加突出，选题的意义得到了升华。从而，实现报纸和网络的合作共赢，同时，也为报纸谋得了进一步发展的空间。

（2）增强报纸的品牌形象，扩大媒体影响力

树立报纸品牌形象，提高报纸在某一地区的社会影响力是传统纸质媒体孜孜不倦的追求。以河南日报报业集团为例，该集团以《河南日报》这份中共河南省委机关报为核心，组建起来一个下设报刊数量众多、经济实力雄厚、产业结构合理的现代化报业集团。河南日报报业集团下设包括《大河报》《河南商报》《新闻爱好者》等报纸杂志和大河网这一综合性网站，形成了具有十报两刊一网络的实力雄厚的媒体。河南日报报业集团自2000年成立起，其企业规模不断扩大，成立了包括大河锦江饭店、河南瑞奇房地产开发有限公司等在内的下属企业。河南日报报业集团实行企业化改制，旗下的产业涉及各个方面，其社会影响力也更加广泛和深远。

三、传统报业与新媒体融合发展思路

1. 深化改革

新媒体出现之前，纸媒给受众灌输的一个接受信息频率的观念就是：报纸一天一次，杂志是一周一次或者一月一次。但自从新媒体出现后，这些固有思维统统被打破，每天信息铺天盖地地堆积到受众面前，信息量大且速度快，受众由过去的被动选择阅读消息变为主动去选择自己感兴趣的消息，在一个“信息过剩”的时代，受众不仅可以自主摒弃他们不喜欢的新闻，还可以充当新闻发布者，自己生产新闻。面对这样的情况，纸媒要让自己的内容获得受众的喜欢和首肯，不仅要学会利用好新媒体这种新的传播介质，还要懂得“工欲善其事，必先利其器”，不仅仅单纯依靠新媒介的手段，还要实行内部改革，才不会沦为为他人做嫁衣，真正做到四两拨千斤。

（1）利用网络平台挖掘信息源

在新媒体出现之前，政府部门会主动向纸媒提供新闻线索，要求他们去报道政府的相关新闻，同时读者给报社写信件、打电话也是以前纸媒常用的新闻素材搜集方法。现在，许多的新闻材料、第一手的资料往往来自于网络。而且依靠网络的迅捷性、互动性可以为纸媒搜罗大批信息源，提供一个绝好的新型平台。读者可以通过 QQ、微信、MSN 等即时通信工具与报社相关人员直接联系，也可以通过微博 @ 报社相关人员提供线索。2012 年 12 月，笔者的一位朋友在重庆坐轻轨的时候，发现有小孩在车厢里撒尿，他随手照相发微博，并 @ 了《重庆商报》官方微博。后来报社报道了此事，并给了我朋友一百元新闻提供费。《重庆时报》官方网站上也开辟了互动平台，为网民提供 QQ 爆料、热线爆料、微博爆料等三种新闻线索提供方式，很好地利用了网络这个平台。

记者也可以登录著名的网站论坛（天涯、猫扑等）查看新近的热门话题，找寻适合报道的新闻材料。例如 2007 年 2 月，在天涯社区、猫扑等网站上流传了一张图片：在一个工地的中央，有一栋楼突兀地立在那里，周围的地基已经被挖空了，这栋楼像极了一座孤岛。有网友留言说这是重庆市九龙坡区一家开发商的地盘。网上将此事吵得沸沸扬扬，接着 3 月 8 日，《南方都市报》发布了《网上惊现“史上最牛钉子户”》的独家报道，由此拉开了纸媒对该事件的关注。随后，各地媒体纷纷加入到对此事件的报道当中，“重庆钉子户”一时间被推到了风口浪尖，成了舆论焦点。这一事件就是典型的由记者在论坛里找寻信息源，然后记者发布新闻引爆话题。

与此同时，报纸记者要发挥能动性，主动去新媒体里找寻自己需要的新闻素材。比如去论坛看最近的热门话题是否可以进行新闻策划，或者在微博上看某位专家学者的观点，衡量其观点能否写出一篇专访等。现在许多报社的专栏作家、知名记者都开通了微博。他们都会在自己的微博里发布一些看法感受，也会跟网民进行互动，这样的互动不仅能拉近报社与群众的距离，也会让记者了解目前网民的想法，从中发掘到闪光点作为自己的新闻素材。同时，微博出现后，记者想找专家进行采访变得容易多了。以前，如果要采访一个专家，在采访之前就要打听他的联系方式，而且还迂回曲折才能联系上，然后才开始进行访问，耗费了大量的时间。如今，如果需要联系上某个专业的专家，只要在微博里面搜索，然后 @ 一下他的名字，就可以和专家进行一对一的谈话，大大地提升了采访的效率。2012 年 7 月，微博里中国政法大学副教授吴法天与四川电视台女记者周燕约架一事成为网民关注的热点。吴法天和周燕在微博互相指责、谩骂对方，甚至到了约架的地步，整个事件持续了快一个月。2012 年 8 月，《南方周末》第五版刊登了对吴法天的整版专访，全文分为两篇，一篇是谈话形式的《对话吴法天》，另一篇是名为《吴法天是怎样炼成的》人物专题文章。这正是记者根据微博上的热点事件所做的跟踪报道，让微博事件成了自己人物专题的新闻来源。

（2）坚持“内容为王”

新媒体时代的信息传播速度极快，稍不留神就为会失去市场，广播电视尚且可以与网络、微博等新媒体较量一下速度，但是对于纸媒来说，其自身的局限性让它无法在速度方面占上风，于是唯有加强自身的力量，那就是“内容为王”。

纸媒习惯了将新闻写得冗长繁杂，而且行文之间总是透露出一种刻板、严肃的味道，摆出一副教育人的姿态。纸媒必须要改变这样的姿态，将传播的内容变“轻”，传递受众能够接受的信息，才能达到传播的效果。原因是显而易见的：第一，新媒体出现之前，信息量匮乏，受众只能被迫接受媒介所给的信息，即使文章长一点，艰涩一点，也奈何不了。但如今受众已经到了自己去删选消息，主动去过滤消息的时代，他们不会因为媒介的节奏来安排自己的生活。选择的多样性，让他们更愿意去阅读一些轻巧的、灵活的、易懂的文章。那种填鸭式的灌输传播方式，加上板着脸如同教育一般的新闻格调已经让受众不厌其烦。第二，纸媒既然要拥抱新媒体，作为内容提供商自然是要把制作的消息融入新媒体当中。在新媒体的世界里，人们忙着接受信息，大量的消息让人眼花缭乱，如果这个时候纸媒写出来的稿件还是那么艰涩难懂，受众必然会嗤之以鼻，果断放弃而寻求另一家纸媒的内容。要知道，新媒体的世界里，用户是没有那么多耐心的。第三，市场的激烈竞争，让纸媒更侧重于差异化发展——他们选出特定的市场、特定的区域以及特定的受众群，在小范围里争夺大市场。这也正好符合“长尾理论”。因此，报纸分成了党报和都市报，杂志有了生活类周刊、财经类周刊、体育类周刊等。在特定的领域，如果纸媒写出来的文章无法通俗易懂，反而以为高深莫测的词汇会让受众觉得卓尔不群，那注定是要失败的。如果纸媒能把一些专业性强的问题用受众易于接受的语言阐释清楚，不仅体现了纸媒内家功底深厚，也会让读者对其赞不绝口。

笔者喜欢的一本杂志——《第一财经周刊》，是中国目前唯一一家每周出版的商业新闻杂志。前总编辑何力曾指出：“那些细分市场的和财经相关的，服务于各种不同受众群体的专业化媒体，现在在中国市场还依然是空白，会有非常大的发展前景。我们想通过《第一财经周刊》使财经阅读的门槛降低，使商业阅读的门槛降低。我们希望它成为一本食人间烟火的、轻松有趣的商业读物。”[8]

2. 资源整合

所谓报业集团，也称为报团或报系，最早出现在19世纪的资本主义国家，是资本主义发展到一定阶段的产物。在资本主义国家，报业集团主要被家族、财团或报阀所管控，主要是以赢利为主要目的。而在我国，报业集团是在市场和政府的双重作用下诞生的，在市场的推动下，按照政府主管部门制定的原则成立具有中国特色的报业集团。我国最早的报业集团——广州日报报业集团于1996年在广州成立，比1889年爱德华·斯克里普斯和密尔顿·麦克雷共同创办的世界上第一家报业集团斯克里普斯报团，又称斯克里普斯—麦克雷报业联合组织晚了100多年。

1994年5月，我国新闻出版总署就组建报业集团问题发出通知，规定了各省市成立报团的相关要求，以及成立报团所必须具备的媒介实力、经济实力、人才实力、发行实力及技术实力等必备条件。我国报业集团的出现主要是顺应社会及市场经济的发展，在满足了政府主管部门的相关规定下组成的强强联合。河南日报报业集团也是如此，在涵盖了《河南日报》《大河报》及《河南商报》等多家报社的同时，也拥有其各类副刊、出版社及网站，在品牌经营、资源整合及新媒体拓展等方面均取得了突出成效。

实践证明，结合政府部门和市场需要而适时组建的报业集团，不仅推进了新闻事业的发展，同时也更好地发挥了媒体“以正确舆论引导人”的喉舌功能。报业集团不仅通过业内的互助沟通实现了信息资源的共享，实现了多边合作，同时报业集团的业务合作关系也加强了成员间在经营管理及广告发行等方面的经验交流与合作。这种联合发展的方式，不仅改善了集团内部各成员之间因定位不同而造成的合作层次的不同，同时还增强了各子刊的内容品质及竞争力，强化了整个集团抵御外部风险的能力。

3. 数字化转型

狭义上的报业数字化可能要从记者在电脑上写稿开始算起，如此算来，我国的报业数字化已经走过了二三十个年头。但是随着20世纪90年代期间互联网的兴起，报业数字化又被赋予了更多层面的含义。本书所涉及的报业数字化转型，主要分为三个阶段：电子版及网站建立阶段、报网融合阶段和全媒体发展阶段。

（1）电子版及网站建立

1994年，中国正式接入国际联网。因此，1995年也就成了媒体数字化“元年”。1995年1月，《神州学人》杂志率先进行尝试，将杂志上网；同年10月，中国第一家将电子版报纸推向互联网的《中国贸易报》也完成了上网。仅

1995年一年时间，国内报刊选择上网的就已多达60多家。1996年1月2日，《广州日报》电子版通过新加坡报业控股的服务主站“亚洲一号站”进入互联网络，成为我国第一份上网的地方报纸；2000年11月8日，《拉萨晚报》以独立域名上网。至此，我国内地所有省、直辖市、自治区都有了新闻媒体网站。

建立网站，并以电子版报纸的形式向大众传播信息，成了我国报业数字化转型的第一步尝试。这些网站主要分为以报道新闻为主的网站（如新华网、人民网），还有辅助报业建立的报业网站（如河南日报报业集团下的大河网），再就是专业的门户网站（如聘教网等）。

（2）报网融合

最初的报网融合也可以称之为报网互动，人民网就是其主要代表。2000年10月28日人民网开通成立，人民网的建成使报业数字化脱离了纯粹的电子版报纸，它不仅增强了网站的综合性，也更加注重了于受众之间的互动。

全球第一张中文数字报纸由浙江日报报业集团与北大方正联手开发，于2006年2月20日正式上线，名为“数字报刊与跨媒体出版系统”。同年9月7日，天津日报在国内推出第一份中文卫星报，全球同步发行。2006年，也被称为了“报网互动年”。

不论是创办互动多媒体报纸或是网络媒体与报社合并，都在21世纪初期为中国报业市场掀起了一阵狂潮。这种“你中有我，我中有你”的融合发展方式，既能够传承报纸读者的忠诚度及该媒体的公信力，还能够利用互联网将该报纸做大做活。综合来看，报网融合使报纸的效益得到了最大化，同时也使报纸顺应了市场的发展，寻得了在新媒体冲击下的发展之道。

（3）全媒体发展

随着科学技术的不断进步，手机逐渐成了大众日常生活中必不可少的工具，随之而生的手机报也成为报纸发展的又一新趋势。2004年7月18日，由《中国妇女报》推出的《中国妇女报·彩信版》开启了国内报纸与手机媒体融合的道路，也是中国第一份手机报。

作为报、网、手机互动的尝试，由《河南日报》推出的报网及手机短信互动栏目《焦点网谈》在全国省级党报中开辟了先河。该栏目于2004年10月开始创办，在报纸、网络、手机的多重互动下获得了业内的肯定，也受到了主管部门的赞扬。该栏目在2006年获得了中国互联网第一个“中国新闻奖新闻名专栏”的荣誉称号。与此同时，全国各级报纸也都顺应着全媒体发展的潮流，不断地创新，推出了各种手机报及手机客户端。

4. 优势互补

在社会经济迅速发展，信息极度膨胀的环境下，纸媒与新媒体（包括手机媒体）的融合已经成为一种潮流、一种趋势。面对新生的且极具威胁性的新媒体，纸媒如何凸显自己的优势，同时又如何利用与新媒体的融合来化解传播过程中纸媒所存在的劣势，这也是无数媒体人所探寻的目标。

（1）融合所带来的“增益”

首先，新媒体平台是纸媒在发展过程中，顺应市场发展的必然选择。没有了新媒体平台的建立，纸媒将如同折了翼的天使一般，在市场竞争中少了很重要的一部分，同时，新媒体从纸媒中衍生出来，作为纸媒的延伸，将会为纸媒带来更大的收益，这是所有重视纸媒建设与发展的负责人所能体会的收益效果。

其次，相对于商业性质的新媒体行业来说，纸媒选择与新媒体融合，实际上是与新媒体共享了纸媒本身的丰富资源。不论是纸媒本身所拥有的新闻一线记者与编辑，或是其丰富的市场资源和广告资源，都是为新媒体平台添砖加瓦的有利条件，也是其他专业网站或是商业网站所无法比拟的。

再次，纸媒经过多年的经验积累，已经基本上了解了受众的需求，大多也能够准确地把握自身的定位及特色。在这种基础上，纸媒选择走与新媒体融合之路，无非是想要通过新媒体平台，将其服务对象及服务范围更大程度上进行扩散。这种融合之路，也能够更大程度上满足受众的需求，得到更多的忠实读者。

不仅是纸媒，所有行业都已经走上了与新媒体的融合之路，但也都处于融合的初级阶段，在大家都尚在探索之时，纸媒利用其原有的知名度与权威性，是能够很好地在新媒体市场上扎住脚的。同时，利用新媒体的丰富资源与广阔渠道，相信融合之路将会是一个纸媒与新媒体“双赢”的结局。

（2）融合过程中的“减产”

造成纸媒与新媒体融合后“减产”的主要原因是互联网的新闻门户网站，这些网站主要有新浪、网易、搜狐、腾讯等，它们早已习惯于将纸媒或是电视等传统媒体的新闻直接进行转载并无偿使用，属于完全免费的“拿来主义”，这让接触这些新闻类门户网站的网民养成了依赖于其网站进行免费阅读的习惯，从而减少了读者对原本报纸的阅读量及忠诚度。

近些年，越来越多的门户网站已经不仅仅满足于只做新闻了，他们将目标转向了综合类的门户网站。与此同时，也与纸媒展开了广告商的争夺。原本纸媒的重要广告来源，如房产、汽车等，如今都可以在那些门户网站上找到其专门的频道，这也使纸媒的发展面临着巨大的竞争与压力。

如果想快速地实现纸媒与新媒体的融合，势必要共享纸媒原有的专业人才，但新媒体的发展需要更为专业的网络技术人员，网络的运营也就成了融合后所需要面临的首要问题。将高素质的新闻人才与高水平的网络人才相互结合，在纸媒与新媒体融合的初期成了限制二者融合发展的一大主要因素。

在微博出现后，以微博为代表的自媒体产生并迅速发展，随着移动互联网的兴起以及手机客户端的出现和不断更新，人人都可以成为一个传播者，人人都是新闻源，可以随时随地地进行信息的发布和更新。在自媒体不断发展的时代，纸媒如果想真正地实现报网联合，以及与新媒体的融合，那么如何将传统纸媒的读者转换成新媒体时代的服务对象，将是一项艰难的工程。

第三节 传统报业媒介融合的发展模式一：报纸网站

一、报纸网站的概念及特点

网络媒体的迅速发展成为这个时代最引人注目的事。这个“第四媒体”凭借着其他媒体不可比拟的技术优势和灵活、快捷的传播方式，已经成为历史上发展最快的媒体。据第 18 次中国互联网统计报告（2006 年 7 月）网民人数、上网计算机数分别达到了 12 300 万人、5450 万台。网络的发展使得新旧媒体进入了一个激烈竞争的时期，传统媒介不得不与网络这一新兴媒介竞争发展，加盟网络是必然的选择，传统报业要认清报业形态改变的各种可能，充分把握报纸机构作为新闻传媒信息的源头地位，积极采用数字化技术，实现纸质报纸、网络报纸和电子版销售的完美融合。

1. 发展趋势

报纸网站最早兴起于互联网的发源地——美国。自从 20 世纪 90 年代初，一批敢于创新冒险的美国报刊在网上建立了网站开始，报纸网站作为报业在互联网上的重要应用在全世界发展流行，此后“传媒上网热”便伴随着互联网的发展开始席卷全球。1993 年全世界只有 20 家报纸网站，十年后这个数字增加到 5000 家，增长了 250 倍，在网络信息时代，网上看报已经成为一种新的阅读方式，很多读者对报纸网站的接触量多于印刷版报纸。

2. 发展特点

报纸网站以网络为依托，因此具有了网络媒体独有的特点和优势，与传统报纸相比有了重大突破：第一，网络的开放性突破了传统报纸的地域界限；第二，信息的全时化播报与即时更新突破了传统报纸的时间界限；第三，多媒体特性突破了传统报纸传播方式的界限；第四，交互性突破了传统媒体的互动界限；第五，网络信息的来源广度和通过链接相关背景而成的深度突破了传统报纸信息量的限制；第六，网络低廉的信息生产和发布方式突破了传播成本界限。

二、报纸网站的相关模式

经过10多年的实践，一批批报纸网站逐渐成熟起来，并总结出了一套适应网络与传统报业自身双重需要的发展经验。在此，我对已经出现的报纸网站的内容模式、发展模式做一个大概的总结，并对报纸网站发展中的难点—盈利模式，做一个稍微细致的分析。

1. 内容模式

① 报纸网站从最开始的尝试到慢慢成熟，在不同发展阶段采用了不同的内容模式：

② 报纸网站尝试阶段：传统新闻的电子翻版。在传媒上网处于尝试阶段时，报刊网站仅将印刷版的内容推上网，它只作为印刷版报纸的附属品存在。

报纸网站发展阶段：独立于印刷版的综合类信息服务网站。在大批报纸纷纷触网后，很多报纸网站逐渐不再满足于成为其“母体”传媒机构的电子翻版，努力发挥网络优势，并根据自身母体机构的特点和条件，开拓新颖独创的内容与服务，丰富了网站的传播内容。这类网站一般采用新闻频道加服务栏目的模式，并且朝着形成特色的方向努力，其中一些甚至发展成为专业化网站。

③ 报纸网站成熟阶段：大型信息传播平台，或新闻门户网站，内容范畴远远超出合作经办传统新闻单位的传播内容。一个典型的新闻门户网站一般拥有众多栏目类别，有新闻评论，有各家传媒机构的内容，还包括一系列服务性栏目。

报刊网站经历了从印刷报纸的翻版，到综合信息网站，再到门户网站的内容模式的发展，是因为报业已经意识到，在网上报纸需要“跨越新闻前进”；用户不仅想获得新闻，还想获得更多的娱乐列表和其他服务；网上报纸要办得成功，就不能仅仅只是搬上网的报纸而已。

2. 发展模式

报纸网站在发展过程中必须将自身传统媒介与新媒体优势相结合，虽然各自发展模式不同，但总结起来中外报纸网站的发展模式不外乎以下几种：

① 以母体传媒的既有品牌为主，利用网络的多媒体、互动式传播等优势，不同程度地提供超越印刷版内容范畴的网上服务。纽约时报网站和华尔街日报网站是个很好的例子。纽约时报网站以在网上打《纽约时报》的品牌为主，提供一定印刷版母体没有的服务，如个性化的气象信息、互动式特写稿、多媒体信息服务、电子邮件新闻简报等。华尔街日报网站以"华尔街日报在线"为名，名字折射出《华尔街日报》品牌之印的特征，该网站还把一些由于其篇幅等限制造成印刷版无法使用、但对研究经济形势非常有用的稿件搬上网，此外，该网站上还有互动式特写稿、编辑与专栏作家同网站访问者的网上讨论内容等等。

② 传媒网站办成地区性网站或综合信息平台及新闻门户网站。《波士顿环球报》就是一个先例。网站除了提供其母报《波士顿环球报》的内容外，还囊括了60多家其他信息源提供的信息内容，其中除了几乎所有的当地新闻传媒公司外，还有其他机构如图书馆、地区气象台等。在我国，目前各个地方也先后出现了众多这样的行政区域内众多主流媒体合力共建的网站，例如北京的千龙新闻网、上海的东方网、天津的北方网等，都是典型的地域性门户网站。

③ 传媒机构联合或传媒机构与网络服务商等其他相关行业的机构联合创办专业性的信息服务网站。例如，美国的"考克斯互动媒介"网站由美国考克斯报业集团联合考克斯通讯公司、考克斯电视公司、考克斯广播公司、Manheim拍卖公司经办，共设7个网站，并有"汽车贸易""Manheim拍卖""M互动"三个提供汽车贸易、二手车买卖的专门信息服务和汽车方面的电子商务服务。

以上三种都是目前报纸网站常用的发展模式，但是报纸应该首先分析自身究竟具有何种优势：比如说品牌知名度是否高？专业化是否鲜明？地域性是否强？整合能力是否强？然后再根据优势来确定自己的发展模式。

3. 盈利模式

对于任何媒体来说，寻求一个可行的盈利模式具有十分重要的意义。如同当年：世界报业在找到以刊载广告为主要收入来源的盈利模式之后迅猛发展起来，报纸网站如何寻找到合适的盈利模式已成为了其生存和发展过程中的首要问题。

报业和网络都极度发达的美国在报纸网站的盈利模式上已积累相当丰富的经验，创建地域性新闻门户网站、传媒网站涉足电子商务、发布手机短信等实践，最初都是在美国首先出现的创新之举。我们可以借鉴并参照我国国情，来分析适合我国报业发展的赢利模式。

（1）网络广告

作为传媒经营传统新闻业务时最主要的商业化模式，发布广告赢得经济收入自然而然成为传媒网站首先进行探索的经济运营模式。广告也的确是目前美国报纸网站赚钱的主要手段，2004年，美国报业的网上广告收入达到千亿美元，同比增长26.7%，远高于报纸广告的增长速度。

但在我国，各大报纸网站的网络广告都刚刚起步，广告收入微乎其微。原因除了我国大多报纸读者尚未形成网上阅读习惯，更与报纸网站自身的内容建设以及宣传有关。我们可以借鉴美国大多报纸的销售经验：美国报纸在销售网上广告时，将其与印刷版报纸广告打包出售，网站广告收费低廉，处于从属地位。我们也可以将印刷版和网络版广告做成“套餐”，初期网络广告可以执行渗透价格，以极低的收费吸引广告主，到网络广告发展成熟之时，可以按网站的浏览量或广告点击率收取费用。

报纸网站广告的前景相当看好，尤其报纸网站在吸引广告方面有特殊的优势，比如品牌效应的延伸等，但同时网络广告因为其媒介特性具有一些缺点：例如网络广告在互动性和用户参与性很强的网络传播中容易被受众忽略；弹出广告虽技术上是可行的，但却极易引发读者反感，在许多防火墙甚至微软的升级IE里都特别增加了一项封锁弹出广告的功能，使弹出广告举步维艰；由于报纸网站访问量不敌门户网站，其吸引广告的能力也十分有限等。

所以，报纸网站在注重新闻的内容质量和使用质量外，更应该花一些精力在网络广告的设计上，研究广告以何种形式、在何时、何处出现，才能充分利用网络互动的优势吸引读者浏览网络广告。目前报纸网站可利用的网络广告形式主要有：

① 网幅广告：最早出现也是目前最常用的网络广告形式，分为静态广告、动态广告和交互性广告。以图像文件定位在网页中，大多用来表现广告内容。目前最受欢迎的是交互性广告，它可以让浏览者自主选择页面，提交问题，甚至玩个游戏，在娱乐中接受广告信息。

② 文本链接广告：是一种对浏览者干扰最少，但却最有效果的网络广告形式。例如新浪网首页，就有许多带下画线的文本链接广告，文本链接广告位的安排非常灵活，可以出现在页面的任何位置，可以竖排也可以横排，每一行就是一个广告，点击每一行都可以进入相应的广告页面。整个网络广告界都在寻找新的宽带广告形式，而有时候最小带宽、最简单的广告形式的效果却最好。

③ 赞助广告：浏览者对于他每天浏览的网站往往比较信任，所以在这些

网站的信息中夹杂广告主的信息比单纯的广告更有用。赞助式广告的形式多种多样，在传统的网幅广告之外，给予广告主更多的选择。凡是所有非旗帜形式的网络广告，都算是赞助式广告。这种概念下的赞助式广告其实可分为广告置放点的媒体企划创意，及广告内容与频道信息的结合形式。例如新浪“竞技风暴”首页，“NIKE”赞助了该频道，名字也相应改成“NIKE 竞技风暴”，并配上不同栏目。

④ 与内容结合的广告：这种广告以网页内容的形式出现，从表面上看起来它们更像网页上的内容而并非广告。所以它们的点击率往往会比普通的广告高。但与内容结合式的广告最引人争议之处在于商业利益与媒体内容混淆不清。国外常见的浏览整合的广告方式，将广告主的网站链接或者图像整合在网站首页的功能表中，虽然降低了受众对广告的抗拒，却有可能引发他们对网站产生排斥与不信任。

⑤ 插播式广告：有点类似电视广告，都是打断正常节目的播放，属强迫性观看，这使它成为广告主最喜欢，但同时是最容易引发用户反感的广告形式。为避免用户反感，可以使用弹出窗口式广告，而且只有 1/8 屏幕的大小，这样可以不影响正常的浏览；或者当浏览者的屏幕处于空闲状态时播出，比如在浏览者下载软件的过程中出现广告，这样既不会打断浏览者的浏览，反而能让他们在无聊的等待过程中带来一点消遣。

（2）付费订阅 / 付费收看

第十五次 CNNIC 调查结果显示，以获取信息作为上网最主要目的的网民所占比例一直遥遥领先，达到 39.1%，提供信息又正好是报纸网站的强项。所以对信息进行付费订阅也成为报纸网站探索赢利模式的重要尝试。

现今美国报纸网站对于信息有全部收费和部分收费两种形式：

全部收费模式最成功的只有《华尔街日报》一家。近年来，该报印刷版发行量持续下降，而网络版用户则持续增长。截至 2005 年第一季度，网络版用户已达 73.1 万。但是有分析认为，《华尔街日报》的这种模式不宜盲目照搬到其他网站，因为该报是久负盛名的财经报纸，订阅者大多并非休闲阅读，而是将其当作商业成本。

越来越多的报纸网站则实行更具可操作性的部分收费方式。如《纽约时报》，读者浏览摘要是免费的，但全文则需付费阅览，报纸还设计出一系列需付费的服务项目，比如“时报新闻追踪器”“纽约时报文章档案库”“精彩纵横填字游戏”等。美国报纸对部分收费模式寄予厚望，大多数网站目前要求读者注册，一方面争取针对性广告，另一方面跟踪读者阅读习惯，从而发现哪些读者愿意缴费，哪些内容可以收费。

但是，由于大多网站建设初期都采用免费形式，网络信息已成了人们心中的“免费大餐”。不少人担心对报纸网站的信息收费可能会导致受众转向其他免费网站，正如《新闻日报》的网上服务总编辑 Tony Briggs 说：“互联网文化是在所有的东西都是免费的前提下发展起来的。向用户收费是惹怒他们、把他们赶走的最好办法。”因此收费模式饱受争议，再加上缺乏合适的付费体系，阅读付费的不便也会影响读者对网站的评价。

部分收费模式的关键在于读者能够愿意为此内容付费，收费内容应当具有三个要素：不可或缺，且口碑佳；内容独家，令读者深感兴趣；为用户增加效率或赚钱。也就是说，要向读者提供有用且渠道唯一的信息，例如对于文本库中历史上的重要新闻资料进行查询，用户就需登记付费索取。所以报纸可以建立相应的信息数据库，通过提供丰富的信息检索、网点链接等传统传媒所没有的服务来获取利润。

（3）电子商务服务

美国传媒网推出电子商务比较早，在 20 世纪 90 年代后期就有不少网站在这一方面积累了一些经验。目前美国传媒网站频道栏目中包含电子商务服务的很普遍，例如纽约时报网站设有“NYT Store”（纽约时报网上商店）和 Buy Tickets Online（戏票网上购买栏目）等电子商务栏目。在推出电子商务服务中，美国传媒网站往往采用同商业公司、制造商合作设立专门的站点或邀请后者在自己的信息传播平台上推出商品信息和交易服务，并与这些企业以签约的形式分享收益。现在我国一些传媒网站也已经瞄准电子商务，将其作为潜在的网站收入来源。如众多报纸网站纷纷开通“网上商城”提供免费送货上门服务，包括音像制品、生活用品、文艺演出门票等。如广州日报报业集团创办的“大洋书城”就是其中做得比较好的电子商务项目。

但是由于诸多原因，目前电子商务的观念并未广泛深入大众生活，所以它走向繁荣还需要很长一段时间。除了摩根士坦利全球副总裁季卫东所说的未来电子商务需要打破的瓶颈，如支付手段、诚信问题、消费习惯等，报纸网站开展电子商务面临着更多的争议。

首先，电子商务并非传媒强项，越来越多的生产商通过自己建立网站直接进行电子商务，而不是通过传媒网站作为中介，商业性在线服务网站也是强大的竞争对手。虽然传媒网站可以凭借其知名度占据优势，但并非所有的传媒网站都具备这个优势。

其次，电子商务并不仅仅只包括电子手段沟通商务交易信息，产品实物的流通配送对电子商务也至关重要。电子商务中要实现信息流、物流、货币流三位一体的流动，而物流是其中关键环节，这一环节依赖于一个完善的物流配送体系，因此电子商务模式对传媒网站总体而言的成效如何，现在尚难下结论。

（4）收费的信息服务项目

① 手机短信。到 2005 年底，我国手机用户发送短信总量为 3046.5 亿条，平均每天有 9 亿条短信。提供手机短信成为报纸网站较为常见的一种网上服务。随着“彩信”业务的开通，又开启了未来新市场的大门。在这一新兴领域和市场中，除了移动电信运营商外，最大的受益者就是各类内容提供商。2001 年几大门户网站开展了这项业务并抢夺市场的份额，而到了 2002 年，大部分新闻网站也都积极地开展了这项业务，如今手机短信息收入已成为网络媒体营收的一个重要来源。

一些报纸开展的短信服务内容与各大门户网站所提供的类似，都是笑话 + 图片 + 铃声模式，这种模式虽可使门户网站转亏为盈，但对作为市场后入者的报纸来说却是一个弱项。在短信业务经营上，报纸应该更多发挥自己在内容方面的优势，根据用户的需求，提供基于报纸自身特点的信息服务。在这一方面，新闻、财经、体育、娱乐等专业类报纸因为内容的独特性，有更大的盈利机会。

② 收取转载费用。现在很多报纸网站通过签约授权让商业网站或较小的传媒网站转载，来收取转载费用。但是从某种角度看，这样做无异于饮鸩止渴。这样的低价转载具有严重后果：允许转载意味着报纸网站彻底丧失真正意义上的独家新闻，严重削弱了网络读者访问报纸网站的可能性，同时却进一步强化了门户网站新闻平台的吸引力。由于各家报纸网站没有独家内容，网络新闻消费日益呈现赢家通吃局面。当网络读者在门户网站上就能看到所有的新闻报道时，他有什么必要专门访问报纸网站呢？如果这种情况持续下去，结果只会有一个，报纸品牌在网络上存在的可能性将趋于消失。类似的结论被一家门户网站近期的调查所证实，网民最经常访问的“新闻网站”不是新华网、人民网、南方周末等媒体网站，而是各大门户网站。

在这个矛盾的解决上，国外一些著名的报纸网站采取了截然不同的策略。他们通常不允许门户网站转载自己的新闻，但他们非常支持其他网站就自己的新闻报道建立超级链接。在 YAHOO 这样的门户网站上同样也有大量新闻，但是当用户点击这些新闻标题的时候，通常并不是在门户网站上直接就能看到新闻全文，而是被链接到相应的报纸网站上（通讯社的稿件除外）。通过这种方式，报纸即使在内容上网之后也能有效保持自己的品牌影响力。

③ 分类广告和中介信息收费。报纸网站可以把分类广告作为盈利的切入点。分类是报纸的重要收入来源。据统计，美国报纸的分类广告约占广告总收入的 40.3%，法国为 24.2%，意大利为 11.5%。网络上的分类广告比报纸上的

分类广告，有查找方便的优点，而且还可以连接到客户的网址，实现更深入的传播效果甚至达成购买。对于访问量较小的报纸网站来说，普通网络广告如果价格过高就会无人问津，价格低的话又不足以支撑网站运营，而分类广告价格便宜，能吸引众多小客户，积少成多。

另外许多中介信息比如二手车买卖、房屋租赁、招聘求职等都是针对当地生活服务类信息，非常适合在当地访问量占多数的报纸网站投放，报纸网站还可以通过中介服务收取服务费用。以广州日报报业集团的“大洋网”为例，其“大洋置业”频道运用网络的信息发布功能和互动的优点，促成物业交易，交易达成后收取信息中介费用。但是目前已有许多专门的中介服务公司网站，报业网站只能利用其权威性和读者的信任度来分得一些业务。

④ 经营派生的相关业务。如网络技术服务、网吧经营等。如上海的东方网、广州的金羊网等网站正尝试利用网站的网络技术力量，向社会提供网络技术服务，对外承接网络技术方面的任务，这也是能给网站带来收入的方式之一。

分析以上资料，能够更清楚地看到中国报业面临的严峻问题：一方面印刷版的报纸面临着与美国报纸同样的广告分流、发行流失和投资商不看好的艰难时世；另一方面寻求网络赢利模式则比之美国经济实力雄厚的报业有更多的困难，比如既缺乏能够尝试部分收费模式的内容产品，又缺乏雄厚的资金实力开展电子商务物流。所以，中国报业要在网站上取得赢利，还有很长一段路要走。

三、报纸网站的发展瓶颈及对策

1. 缺乏适合网络的内容产品

报纸网站并不意味将报纸内容原封不动的搬上网络，报业作为内容提供商，必须要充分发挥网站信息量大和更新速度快的优势，开发出适合其特点的内容产品并且创新其表现形式，开通有效的反馈渠道，利用网络来弥补报纸版面有限、出版时间固定的缺陷，强化近期的报道热点，提升报纸的影响力。但是目前为止，很多报业网站做得并不是很理想，网站内容依然无法区别于平面媒体内容。

对策：亟待建立数字新媒体的采编平台。报社擅长的是内容产品的制作，在把报纸内容转换为网络内容的过程中，迫切需要一个规范化、流程化的新媒体采编平台，其中的关键在于严重缺少相关的技术支持和软件支持。这涉及报社从传统报业向数字报业转型再造问题，不少报纸愿意投入资本来建立这样一个平台，但这不是一家或几家报纸就能完成的，而是需要关联产业的重视和研发。

2. 缺乏忠诚读者，网络用户漂移性太强

从传统报纸到报纸网站的数字化转化过程中，最重要的就是读者的转化，目前许多网站做得并不成功，难以将纸质媒体读者转化为网站的忠实读者，白白耗费了大量推广费用，成为网站最“烧钱”的开支。

对策：一方面可以利用传统纸质媒体的宣传开展相关活动，或利用在报纸新闻后标示网站背景资料链接等形式将传统读者吸引到网站，并进行登记，免费注册制是国外很多报纸网站采用的策略。国内报纸网站至今鲜有借鉴使用。通过免费注册，报纸可以建设动态的读者资料库，可以通过电子邮件及时把报纸的新闻摘要通知读者，用以开拓相关的增值业务；另一方面注重对读者阅读习惯以及忠诚度的培养，尤其是年轻读者，例如《纽约时报》就热衷于培养校园读者，从学校开始培养他们成为自己的忠实读者。该报甚至专设“下一代部”和“学校部”两个部门负责此事。

3. 缺乏成熟的市场运作模式

现有传统媒体网站存在最明显一个问题就是：没有建立成熟的市场运作模式。这也是目前包括非传统媒体的商业网站在内的大多数网站面临的致命问题。其生存也处于相当的不确定中，目前还没有找到最佳利用网络传播盈利的方式，而网络传播对网络商（包括上网媒体）来说，如果不能盈利，找不到挣钱的有效办法，再好的技术也不会有社会化的发展前途。如台湾《明日报》的关闭，便是向不盈利新闻网站发出的警告，尽管它在新闻内容、表现形式等方面有很多创新，甚至堪称网络媒体的典范，但由于缺少长期稳定的盈利模式，入不敷出，仅一年时间就不得不以关站而告终。

对策：报纸网站目前的营收主要还是依赖信息内容，与传统媒体联系特别紧密。因此注重传统媒体的品牌，并在网站提供高质量、个性化的信息，成为多数报纸的努力方向。另外，除了广告和电子商务，多种围绕内容开展的信息服务都可以尝试。网络发展无定式，所以网站也要在不断变化中进行调整，寻找到最适合自身的经营模式。

第四节 传统报业媒介融合的发展模式二：手机报

一、手机报的概念及特点

手机媒体是继网络媒体之后又一迅速崛起的新媒体。随着中国经济的高速增长，包括移动通信、计算机等在内的中国 IT 行业与技术超常规发展，中国手机用户数也呈现指数增长。数据显示，2006 年 11 月．我国手机用户总数已经达到了 4.55 亿。随着手机功能的日益增多，尤其近年来手机越来越被世人广泛应用为电子阅读显示器，手机已经超越通信工具的范畴，逐渐显示其作为媒体的特性。

如果说电视收视率和报纸的订阅率更多依赖于用户的传统媒体习惯，那么，具有可读性、必读性、互动性、新奇性以及类型丰富、能以不同内容、不同形式满足用户需求的手机媒体，就会成为用户随时随地获取新信息的习惯性媒体，所以手机媒体又被誉为“拇指媒体”和“影子媒体”。正如霍华德·莱茵戈德在《聪明暴民：下一次社会革命》一书中提到的新媒体全新沟通模式：互联网的力量从电脑转移到手机上，诞生了全新的社会现象，产生了全新的沟通模式。

手机媒体的兴起为报刊经营者提供了又一个新的发展平台。在世界范围内，手机的新闻传播甚至被看作报纸复兴的希望，因为它能够帮助报纸与读者和广告商建立更为稳固的关系，能够提供新的利润来源和更为有效的传播手段。而目前这种报业复兴希望，都集中在了如雨后春笋般出现的手机报纸上。手机用户资源巨大，如果能依靠手机平台转变经营方式、增强赢利能力，将是报业拓宽发展空间的又一条重要途径。

所谓手机报，就是将纸质报纸的新闻内容，通过移动通信技术平台传播，使用户能通过手机阅读到报纸内容的一种信息传播业务。它是传统报纸与新型电信增值业务相结合的产物，是报业进行新媒体融合的一种特殊方式：由报纸、移动通信商、网络营运商联手开通信息传播渠道，用户灵活机动地在手机上浏览新闻。

在受众定位上，手机报走“分众路线”，主要关注社会中上阶层，具体是文化程度较高、经济基础较好、年龄在 25~45 岁的白领、精英人群。

手机媒体被认为是能够真正实现信息传播 5W 的媒体：Whenever 无论何时，Wherever 无论何地，Whoever 无论是谁，Whatever 无论什么内容，Whichever 能找到对方，即任何用户可以在任何时间任何地点获取任何信息并联系上任何人。手机媒体的这种特性赋予了手机报独特的传播方式：

① 个性化传播：传统媒体发布信息面对的是不特定人群，信息不具有专门化，而手机报可以根据需要，在每天不同时段内，为用户提供快速、精练的新闻信息，使新闻信息的传播具有个性化。

② 动态化传播：传统媒体的用户必须寻找特定时间、空间内的固定载体才能接受新闻信息。而手机报的载体是手机，用户可以随身随地携带，手机报可以像网站一样实现新闻的动态播报，尤其是突发性事件时，用户不仅可以第一时间知道新闻的结果，而且可以时刻关注它的发展过程。

③ 交互性传播：手机报的互动性强，用户可以通过短信等方式快速得到自己最想获取的新闻，通过互动反馈，每位用户可以实现新闻定制，真正体现了传播的人性化和个性化；另外，手机报一般开通了新闻短信评论功能，订阅者可以将自己的看法和意见及时发送到无线报纸平台，传受者之间没有隔膜，实现直接交流互动。

④ 多媒体传播：手机报所发送的新闻是一个包含了图片、文字、声音、动画等等的多媒体数据包，用户不仅可以去看去听，还可以借助图片和动画形式更深刻地理解新闻，充分调动受众的视听器官，实现新闻的多维阅读。

⑤ 大范围传播：在地域上，由于传统报纸受发行的限制，传播范围仅限于报纸发行地区，但手机报可以借助现代化的移动通信网络将传播的范围全面覆盖，并且保证发行有效到位；在受众人数上，手机报纸潜在受众资源丰富，目前全球手机用户达到 20 亿，拥有手机的人数是所有报纸读者人数的 2 倍多，这为手机报纸提供巨大的潜在受众资源，远远超过报纸读者的数量。

二、手机报的相关模式

1. 操作模式

手机报主要有两种操作模式：

① 信息模式：电信运营商将报纸内容以彩信的方式发送到用户的手机终端上，用户可以离线阅读。

② 在线浏览模式：用户通过 WAP、I-mode 或 3G 技术访问手机报的网站，实现在线浏览，其内容丰富，又节省纸张。

由于技术原因，现在大多数手机报纸采用的是第一种彩信模式，或可以提供 WAP 方式的辅助浏览。但是第二种操作模式是更适合未来需要的模式，随着 3G 技术和手机终端技术的发展，在线浏览必将成为手机报的主要操作模式。

2. 运营模式

手机报是由通信公司、网络公司以及传统媒体如报社共同协作、三方共同构建的一种信息传播模式。在这种协同作战中，三方担当了不同的角色：电信公司作为技术平台的掌控方，掌握着手机技术平台和远程服务项目，以及上亿的手机客户，是一个巨大的信息承载外壳；网络公司则利用自己巨大的网络信息平台，最近距离地“嫁接”手机；传统媒体如报社则利用自身的信息采访、编辑优势，提供快速、原创的新闻信息，以及将原本运用得烂熟的广告，照搬到手机报上来，从而成为在这场媒介角逐中不可或缺的内容供应商。

3 盈利模式

目前，手机报在利益分配面前出现了不同种类的分成方法，订制收入主要是根据订阅量由移动、网络公司拿大头，报刊拿小头，而在广告运作方面，手机报广告本来就不多，也没有现成政策，所以还不足以形成“热点”，报社参照传统的广告经营经验，一般与网络和移动公司达成“三七开分享订阅收入”、“七三开分享广告收入”的利润分成。

目前手机报的盈利模式还在探索之中，其盈利点集中在定制收费和少量的广告收入。到现在为止通用的订制费用方式主要有以下三种：第一种，对彩信订制用户收取包月订阅费，比如目前各种手机版用户，每月的包月费用为 5 元到 25 元不等，初期大多采取“免费体验”进行推销；第二种，对 WAP 网站浏览用户按时间计费，最低价一般为 40 分钟收费 5 元；第三种，沿用传统媒体的盈利方式，通过吸引用户来获取广告投放。但就目前情况来看，仅仅依靠定制费用，无法维持创办者的运作成本，对于读者来说成本也要高于购买传统报纸，因此不足以成为手机报的支柱性盈利点。

手机报要想获取更多支柱性盈利点，可以突破传统的广告形式或定制形式，将视角定位在以数据库营销为基础的盈利模式上。

① 建立分类信息数据库，以内容发行收入为主，读者更主动，具体来讲包括但不限于以下几种服务形式：a.信息订制，由消费者自己买单。这一收入模式的关键是信息有用。从消费者的角度来看，如果信息的确有用，那么只要价格合理他就可以接受。从报社的角度看，报社每天采集回来的信息，完全可以建设成一个大型的信息数据库，为那些有特殊需求的读者提供订制服务。b.增值服务，由商家为消费者买单，作为商家为其顾客提供的增值服务之一。如电信运营商、银行、商场、汽车经销商等，均可出资为其 VIP 顾客订制个性化的信息，或由商家统一订制，或由顾客自主选择。c.查询服务，手机报的读者可以通过手机短信或呼叫中心向报社直接查询未来天气情况、体育赛事即时结果、新闻事件近况等特定信息。

② 建立分类读者数据库，以活动与广告搭载的方式盈利，报社更主动，具体来讲有以下几种服务形式：a.以活动为吸引点，吸引读者以发短信的方式广泛参与，并且有相应的措施鼓励读者参与，短信应当是收费的，如“超级女声”。b.同样以有奖活动为吸引点，但参与者的短信是免费的，费用则由广告商买单，形式上要求有企业或品牌的名称出现，如让读者评选 2005 年最具社会责任感的企业，2008 年十大奥运赞助商等。c.以“闯关类”活动为载体，搭载道具广告，所有短信读者都免费，短信费用和最终礼品则都由广告品牌承担，当广告内容和用户定制的信息有关时，读者很可能对该方面的广告也感兴趣，这样就不会遭到读者的反感，因此要求信息是接近免费的。d.DM 广告促销，完全由广告商付费。报社可以利用自己的数据库，有针对性地选择广告客户的目标消费者，发送一些消费者比较关心的产品促销广告。手机短信的促销效果是可以预见，如果读者能够确认短信是有责任的报社发送的，读者的信任度会跟着报纸的公信力而上升。

手机报订阅用户消费特征比较明显，其广告针对性更强，广告到达率可以用精准来表达，只找那些广告客户感兴趣的消费者，而不必通过全覆盖来实现广告目标，这对于广告商而言，也能大大节省广告费用。

③ 建立分类广告数据库，以信息检索收入为主，读者随时随地都可以得到自己想要的真实信息，也可以随时随地免费发布自己的信息需求。网络分类广告之所以更受消费者青睐，是因为它的海量信息和便捷迅速的检索方式。然而，手机报的出现将有助于报纸扭转这种颓势，即报社可以通过建立自己的发类广告数据库，包括汽车、房地产、教育、婚庆、家政、招聘等行业的信息，通过读者发短信或打电话的方式给予帮助，报社既可以充分地利用自有的分类广告资源，又省却了消费者自己检索之苦。

三、手机报的发展瓶颈及对策

手机报虽然已经诞生了 2 年多，但是目前其发展还存在诸多阻碍，有的甚至是致命缺陷。

1. 内容供应的巨大缺口

我们知道新产品要想在市场上占有自己的营销份额，必须具有其他同类产品所不具备的独特性和排他性。目前，手机报缺乏作为一种新产品所应该具有独特业务。手机报内容一般为纸质媒体新闻的电子化翻版，缺乏自己健全的采编体系和运作管理体系。其现有的有关媒体业务所有运作，包括新闻来源都是依附于传统媒体或者互联网，造成了自身原创性内容不多，缺乏精心处理，更新速度跟不上互联网。

对策：除了将手机报逐渐独立于纸质媒体，建立自己健全的采编体系和运作管理体系外，应该针对媒介特性进行手机报的内容设计：

① 手机报强调内容和形式的多样性。手机报多媒体信息模式，既有传统报纸的文字、图片内容，未来还将发展为包含声音、动画、影视、游戏、娱乐、互动等多媒体内容。

② 手机报更强调服务性和娱乐性。手机报因其特性决定，在传统媒体所提倡的新闻真实之外，更强调信息的服务性、有用性、娱乐性和互动性。

③ 手机报的新闻强调短而精。与传统报纸善于长篇的深度解释性报道不同，手机报因为容量小、屏幕窄，更强调信息的浓缩精炼。

2. 技术发展的瓶颈限制

手机报发展依赖于它所依靠的手机终端技术和传输技术的提高：在手机终端技术上，由于目前手机屏幕普遍窄小，习惯了宽屏浏览式阅读的读者对狭窄视觉范围内的频繁翻页阅读不太适应，容易疲劳，只有依靠手机终端技术的提高，才能提供更适宜的阅读方式。除了终端技术的限制，无线传输技术（如 3G 技术）因为决定着手机报的下载速度、使用方式、甚至资费高低，所以其普及程度也限制着手机报的发展。

对策：传输技术上的瓶颈对报业来讲，除了等待，似乎无能为力。但在克服手机终端限制上，日本 I-mode 的方法某种程度上可以给我们以启发：他们直接通过与手机终端制造商的合作，订制手机时就划分了统一的手机标准，使所有 I-mode 手机的界面以及操作系统基本上都是统一的。在开展新业务之前，公司通常先设计好能支撑新业务的手机终端，然后向终端提供商提出定做，随后将手机和服务捆绑销售，这样就有效保证了不同终端之间的互操作性。

3. 资费居高难下

读者对服务资费的支付方式和支付水平的认可程度将直接决定手机报订阅的规模。手机报包月价大多在5-25元之间，年付费在60-300元之间，而提供的信息量远远低于报纸，显得性价比不高。由于手机报涉及电信、网络、内容三方运营商的合作，运营成本居高不下，成为手机报发展的一个硬伤。根据一项调查表明，手机报接受度不高的症结正是购买手机资讯的费用，超过半数的用户更倾向于不花钱免费获得；31%的用户可以接受10元以下的收费标准；而愿意花30元以上的钱获取即时资讯的人为零。例如《杭州手机报》"免费体验"时，用户拥有10余万，实行5元包月收费后，用户就大幅度下降到1万。

对策：既然难以降低运营成本，降价遥遥无期，那么只有从读者入手，提高手机报在读者心中的"性价比"。首先，巩固原有纸质媒体的老读者，通过手机报扩大自身纸质媒体的影响力，进一步增强美誉度、忠诚度，让老读者觉得物有所值；其次，吸纳不太接触纸质媒体的新受众，特别是富有活力的"电子一族"，最初采取渗透定价，逐渐再开始收费，例如有的报社就采取"订报纸送手机报"或"订手机报送订报纸优惠"的方式，吸引读者订阅；再次，增强用户的选择度。手机是个人用品，具有完全的个性特征，是个性的展示，是隐私的空间。在手机上搭载的信息，即使是广告也不妨针对不同人的爱好，进行自我选择，包括内容、版式、色彩、背景。

4. 读者定位不准

手机报主要针对没有时间买报读报的群体和在紧急状态下找不到报纸而又需要相关信息人的需要，能够进行手机报消费的人群，必须在手机商开通GPRS网络。而观看多媒体信息和启用视听功能的手机，则必须具备像彩屏、WAP浏览器等高端技术功能。购买高档手机的中、高消费人群在消费者市场中是具有较强购买力和经济实力的人群，相对于那些低收入的人群，他们接触和掌握多种信息资源的机会相对要多。那么在能够占有大量信息资源的前提下，他们还会坚持长期选择手机报吗？比如无线上网的手提电脑和手机无线上网功能，会分流走这部分消费人群，能否将这些消费人群锁定，也会影响到手机报的市场基础。

对策：细分用户。读者的情况千差万别，因此办手机报应该进行用户细分。手机报的读者通常是那些处于移动状态、连坐下读报时间都没有的群体。因此很有必要对原有的报纸内容进行二次开发，强化"频道"意识，这样才能让读者在最短的时间内获取最有价值的信息，形成稳定的读者群，还可以结合新闻操作，注重受众目标的精确性，广泛与各俱乐部、协会、等社会团体多方合作，采取"会员制"等形式精确瞄准目标受众，构建优势读者群。

5. 缺乏适合的运营模式和配套服务

手机报的经营还很需要开发，目前存在的两种运营模式都存在缺陷："收费模式"要与电信商、网络运营商分成，利润所得有限；而"广告模式"究竟采用强迫型还是选择型，又是一个难点：手机作为个人通信工具，本能地排斥广告侵袭，广告投放形式如果采用强迫型，手机报订阅者为方便自由检索新闻的本意将被大打折扣，其手机的隐私空间也会受到侵扰；而如果采用选择型接受广告和订阅广告是否需要支付一定的费用？另外，与我国传统媒体的广告业务相比，作为刚刚起步的手机媒体广告业务没有工商、税务等主管部门的监督和职业培训等相对成熟的配套服务，所以一些运营商宁愿承受经济损失，也不愿冒政策风险来经营手机媒体广告。

对策：在经营上将"收费模式"与"广告模式"联合起来，前者保证基本收入，后者争取较高利润。作为一种媒介，手机报特别要从媒介经营的特点出发，盈利方式由通信经营的"一次收费"向媒介经营的"两次销售"转变，把盈利的重点放在广告的销售渠道而不是发行的订阅渠道上。需要注意的是，广告发布应充分考虑手机私密性、个性化的特点，予以巧妙处理，避免引起逆反心理，力求做到广告信息化、信息服务化、服务个性化。

6. 产业链的混乱与缺失

与手机媒体相比，传统报纸从基础设施到内容的生产、运营以及整个媒体运营，整个价值链非常健全。但是手机媒体目前由于政策和体制原因，造成产业链非常混乱且有缺失：一方面，我国的电信网、有线电视网和宽带网三网合一因各方利益纠葛、运营观念狭隘和业务能力欠缺以及技术难题迟迟不能走上正轨，造成包括手机广告主、通信网络运营商、手机广告提供商、手机广告制作发布、销售和终端用户在内的整个手机产业链因利益归属不一而呈现混乱，需要尽快调整；另一方面，手机媒体产业链中间环节的缺失，成为制约整个手机媒体发展的关键因素：首先是适应流媒体播放的手机普及率不高而造成终端环节的缺失；其次是在 2G 时代大获成功的 SP(移动数据服务提供商)复制到 3G 时代还需进行许多适应性调整，SP 环节是否继续存在，是否由移动运营商来承担还在争议中；再次就是 CP(移动数据业务内容提供商)的缺失，由于以网络为代表的新媒体已经让人们习惯了免费信息，所以由于盈利的困难造成提供商专业内容的缺乏。

对策：产业链的建设始终要以产业政策和法规的调整为基础，终端环节的缺失则要靠技术的发展。对于报业来说，最应该考虑的是如何做好内容提供商，思考而什么样的内容适合于手机媒体，而且最终能够让手机用户愿意付费。

虽然手机报在我国发展仅有短短两年时间，但是它的出现却是引人注目的。

现阶段，手机报还存在着很多障碍和不利因素，但它作为一种新兴的传播方式，确实给人们提供了许多便利。将来，随着技术的完善、政策的完善、用户认知的不断提高以及运营模式的逐渐成熟，手机报的发展必将越来越快，传统媒体进军手机媒体无异于“圈地运动”，多媒体角逐中物竞天择，新一轮的利益博弈将悄然上演，因此开发手机报，前景无限。

参考文献

[1]（美）罗杰·菲德勒．媒介形态变化 [M]. 明安香，译．北京：华夏出版社，2000：20-28.

[2]（美）杰克·富勒．信息时代的新闻价值观 [M]. 展讲，译．北京：新华出版社，1999：257-266.

[3] 吴海民．媒体变局：报纸的蛋糕变小的——谈报业未来的走势和发展 [J]. 广告大观（媒介版）. 2006，01.

[4] 沈颖．新媒介环境下传统媒体价值回归 [J]. 广告人，2011，04：175-177.

[5] 许向东．新互联网时代下的数字化报纸——传统报业发展路径探析 [J]. 国际新闻界，2006，12：67-71.

[6] 程婷婷．网络媒体环境下纸媒的困境和出路——以重庆本地三家报纸为例 [J]. 重庆科技学院学报（社会科学版），2011，13：159-161.

[7] 刘鹏．竞争时代的报纸策略 [M]. 济南：山东人民出版社，2005：76-123.

[8] 赵金．财经媒体的发展新趋势——访《第一财经周刊》总编辑何力 [J]. 青年记者，2008.

Part 6　联合通讯的媒介融合与数字化传播实践

第一节 联合通讯产生的背景

我国传统媒体正面临着以新兴网络技术为代表的新媒体的严峻挑战、受众人群流失以及影响力下降的局面。然而，传统媒体是传播党和国家声音的重要渠道，拥有公信力强、权威性高等优势，并且蕴含强大的内容生产力[1]。为了保留传统媒体的先天优势，在新媒体时代获得更大发展，需要积极推动传统媒体和新兴媒体融合发展和数字化传播，这是当前媒体发展的必然趋势。具有自主知识产权的“联合通讯”技术具有较强的实用性和先进性，长期专注于数字新闻的传播及数据增值业务的应用开发及运营，是解决我国媒体融合数字化传播的关键技术与平台。因而随着联合通讯日益广泛的应用，必将为我国传统媒体和新兴媒体的融合、数字化传播和跨越式发展发挥重要作用[2]。

近年来，学术界和政府对传统媒体与新媒体的融合实践表现出越来越多的关注。但从现阶段来看，由于世界对媒体融合的概念以及新兴媒体技术认识上的局限，使大多数媒体融合实践仅仅停留在形式和内容的嫁接上。

借助新兴计算机技术、通信技术发展起来的新兴媒体在传播内容、传播方式、覆盖范围等方面比传统媒体具有较大的优势，对传统媒体造成了巨大的冲击。因此，我国传统媒体应改变被动的局面，积极推动与新媒体的融合发展。通过资源重新配置的途径，使新老媒体逐渐向资源共享、互利共赢的目标努力。值得肯定的是，经过几年的发展，我国的媒介融合已经获得了良好的开端[3]。例如，一些主流新闻媒体先后建立起自身的网络媒体平台，并获得新闻转播的效力；部分企事业单位、政府机关也开放了网络公众平台，实现了政府事务公开及公众参与政府管理工作。这些变化实质上正推动媒介融合向着更深层次的方向发展。

另一方面，我国的媒介融合已初步进入全媒体融合阶段。全媒体融合表现在多种不同媒体形态的相互融合，以及在多个媒体平台上实现媒体资源的共享，从而使传统媒体演变成由新闻网站、纸质媒体、社交网络、移动媒体客户端等构成的全媒体融合形态[4]。传统媒体凭借公信力强、内容权威等优势，并借助新媒体技术和平台的强大技术支撑，通过二者技术、内容、渠道的深度融合，将实现跨越式的发展。

媒体作为当今社会信息传播和交流的重要载体，发挥着文化传承、舆论监督、协调社会关系等作用。报纸、期刊、广播、电视等媒体形式被称为传统媒体。传统媒体相对于以网络技术为代表的新兴媒体，是通过传统的传播方式定期向大众发布特定信息并提供交互、娱乐等功能的媒体。传统媒体经历了较长的发展历程，已积累丰富的实践经验，并且具有权威性高、公信力强等优势。而新兴媒体是随着数字技术、网络技术的出现而逐渐兴起的。新兴媒体具有丰富的表现形式，包括移动电视、电子报刊、网络媒体等，为大众提供许多个性化的内容和交互体验。由于新兴媒体具有时效性高、传播速度快、内容可定制且多元化等诸多优势，因此虽然其产生和发展的时间并不长，但新兴媒体在当今正在极为迅速地发展。

在新兴媒体的巨大冲击下，传统媒体的劣势不断地突显，包括技术更新缓慢、传播方式单一、受时间和地域限制、单向传播等。受众只能被动地接受信息，无法进行双向互动，其个性化需求自然也无法得到满足。这些弊端已经无法适应当今互联网时代的信息传播需求，也不利于传媒业的良性健康发展，因此，通过传统媒体与新兴媒体各自的优势互补，推动两者的融合发展，是我国媒体发展寻求新的突破口的必经之路[5]。

媒介融合是新闻传播领域的一场重大而深刻的变革。需要明确的是，传统媒体和新兴媒体并非此消彼长的关系，而是相互依赖、相辅相成的。新兴媒体是在传统媒体的基础上发展而来的，不能脱离传统媒体的原有优势，而传统媒体的发展同样需要新媒体的技术支持。传统媒体与新兴媒体的发展规律可以归纳为三个阶段：第一阶段，新兴媒体基于传统媒体的成熟经验孕育发展；第二阶段是传统媒体与新兴媒体各有优劣、同时存在和发展，并各自拥有其服务受众，二者在营销和内容方面进行初步的合作与互动；第三阶段，传统媒体与新兴媒体逐渐获得深度融合，二者优势互补、相互依存，形成一个良性的发展态势，最终实现全媒体的融合一体化发展。

经过几年的发展，我国的媒介融合已经取得了初步的成效。一方面，这些成效表现在媒体机制创新上。例如湖北广电通过整合其新媒体平台及资源，成立了新媒体集团，并建立“多媒体采集、共平台生产、多渠道分发”的全媒体制播模式，进行新媒体项目的统一运营管理；另一方面表现在新媒体技术的应用上，湖北广电引进大数据技术建设了全媒体服务平台，实现了实时发布、大屏展示、同步采访、舆情监控等功能，这是媒体技术融合应用的一个重大进步。

媒介融合是一个动态的发展过程，存在一些不确定性，但总体来说，当前媒体传播具有立体化、多样化、移动化、互动化等特征，而传播介质的边界变得越来越模糊[6]。可以说，传统媒体与新兴媒体的融合发展是今后我国媒体业的必然发展趋势。

第二节 移动新媒体发展面临的问题及现实意义

一、移动新媒体发展面临的问题

虽然我国的媒介融合已经获得了良好的开端，但其发展过程仍存在一些问题，主要表现在以下几个方面。

1. 重新兴媒体，轻传统媒体

有些人过分轻视传统媒体的专业性、权威性优势，而一味追求和发展新兴媒体的先进技术，对两者区别对待、采用双重标准。许多媒体创办新媒体平台后，却几乎摒弃了传统媒体的原有资源，没有建立完善的融合机制，最终造成新老平台“各自为政”的局面[7]。其主要原因是媒体人没有理解媒介融合的核心内涵，没有找准媒介融合的发展方向和发展模式。

2. 重单个项目，轻整体规划

传统媒体与新兴媒体的全方位融合需要多方面的统筹安排和协调配合，因此媒体融合发展依赖于媒体界整体上的规划指引。然而调查资料显示，虽然传统媒体从业者看到了媒体融合的发展趋势，但在落实项目之前缺少全局规划，想到什么做什么，什么容易挣钱做什么，十分热衷于单个项目的“短平快”发展，这样往往难以打造出产品和项目的特色，而出现了混乱的局面。甚至有些人借“新媒体”之名，开发一些与新媒体无本质关系的项目，破坏了传媒业的良性竞争。

3. 仅内容嫁接，缺少深度融合

许多媒介融合的实践仅仅是内容和形式的简单嫁接，而非真正的融合。例如单纯地开发网站、推出官方微博和微信公众号，看起来似乎是开拓了传统媒体的传播渠道，但从内容上看仅仅是传统新闻信息的二次发布，没有体现新老媒体资源和生产要素的真正融合，也没有建立媒介融合的组织结构、工作机制和新的传播体系，因此不能算是真正的媒介融合。

4. 技术研发力量投入不足

新兴媒体的形成与快速发展，与新技术的进步和应用关系密切，要推动传统媒体与新兴媒体的融合发展，需要加大对先进技术研发的投入。当前，大多数传统媒体在新媒体技术积累和预研方面比较薄弱，高端技术往往只掌握在少数媒体厂商手中，其他媒体厂商只能被动地跟随其脚步发展。这样的局面不利于媒介融合在更大范围内获得推进，并且阻碍了受众更大程度地从中受益。

二、移动新媒体发展的现实意义

当前，我国新闻传播已初步进入全媒体融合阶段，新媒体技术的广泛应用和发展已成为必然趋势。移动新媒体的发展将带动媒体消费时代的变迁，从而改变受众对信息、舆论乃至行为方式和社会文化的态度，同样也是毋庸置疑的。移动新媒体发展的现实意义主要表现在以下几个方面。

1. 引领新闻传播媒介及其传播形式的变革

移动终端很好地融合了移动通信和社交网络媒体的优势，在很大程度上引领了新闻传播媒介及其传播形式的变革[8]。许多新媒体公司通过与手机厂商、网络运营商寻求合作，将社交网络媒体功能定制在手机中，成为标准的应用配置。在媒体渠道的选择上，新闻网站和移动新媒体平台已经成为当今受众获取新闻信息的主要渠道。新媒体的发展推动着传统媒体在传播媒介和渠道方面的转型，将新闻内容从纸媒报刊拓展到智能手机、平板电脑、移动电视等终端上，以满足受众的丰富需求。

另一方面，移动新媒体还促进了媒体运营及商业模式的变革。在移动新媒体平台上，新闻内容和广告的推送变得更加准确、有针对性，使内容订阅、个性化增值服务的开发更有价值[9]。

2. 影响受众的行为模式及社会文化

移动新媒体的传播对受众行为模式及社会文化产生了深刻的影响。在新媒体的长期影响下，在趋于年轻化的受众群体中，大部分已经接受其互动化、智能化的传播特性，对于社会热点新闻的报道中，许多用户表现出对新闻分享、转发、评论的高度积极性，乐于参与互动。即使活跃用户在群体中占有较低的比例，他们的思想观点和行为方式也很容易通过新媒介获得广泛、快速的传播，从而影响群体中的其他受众。

移动新媒体的产生与发展，使知识的传播、交互与聚拢方式也发生了改变。当今社会知识体系正处于非线性传递和动态更新的阶段，新媒体平台对知识的聚合使广大公民参与信息过滤和知识构建成为可能。知识传播方式的变化进一步引起公众行为和认知模式的变化，对社会文化的形成起到推动作用[10]。在这一点上，一方面要肯定新媒体对构建社会公平、传播普适价值文化方面的积极作用；另一方面也要加强新媒体不良信息传播防范机制，避免极端分子利用新媒体对社会造成负面影响。

第三节 联合通讯的数字化传播功能

一直以来，“联合通讯”长期专注于数字新闻传播及数据增值业务应用的开发及运营。而 2014 年 12 月 7 日上线的“联合通讯 5.0”更是集合了即时通信、即时新闻传播、报刊原版阅读、图书数字化发行、历史资料查询、大数据分析应用等数字化传播功能，实现移动终端上“看、读、听、评、搜、存”的数字化阅读功能。联合通讯的数字化传播功能体现在以下方面：

一、即时通信

“联合通讯 5.0”的即时通信功能，即为用户提供全球范围内的即时免费通话服务，用户在拨号功能菜单下，可与全球任何地方通话。通过利用 Internet 网络通信技术以及语音采集、压缩、传输技术，联合通讯将聊天工具的主要功能集合进来，并完成从单一的文本聊天到语音通话甚至图像、视频通话功能的转变，并保证语音通信的即时性、稳定性、安全性等基本性能。通话功能作为联合通讯的附加功能之一，体现了与其他即时通信软件产品的差异，为读者用户打造了一个沟通交流的服务平台，满足了用户数字化通讯的基本需求。

二、即时新闻传播

报刊媒体作为一种即时性新闻传播媒介，对传播的时效性有较高的要求。但传统纸质媒体“定期出版”模式受到低时效性、单向传播等限制。[11] 联合通讯将传统媒介与新媒体数字技术进行融合，借助新媒体传播速度快、影响范围广的特性，保证新闻传播的时效性，保护传统媒体在互联网时代不被边缘化，为传统媒体的数字化发展开创新的局面。联合通讯实现了网站与客户端发布系统的互通，当网站新闻内容更新时，移动客户端上也会获得实时更新，实现新闻即时传播，满足了数字化传播时代的需求[12]。另外，通过读者用户评论、转发等互动情境，形成网状传播，可以在更短的时间内覆盖更多的受众。

三、报刊原版阅读

“联合通讯”数字发行平台，为纸质媒体量身打造，最大限度地简化了纸媒数字化过程，通过平台集成后可以生成智能手机、平板电脑等移动客户端的原版数字内容，完美地展现了纸媒的特色，为媒体创造了一个全媒体时代的报刊原版阅读平台，提供了多种互动分享功能、个性化定制的功能。原版阅读提供了最接近于纸媒的阅读效果，精彩的图文排版和逼真的翻页特效，在移动端将传统媒体完美地呈现出来。原版界面提供了上一页、下一页、目录、下载、往期、大图、订阅等丰富的阅读功能。并且，该平台可将内容以图、文、音、频多元化的方式展现给读者，给读者带来全新的阅读体验。

四、图书数字化发行

近年来，由于发行成本低、环境污染少、信息存储量大等优势，图书数字化发行方式正逐渐取代传统的纸质发行。“联合通讯”的建设正是顺应了图书出版与发行的数字化发展趋势。“联合通讯”只需几秒钟就能将全国所有合作报刊在第一时间展现在手机等移动终端上，既方便又快捷，既时效又环保。联合通讯引领着我国报刊图书数字化发行的转型。

五、历史资料查询

为方便对历史图书和报刊内容的检索，“联合通讯”将往期资料储存在历史数据库中，并提供丰富的历史资料查询功能。系统支持标题关键字、出版日期、刊名、通讯作者、类别等多个维度的信息查询。同时为了提高系统的信息检索能力，增强系统的可用性，在对某些信息进行检索时，系统支持模糊查找或关联性查找，某些信息可以支持通配符查找。

六、大数据分析应用

联合通讯借助网络化、数字化媒体平台，将多家媒体聚拢在该平台上，扩大新闻信息的规模和集中度，并在将来集成大数据分析高级应用，通过媒体融合方式挖掘信息的二次价值[13]。例如，可以通过分析新闻的点击率、转发率、支持率等指标，对新闻价值进行系统评价；或通过对评论内容的语义识别，进行网络舆情监控；又或者分析受众对不同新闻内容的偏好，从而推出个性化推荐服务。媒体数据分析的对象不仅仅是文字内容，还包括音频、图片、视频等非结构化数据信息。大数据在新兴媒体中的应用将为海量媒体数据处理带来巨大的变革。

第四节 联合通讯推动媒体融合发展

联合通讯作为具有自主知识产权的新媒体数字技术，在我国媒体数字化传播发展进程中具有重要的代表性。联合通讯整合了众多新闻媒体资源，适应媒体格局的时代发展，继承和发挥主流媒体公信力、传播力、影响力及舆论引导力，为推动我国传统媒体和新兴媒体的融合发展提供强劲的支撑作用。“联合通讯 5.0”的启动上线，从以下三个方面推动媒介融合发展。

一、技术融合突破局限

纸质媒体传播具有受众面窄及传播速度慢的局限性，报纸等传统媒体的主要传播方式是纸质发行，难以获得时效性，读者互动性不足。联合通讯依靠新媒体数字技术与传统媒体的融合，开发媒体表达的新模式和适应新媒体传播需要的营销手段，打破传统媒体传播的局限性。联合通讯加入了二维码、在线支付等新兴计算机和通信技术，通过互联网、无线通信网等渠道与手机、平板等移动终端建立高效的通信，真正实现无延迟、高精度的新闻数字化传播[14]。

二、内容融合发挥优势

内容是传统媒体的核心竞争力，内容融合可以有效地发挥这一优势。联合通讯可提供新闻内容的个性化定制。联合通讯移动客户端第一界面为用户自定义定制界面，用户可根据个人喜好，将杂志、报纸、音频、视频等新闻信息有机地整合在一起，实现内容的深度个性化定制。联合通讯以新媒体的方式，构建了专业的表达、细分的内容以及多层次的呈现方式，对不同介质的内容产品进行数字化处理和传输。内容融合的目标在于实现内容增值，主要表现在两个方面：一是新闻内容生产过程的增值，通过新媒体融合一次性生产，降低新闻内容的生产成本，提高生产环节的效率；二是新闻内容传播过程的增值，同一条内容同时在不同终端中传播，通过内容的多层次利用，提高内容的传播价值。以此，联合通讯通过媒体内容融合，一次性生产即可实现多渠道传播并提供多功能服务。

三、渠道融合广泛传播

联合通讯新媒体数字技术为媒体拓宽了传播渠道，实现了媒体渠道融合。通过渠道融合，让上千家媒体进入网络平台和移动平台，推动媒体信息采集、新闻发行、读者反馈等渠道的数字化转型，从而获得更大、更广泛的新闻传播空间。多渠道融合还可以实现信息的深度融合，联合通讯通过微博、微信等社交平台与新闻媒体的有效对接，增加了用户黏性和人气，发挥了渠道融合的传播效应，通过深度融合推动“内容再造”，对内容的传播产生了巨大的促进作用。只有将优质的新闻内容和便捷的传播渠道结合起来，媒体才有可能获得巨大的竞争力。

第五节 联合通讯移动新媒体的发展策略

当前，移动新媒体在内容生产及传播方式方面呈现出新的特点，以移动新媒体作为媒介的信息规模呈指数级增长。同时，移动新媒体的发展也面临各方面的竞争，且存在产业链衔接、商业运作模式等方面的问题，使自身积累的内容资源、渠道资源、用户资源等难以转化为预期的效益。联合通讯移动新媒体自运营以来，十分注重模式创新和资源整合，其发展策略主要包括以下五个方面:

一、内容导向型发展策略

无论是传统媒体还是新媒体时代，内容都是媒体的核心竞争力，同时也是实现移动新媒体顺利转型的根本要素。联合通讯整合了上千家媒体资源，充分发挥它们的新闻原创能力，通过内容资源的有机融合，建立移动新媒体平台的统一门户，从而占据新媒体消费市场中的有利位置。

同时，历史新闻阅览、用户定制化内容、多媒体数据等功能的开放，有利于新闻内容最大限度地获得增值，对联合通讯移动新媒体的发展具有战略性意义。另外，联合通讯内容导向型发展策略还表现在两个方面：一是新闻内容的一次性生产，降低新闻发行成本，提高发行效率；二是新闻传播过程对内容的多层次利用，通过对新闻内容在不同终端中传播，提高新闻内容的利用价值。

二、用户导向型发展策略

联合通讯移动新媒体平台所面对的是庞大的用户群体。这些用户群体有的来源于传统媒体的忠实读者，有的是通过公众平台的线上下活动与营销推广所获得的粉丝。联合通讯十分重视这些海量的用户群，致力于为用户搭建虚拟社交圈，一方面打造成联合通讯新媒体品牌知名度的营销载体，另一方面加强了用户群体间的交流互动，并方便他们反馈自己的个性化需求。

联合通讯移动新媒体的用户数据库是非常重要的资源。联合通讯通过对用户数据的聚类分析和挖掘，包括用户基本信息、用户偏好信息、用户舆情信息等，实现用户群体细分，掌握用户阅读偏好等，进而在今后推出个性化推荐等服务。

另外，为了消除用户对广告内容的抵触心理，联合通讯采用广告与媒介产品高度融合的方式，基于用户社交关系，主要投放诱导性社交广告，并结合线下优惠活动，很好地保证广告的营销效果。

三、产品导向型发展策略

2014 年 12 月 7 日，在中国移动应用安全媒体融合峰会上，我国具有自主知识产权的新媒体数字技术“联合通讯 5.0”正式启动上线，为传统媒体和新媒体融合发展提供强有力的技术支撑。目前，联合通讯已实现了上千家报刊的原版展现及历史数据阅读，并且将数字通话、即时新闻传播、报刊原版阅读、图书数字发行、历史资料查询、大数据分析应用等实用内容集于一体，在移动终端上实现了对报刊“看、读、听、评、搜、存”等数字化阅读。

依靠联合通讯移动新媒体打造出的品牌优势和用户资源优势，陆续推出服务特点和功能定位各异的新产品，向众多媒体运营商提供丰富的选择，开发影音、游戏、动漫等周边产品的隐藏价值。

四、服务导向型发展策略

移动新媒体的内容生产能力获得较大的提高，通过发挥多家媒体的新闻采编优势，在联合通讯新媒体平台进行一次性生产，从而实现高效的一站式便捷新闻服务。经过联合通讯移动新媒体的整合效应，在平台内部形成良性的局部竞争，平台中划分出科技、教育、人文、房产、娱乐、财经等多个新闻版块，为每家媒体提供精准的定位，从整体上有序地组织新闻内容单元，从而解放传统媒体的新闻生产力。

五、资源导向型发展策略

许多媒体创办新媒体平台后，几乎摒弃了传统媒体的原有资源，没有建立完善的融合机制，最终造成新老平台“各自为政”的局面。联合通讯移动新媒体注重新老媒体资源的融合与创新，创建全媒体资源融合的运营模式。联合通讯以全媒体融合资源库为核心，支持全媒体资源的统一聚合和筛选加工，并以事件或专题为中心对内容资源进行合理有效的组织；各专业化的制播系统通过资源交换总线与融合资源库对接，获取所需的内容资源，实现了多渠道并行生产和播出；此外，联合通讯平台预置了大量的生产和发布工具，可实现随时随地的内容生产和发布。

借助于强大的资本、资源优势，联合通讯移动新媒体平台正在逐步探索新的媒体盈利模式，运用较强的市场洞察力及运行力，努力建设移动新媒体孵化平台，旨在成为媒介融合时代背景下提供定制化服务、用户互动及大数据分析能力的新型移动媒体平台。

参考文献

[1] 王菲 . 媒介大融合 [M]. 广州：南方日报出版社，2007：21.

[2] 范以锦， 董天策 . 数字化时代的媒体产业 [M]. 广州： 暨南大学出版社， 2008：142-274.

[3] 鲍立泉 . 数字传播技术发展与媒介融合演进 [D]. 武汉：华中科技大学， 2010.

[4] 宋小勇 . 媒体融合——传媒业发展的大趋势 [J]. 中国地市报人， 2010， 10：11-12.

[5] 贺旖 . 数字传播技术发展与媒介融合演进 [J]. 科技传播， 2014， 22.

[6] 徐廉 . 媒体融合与数字报业之路 [J]. 中国报业， 2009，12：71-72.

[7] 张生花， 邹国辉 . 媒体融合对新闻传播的影响研究 [J]. 出版广角， 2013， 18.

[8] 匡文波 . 手机媒体：新媒体中的新革命 [M]. 北京：华夏出版社，2010.

[9] 谭云明，等 . 新媒体信息编辑 [M]. 北京：清华大学出版社，2011.

[10] 李秀莹，付玉辉 . 2012 年我国移动新媒体传播研究综述 [J]. 中国传媒科技，2013，3：63-64.

[11] 肖军，韩筱旭，谢艳丽 . 浅析期刊在移动新媒体时代的探索与实践 [J]. 出版发行研究，2013，3：81-83.

[12] 孟秀玲 . 论新媒体时代报媒的现状及发展趋势 [D]. 济南：山东大学，2006.

[13] 吕弘毅 . 传播学视阈下的移动新闻客户端研究 [D]. 南宁：广西师范学院，2014.

[14] 李青青 . 空间、地域、流动：移动新媒体研究的三个视角 [J]. 南京邮电大学学报（社会科学版），2013，4：67-71.

后记

2015年5月18日，《融合元年——中国媒体融合发展年度报告（2014）》正式出版发行，这是国家战略层面提出媒介融合以来的第一份年度报告，对媒介融合现状及阶段性成果进行总结，这也是我国新闻事业发展进程中的重要事件。推动传统媒体和新兴媒体融合发展是党的十八届三中全会做出的重大战略部署，是当前宣传思想文化领域深化改革的重要任务，也是传统媒体适应媒体格局和舆论生态深刻变革的重要举措。因此，传统媒体要适应新闻传播的时代新格局，应该积极运用先进传播技术，强化互联网思维，在内容、渠道、平台、经营、管理等方面做到深度融合、一体化发展。

本书借鉴吸收了许多大师学者的理论成果，例如20世纪原创媒介理论家麦克卢汉的《理解媒介》中的研究成果，麦克卢汉试图从艺术的角度来解释媒体本身，对传播媒介具有非常独到的见解，提出了“媒介就是信息”“媒介是人体的延伸”等对后人颇有启发的观点；还有马诺维奇（Lev Manovich）对新媒介的诠释，描绘了新媒体的数字化、模块化、自动化、个性化、互动性等特征，并且认为媒介融合则是数字化、自动化和代码转换的结果。

在这些研究的基础上，本书对比了新兴媒介与传统媒介的区别，总结了新媒体的主要优势，包括更容易获取和传播信息，以及更有利于继续学习、媒介融合、内容聚合等。我们提出了媒介价值链的管理与创新发展思路，在把握单个媒介价值的基础上，强调多个媒介价值链的横向整合、纵向整合以及多元化整合，并积极向互联网平台、移动终端平台进行延伸，充分利用内容、渠道、技术等媒体核心资源，实现跨媒体、跨区域、跨行业的媒介融合发展。针对我国媒介融合在观念认识、管理方式、内容生产、资本运营等方面所存在的问题和误区，我们提倡传统媒体凭借新技术浪潮的推进，大胆地迈出数字化转型和跨媒体发展的步伐，不但要充分利用原有企业各自的自有优势，而且要发挥融合体的独特效用，成为高水平的内容传播商。另外，在从业人员培训、高校媒介融合课程、国家法律法规、媒体消费者引导等方面同样需要多方的配合和努力，共同打造媒介融合的有利环境。

媒介融合的根本目的是实现媒体的数字化传播。本书从数字新媒体的内涵、发展历程、传播特点、主要优势等方面分别作了探讨，诠释了数字化媒体与传统媒体的共生共存、相互渗透的关系。未来新媒体与传统媒体会遵循合作与分工的秩序，在独立发展的同时获得交叉融合，一方面传统媒体将自己的触角延伸到网络空间使自己更为强大，通过网络传播进一步提高自己在传统领域的内容优势；另一方面，一些新的媒体形式也由此诞生，由于各种媒体各具特点和优势，因此多种媒体的互补可以实现强强联合。在数字传播技术的推动下，本书把媒介融合划分为三个阶段，即模拟传播技术时期的跨媒介协作、数字传播技术支持下的媒介融合和综合数字传播平台下的媒介形态统一。揭示了传统媒介与新媒介在形式、内容等融合发展的必然趋势及发展规律。

在媒介融合的大时代背景下，开始出现许多成功的媒介融合实践案例。其中，专注于数字新闻传播及数据增值业务应用开发及运营的“联合通讯”新媒体技术平台 5.0 诞生。“联合通讯”作为移动新媒体平台的代表，联手了多家媒体，共同打造了新闻内容的聚合及统一运营，在内容生产上做到了标准化、个性化，大大提高了内容生产效率，保证了新闻传播的时效性。另外，“联合通讯”致力于解决产业链衔接、商业运作模式等方面的问题，使自身积累的内容资源、渠道资源、用户等资源顺利转化为预期的效益，可以说对我国的媒介融合发展提供了重要的借鉴和参考。

由于作者水平有限，书中难免出现错误和不当之处，期待读者给予批评指正！

毕书清

2015 年 9 月

图书在版编目（CIP）数据

新时期的媒体融合与数字传播 / 毕书清著. -- 南京:
江苏凤凰科学技术出版社, 2015.10
ISBN 978-7-5537-5321-8

Ⅰ. ①新… Ⅱ. ①毕… Ⅲ. ①传播媒介—研究—中国
Ⅳ. ①G219.2

中国版本图书馆CIP数据核字(2015)第217157号

新时期的媒体融合与数字传播

著　　者　毕书清
项目策划　凤凰空间 / 曹蕾
责任编辑　刘屹立
特约编辑　任放

出版发行　凤凰出版传媒股份有限公司
　　　　　江苏凤凰科学技术出版社
出版社地址　南京市湖南路1号A楼，邮编：210009
出版社网址　http：//www.pspress.cn
总　经　销　天津凤凰空间文化传媒有限公司
总经销网址　http：//www.ifengspace.cn
经　　销　全国新华书店
印　　刷　天津泰宇印务有限公司

开　　本　710mm × 1000mm 1 / 16
印　　张　17
字　　数　323 000
版　　次　2015年10月第1版
印　　次　2024年 1 月第2次印刷

标准书号　ISBN 978-7-5537-5321-8
定　　价　49.80元